春

1

춘추전국이야기

춘추의 설계자, 관중

공원국 지음

위즈덤하우스

주요 등장인물

정 장공鄭莊公(기원전 757~기원전 701)

춘추 초기, 아버지 무공 이후 주 평왕周平王의 좌경사左卿士가 되어 중원의 정치를 좌우했다. 나중에 주 환왕周桓王이 작위를 박탈하자 입조入朝하지 않았고, 환왕이 공격하자 천자의 군대와 싸워 이겼다. 이때 장공의 군대가 환왕을 향해 화살을 날려 환왕이 화살에 맞는 일이 발생했는데, 이는 주 왕실을 중심으로 한 봉건질서가 본격적으로 해체되고 있음을 보여주는 상징적인 사건이었다.

제 양공齊襄公(?~기원전 686)

제 환공이 등장하기 이전 제나라 군주였다. 누이인 노 환공의 부인 문강과 사통하다 환공을 살해했다. 이후 그가 사냥을 나갔다가 수레에서 떨어져 다리를 다쳤다는 소식을 듣고 연칭과 관지보가 무리를 이끌고 궁에 들어와 제 양공을 습격해 죽였다.

문강文姜(?~?)

춘추시기 초반 국제적인 스캔들의 주인공. 제 희공齊僖公의 딸로 노 환공에게 시집갔다. 출가 전부터 이복 오빠인 제 양공과 사통했고, 출가 후에는 노 환공이 제나라를 방문했을 때 함께 따라가 제 양공과 사통하다 노 환공이 눈치 채자 제 양공과 모의하여 노 환공을 살해했다. 노 환공이 죽은 후에도 계속 제나라·노나라 양국 국경지대에 머물면서 제 양공과 사통했으며, 제 양공의 서녀 애강哀姜과 자신의 아들 노 장공魯莊公의 혼인을 강제했다. 이후 애강 또한 스캔들에 연루되어 제 환공에 의해 죽는 비극을 겪게 된다.

제 환공齊桓公(기원전 716~기원전 643)

제나라의 15대 군주로 본명은 소백小白이다. 제 희공의 서자이며 제 양공의 이복동생으로 제 양공이 시해된 후 정적인 공자 규糾를 제치고 즉위해 43년 동안 재위했다. 포숙아의 추천으로 정적이었던 관중을 등용해 내치와 외정 양면에서 혁혁한 성과를 이뤄 제나라를 동방의 강대국으로 발전시켰고, 규구회맹에서 패자로 추대되어 춘추오패春秋五覇의 첫 번째 자리를 차지한다.

포숙鮑叔(?~?)

춘추시대 제齊나라 출신으로, 연로한 어머니를 모시고 사는 가난한 관중을 항상 도와주면서 막역지교莫逆之交를 나누었다. 제 양공 때 공자公子 소백小白의 사부가 되었으며, 나중에 제나라가 혼란에 빠지자 공자 소백을 따라 거莒로 달아났다. 이후 소백은 제 환공이 되어 왕위에 올랐다. 제 환공이 그를 재상으로 삼으려고 하자 사양하고, 투옥된 관중을 석방해 그를 재상의 자리에 앉히라고 권했다. 제 환공은 그의 말을 따라 관중을 재상에 임명했다.

관중管仲(?~기원전 645)

춘추시대 제 환공을 보좌하며 실질적으로 춘추의 질서를 설계한 명재상이다. 소년 시절부터 포숙과 평생 변함없는 우정을 나눴으며, 관포지교管鮑之交라는 성어를 남기기도 했다. 처음에는 공자 규를 섬겼으나, 제 양공이 피살되자 공자 규와 공자 소백이 왕의 자리를 두고 다투게 되었다. 이후 공자 규는 살해당했고, 관중은 옥에 갇혔다. 이때 포숙이 제 환공에게 관중을 재상의 자리에 추천했다. 관중은 제도를 개혁하고 국토를 효율적으로 관리해 군사력을 강화하는 한편, 상업과 수공업의 육성을 통하여 부국강병을 꾀했다. 대외적으로는 동방이나 중원의 제후와 아홉 번 회맹會盟해 제후의 신뢰를 얻게 했고, 존왕양이尊王攘夷의 기치 아래 북쪽의 적족과 남쪽의 초나라 세력을 물리치고 중원을 보호했다. 저서로는 《관자管子》가 있으며, 후대 사람들이 가필한 것으로 알려져 있다.

차 례

춘추전국이야기를
시작하며

1. 출사표: 장정을 떠나며

오랫동안 중국이라는 나라를 돌아다녔다. 서안, 낙양 등 고도에서부터 산서고원과 사천분지, 장강과 그 주변 도시들. 그리고 기련산맥을 넘어 고비사막까지, 타클라마칸 사막을 건너 멀리 파미르고원까지, 곤륜 산맥을 넘어 히말라야까지. 중국이라는 나라는 동서남북으로 정말 자연이 허락하는 경계까지 뻗어 있다.

　그런데 어쩌다가 황하 유역에서 시작한 조그마한 부족국가가 '자연이 허락하는 경계'까지 닿게 되었을까? 그들은 어떻게 서로 다른 이질적인 문화를 통합하여 오늘날의 '중국'이라는 거대한 나라를 만들어냈을까? 그것은 '자연적인' 역사의 진행 과정이었을까? 그렇다면 그것은 언제 어떻게 시작되었을까? 처음 호기심과 재미로 시작한 여행은 이렇게 녹록지 않은 화두를 던져주었다. 그래서 다시 여행을 시작했다. 오늘날 중국이라는 뼈대가 형성된 시기를 찾아 2000년도 훨씬 더 된 '춘추전국'이라는 특수한 시대로 말이다.

중국과 수천 년의 역사를 부대끼며 살아온 우리에게 이 거대하면서도 만만치 않은 나라는 항상 피할 수 없는 운명이면서도 기회였다. 오늘날도 마찬가지다. 그런데 우리는 중국이라는 나라를 얼마나 이해하고 있을까? 우리와 얼굴을 맞대고 있지만 여전히 중국은 속속들이 알기 어려운 존재다. 모르면 그만이면 좋겠지만, 우리의 과거는 물론이고 오늘날도 중국이라는 존재는 우리에게 피할 수 없는 현실이다.

그러나 피할 수 없다면 차라리 즐기라는 말도 있듯이, 피하는 대신 제대로 이해해보는 것은 어떨까? 공룡의 눈치를 보며 끌려다니는 것도 이제 너무 지겹다. 그러면 등에 타고 다닐 수 있는 방법은 없을까? 불가능한 일도 아니다. 중국이라는 공룡의 내력만 안다면 최소한 끌려다니지는 않을 수 있다. 지피지기면 백전불태다[知彼知己 百戰不殆]. 자, 그럼 공룡과 함께 춤을!

이제 우리는 중국을 알고 우리 자신도 알기 위한 방대한 여행을 떠나려 한다. 그런데 2천 몇백 년 전의 세계는 이미 까마득한 옛날 아닌가? 그동안 강산은 얼마나 바뀌었을까? 과연 우리가 원하는 것을 얻을 수 있을까?

그런 걱정은 잠시 접어두자. 우리에게는 그 시대의 기록과 자연이 있다. 그리고 우리의 넓은 시야가 있다. 가까이 있는 것이 더 잘 보이는 듯하지만 사실은 멀리 떨어져 있을수록 더 '객관적으로' 전체를 볼 수 있을 때가 많다. 구글 어스를 통해 멀리서 지구를 내려다보듯이 2천 몇 백 년의 시간이라는 거리를 두면 우리는 그 시대의 큰 윤곽을 대체로 그려볼 수 있을 것이다. 긴 시간이 흐른 지금 그 시대의 자연은 여전히 의구하고, 기록들에 쌓인 자욱한 먼지도 가라앉았기에 오히려 우리는 진상을 더 깨끗이 볼 수 있다. 그래서 우리는 용기를 가졌고, 이 여행은 시작되었다.

2. 역사를 보는 이유: 역사도 길고 인생도 길다 ─────

오늘날 우리는 실용적인 문제들을 해결하기 위해 점점 더 역사라는 끈에 매달린다. 비록 불완전하더라도 역사를 빼면 사실 우리가 미래를 위해 쓸 수 있는 자료는 없다. 역사가 싫어도 역사밖에는 답이 없다. 하지만 역사란 지난 과거이고, 현재는 여전히 불투명하다. 어떻게 역사를 통해 오늘날의 숱한 문제에 대한 해답을 얻을 수 있을까?

잠깐 다른 이야기를 해보자. 전세계적으로 권위 있는 국제기구 IMF는 해마다 경제 성장률 전망치를 발표한다. 아마도 이 성장률 전망치는 매우 정교한 통계수치를 기반으로 예측했을 것이다. 그러나 영점 몇 퍼센트까지 예측하는 그 수치가 가끔 몇 달마다 큰 폭으로 바뀌기도 한다. 그래서 어떤 사람들은 이런 예측이 아무 의미가 없다고도 말한다. 도대체 왜 그런 일이 벌어졌을까?

이유는 단순하다. 그 정교해 보이는 전망이 사실은 과거의 추세에 현재의 변수를 집어넣어 약간 수정한 것에 불과하기 때문이다. 사실 과거의 수치, 곧 역사적으로 관찰된 사실이 없으면 어떤 예측도 불가능하다. 사회과학에서 현재는 과거의 종속변수이며, 미래는 현재의 종속변수다. 그런데 과거의 관찰 기간이 너무나 짧고 현재의 상황 변화가 심하면 미래도 흔들린다. 그러니 지금처럼 사회가 요동치고 변수가 많은 상황에서 몇 년 후의 가까운 미래는 정말 신만이 알고 계실 것이다.

그러나 역사는 신의 영역이 아니다. 당장 내년의 일을 역사에게 물어봐도 역사는 모른다고 답할 것이다. 그런데 혹시 역사가 너무 작은 소리로 대답해서 우리가 듣지 못하는 것은 아닐까? 혹은 우리가 너무 조급하게 역사에게 현재의 답을 강요하기 때문은 아닐까?

물론 가끔 조급해할 수도 있다. 사실 역사를 현실에 적용하려 해도 현실과 역사는 다르다. 어제의 열쇠로 오늘날의 문을 열려고 하면 이미 들어맞지 않는다. 역사라는 열쇠는 참으로 무디다. 그래서 사람들은 좀 더 쉬운 방법들을 만들어낸다. 어떤 이들은 역사를 극도로 단순화하여 과거를 현실에 딱딱 대응하도록 기계적으로 잘 '다듬어낸다'. 또 어떤 이들은 현실의 필요에 따라 역사를 '자의적으로' 재구성한다. 이렇게 만들어낸 해석들은 물론 달콤하다. 그러나 그렇게 희망사항만으로 만든 '과거'의 열쇠로 '미래'의 자물쇠를 열 수 있으면 참으로 좋으련만, 문제는 잘 열리지 않는다는 사실이다. 과거는 일단 과거로만 바라보아야 한다.

그러나 너무 고민하지는 말자. 우리가 역사 속에서 답을 찾고자 한다면 조금 여유를 가져야 한다. 작은 변수들을 무시할 수 있을 정도의 긴 역사 속에서 흐름들을 읽고, 또 이 흐름을 충분히 긴 시간(오늘 지금이 아니라 우리 인생)에 적용하면 아마도 우리는 해답을 얻을 수 있을 것이다. 춘추전국시대 550여 년은 현재와 미래를 통찰할 여유를 주기에는 충분히 긴 시간이다.

스케일이 크기로는 제법 소문이 난 장자를 잠시 만나보자.《장자》〈소요유逍遙遊〉에 이런 말이 있다.

혜자가 말했다.

"나한테 커다란 나무가 있네. 몸통은 가없이 크고 커다란 옹이가 박혀 있으니, 먹줄을 튀길 수도 없다네. 가지는 굽어서 자를 댈 수도 없지. 그러니 길가에 덩그러니 서 있어도 목수들조차 돌아보지 않는다네."

장자가 대답한다.

"여보게, 자네는 그 큰 나무를 가지고 쓸모없다고 걱정하는구려. 그 나무를 아무것도 없는 마을의 광막한 들판에 심어봄이 어떤가? 그 곁을 할 일 없이 거닐어보고, 그 아래 편안히 누워서 소요함은 또 어떤가? 도끼에 찍힐 리도 없고 해를 당할 일도 없으니, 쓸모없다고 왜 괴로워하는가?"

역사란 그 터무니없이 큰 나무와 같은 존재다. 건드려보고 즐겨봐도 어느 누가 뭐라고 하지 않는다. 그러나 요모조모 사용하기에는 뭔가 부족하다. 하지만 광막한 들판에 서 있는 나무는 우리를 소요하게 만든다. 거기서 인생의 영욕과 의미, 승자와 패자를 만들어내는 세상의 흐름을 사색할 수 있다. 역사란 이 큰 나무처럼 우리에게 좀 더 크고 긴 안목을 주는 쉼터다.

우리는 다행히 좋은 시절을 타고났다. 아마도 지금처럼만 먹고사는 일이 해결된다면 우리 인간은 거의 한 세기를 살 것이다. 이제 '역사는 길고 인생은 짧은' 시대가 아니라 '역사도 길고 인생도 긴' 시절이 온 것이다. 이 긴 인생을 살기 위해서 역사와 함께 노니는 것은 어떤가? 그리고 그 아래 편안히 누워 소요함은 또 어떤가?

역사를 소요하는 방법도 사람마다 다를 수 있다. 마음이 엄청나게 큰 사람은 자연사적 관점에서 인간이 자연의 일부라는 겸허함을 즐길 것이고, 수천 년을 품을 수 있는 사람은 인류사적 관점에서 자신이 인류에 속했다는 자긍심을 느낄 것이다. 또 관찰력이 뛰어난 사람은 그 속에서 '천시, 지리, 인화'의 면면한 변화를 목도할 것이다. 그리고 보통 사람들도 역사를 통해 약한 사람은 굳세게, 강한 사람은 착하게 될 수 있을 것이다. 그리고 자신의 삶에 대한 지혜를 터득하게 될 것이다.

안타깝게도 역사 해석에 왕도는 없다. 역사로 무언가를 얻으려 한다면 긴 시간 동안 과거를 관찰하고, 또 그것을 천천히 소화해야 한다. 역사를 음식에 비유한다면 곰탕 정도가 될까? 진한 곰탕을 먹으려면 적당한 불로 충분히 오래 끓여야 한다. 다행히 춘추전국이라는 뼈다귀는 크고 신선하다. 솥과 장작만 마련하고 천천히 끓이면 된다.

3. 춘추전국: 거대 중국의 뼈대 ━━━━━━━

중국의 춘추전국시대란 기원전 770년 주나라가 융족에게 밀려 동쪽 낙양(낙읍)으로 옮겨온 시대부터 진秦이 전국을 통일한 기원전 221년까지 대략 550년의 기간을 말한다. 중국의 역사는 상商나라에서 시작되어 주周나라와 춘추전국시대를 거치며 거대한 제국으로 발전했다. 이 시기에 공자가 꿈속에서라도 만나기를 희망한 주공周公의 '주례周禮'가 만들어졌고, 또 와해되었다. 하지만 주례의 질서의 와해는 춘추전국이라는 흥미롭고도 치열한 열국의 각축과 흥망성쇠의 이야기를 만들어냈다.

바로 이 시기에 중국 하면 떠오르는 여러 정치, 사상의 원형들이 형성되었다. 춘추시기의 역사를 해설한《좌전左傳》은 중국과 우리나라의 역대 사대부들의 정치학 교재가 되었으며,《사기史記》와《전국책戰國策》같은 역사책은 국가 경영의 정치적, 군사적, 외교적 책략과 더불어 이 시대를 살아간 수많은 사람들의 삶과 운명, 성공과 좌절의 이야기들로 가득하다. 또 이 시기는 패업과 생존, 그리고 통일을 위한 정치투쟁의 시기이면서도 새로운 질서를 찾기 위한 지난한 탐색의 시기이기도 했다. 이러한 노력은 사상 분야에서 백가쟁명百家爭鳴시대를 연출했다. 흔히 제자백가諸子百家라고 부르는 지식인[士]들은 자신들이 그리는 이상세계를 설파하고 현실에 적용하기 위해 노력했다. 특히 유가, 법가, 노장 등은 오늘날 중국의 일부라고 해도 과언이 아닐 정도다.

결국 춘추전국시대를 거치면서 황하를 비롯한 큰 물줄기들 주위에는 강력한 중앙집권제 국가들이 탄생했다. 또 노예를 대신하여 일반 백성들이 생산을 담당하는 농업국가의 틀과 왕조의 조세체계와 상비군이 만들어졌다. 전국시대 말기에 마침내 진秦이 경쟁자인 6국을 겸병하고 최초로 통일제국을 이루었고, 한漢이 이를 계승하여 오늘날 우리가 '중국'이라고 부르는 것의 몸체가 탄생했다. 그래서 춘추전국은 '중국'이라는 거대한 뼈대가 탄생한 시기라고 말할 수 있다. 그리고 그 뼈대 위에 육체와 정신이 덧붙어 오늘날의 중국이 존재한다고 할 수 있다.

그런데 춘추 초기에는 수백 개의 국가가 있었지만 전국 말기에는 단지 일곱 개만 남았다. 실로 피 튀기는 생존과 경쟁의 싸움터였다. 그러면 당연한 질문들이 제기된다.

왜 누구는 남고, 누구는 사라졌는가?

왜 누구는 지켰고, 누구는 잃었는가?

결국 주周의 질서가 무너지고, 춘추春秋의 질서가 섰다. 또 그 춘추의 질서가 무너지고, 전국戰國의 질서가 섰다. 그 전국의 질서도 무너지고 제국의 질서가 섰다.

그 흐름은 반복되는가, 아니면 진보하는가? 하나의 주된 요인이 있었는가, 아니면 여러 요인들이 복합된 결과인가? 그리고 제일 중요한 질문 하나. 그것은 필연인가, 아니면 우연인가?

이처럼 춘추전국의 무대에서 영웅, 철인 들이 힘과 지혜를 겨루고, 수천만의 뭇 사람들이 그 속에 삶을 녹였다. 인륜과 패악, 덕과 힘, 명분과 실리의 길들이 서로 부딪치며 움직였고, 결국 승리와 패배의 엄혹한 갈림길을 만들어냈다. 사람들뿐 아니라 제도와 생산방식 등 사회의 토대를 이루고 있던 모든 것들이 살아서 움직였다.

다행히 우리에게는 역사와 사상계의 거인들이 남긴 발자취가 있다. 《사기》《시경》《춘추좌전》《국어》《전국책》등과 같은 역사책에서《논어》《맹자》《묵자》《한비자》등의 사상서까지, 또《오월춘추》같은 소설책도 있다. 기록보다 더 좋은 자료도 있다. 땅 위의 거대한 도시의 유적, 지하에서 아직도 썩지 않은 옛 사람들의 흔적들은 지금도 계속 발굴되고 있다.

그러나 이들 모두보다 더 좋은 자료는 살아 있는 자연이다. 수백만 년 풍상을 겪은 산들은 아직도 의연하다. 태산과 화산은 모두 역사 속의 산이다. 한 시인이 "험하기도 하여라" 하고 읊은 태행산 길에 켜켜이 쌓인 인골은 진토가 되어도 그 길은 아직 의연하다. 황하와 장강, 초원과 황토 고원은 또 어떤가? 사람의 몸을 빌려 황하와 장강, 회하와 한수가 문명들을 나누고, 초원과 황토가 사람의 몸을 빌려 자웅을 겨루던 현장은 그대로 남아 있다.

이제 충분히 큰 솥과 장작을 준비한다. 그리고 커다란 뼈 덩어리들이 녹을 때까지 불을 땐다. 이제 우리 모두 함께 여정을 떠나는 것이다.

여정이 끝날 때쯤, 긴 역사를 여행한 사람만이 가질 수 있는 여유와 통찰을 가진 우리는 모두 친구가 되어 나무 아래 솥 가에 둥그러니 둘러앉아 웃고 있을 것이다.

4. 《춘추전국이야기》 시리즈의 구성에 대하여 ────

이 시리즈는 춘추전국을 중국이라는 거대한 원형이 탄생한 시기로 보고, 이를 새로운 각도로 바라보기 위해 기획했다. 사실 시중에는 춘추전국을 다룬 책들이 꽤 있다. 이 책들은 대부분 단편적이고 교훈적인 이야기를 소재로 엮은 소설 형태를 띠고 있어서 읽을 때 쉽고 재미있기는 하지만, 춘추전국이라는 총체적인 역사 과정을 이해하게 해주기에는 좀 부족한 것이 사실이다. 그래서 이 시리즈는 춘추전국이라는 기나긴 역사과정을 사건과 고사 중심이 아니라 좀 더 거시적이면서 체계적으로 서술하려 했다.

그리고 누가 뭐라고 해도 역사의 주인공은 사람이다. 춘추전국이라는 격심한 사회변동과 끊임없는 전쟁의 시기, 이러한 난세에 태어나 활약한 여러 유형의 인간들이 만들어낸 드라마 또한 이 시리즈의 빠질 수 없는 한 주제다. 따라서 이 시리즈는 거시적 관점과 더불어 그 시대를 살아간 사람들의 이야기를 통해 춘추전국시대가 갖는 진정한 역사적 의미를 드러내고자 한다. 따라서 이 시리즈가 갖는 특징은 다음과 같다.

첫째, 앞서 이야기했듯이 춘추전국은 중국이라는 거대한 공룡의 뼈대가 형성된 시기다. 필자는 춘추전국을 분열의 시대를 통과하면서 다양한 문화적 기원을 가진 세력들이 황하 주변의 문명과 섞여 서로 갈등하고 통합하는 과정으로 이해했다. 이 통합 과정에서 민족 간의 갈등과 투쟁, 그리고 상이한 문화들이 혼효되어 오늘날 중국이라는 개념이 형성된 것으로 보았다.

둘째, 이 시리즈는 기존의 고사를 중심으로 한 책들과는 달리 역사적 사실의 기록과 더불어 지리를 특히 강조했다. 사실 황하나 장강, 태행산맥 등 자연이 인간에게 강요한 한계를 이해하지 않고 춘추전국의 극적인 순간을 이해하기는 어렵다. 춘추전국의 무대를 구성한 지리를 잘 이해하면 아마도 복잡할 것 같은 열국들의 각축도 한눈에 들어올 것이다. 이 책에서 지도가 강조되는 것은 이 때문이다.

셋째, 춘추전국시대는 수많은 고사와 사건들이 있어 이를 다 따라가다 보면 어지러울 정도다. 수많은 나라들이 등장했다 사라지고, 이름도 낯선 사람들이 활약한다. 그래서 가능하면 나무보다는 숲을 보려고 했다. 앞서도 말했듯이 우리는 길고 먼 안목으로 이 시대를 조망하려한다. 그래서 단편적인 사건 중심의 서술보다는 좀 더 거시적인 흐름에 주목하면서 이야기를 쓰려고 한다.

넷째, 흔히 춘추전국 하면 춘추오패니 전국칠웅이니 하는 영웅들의 이야기가 주를 이루어왔다. 이 시리즈는 기본적으로는 이들과 함께 할 것이다. 하지만 필자는 그와 더불어 그 시대의 사회 경제적 변화를 담고 싶었다. 그리고 그 변화에 각 시대의 주인공들이 어떻게 대응했는지 살펴보려 했다. 1권의 주인공이 관중管仲이 된 것은 바로 이 때문이다.

다섯째, 춘추전국이 오늘날 우리에게 던져주는 몇 가지 화두를 찾아시리즈를 구성하려 한다. 춘추전국시대를 흔히 난세라고 한다. 하지만 난세일수록 쟁패를 위한 욕망과 아울러 평화를 위한 꿈은 더욱 빛을 발휘한다. 난세를 헤쳐가며 살아간 수많은 인간들이 우리가 여행 속에서 만나 이해하려는 대상이다. 특히 그 시대를 살아온 수많은 사상가, 정치가, 군사전략가 또한 우리가 찾아가려는 대상이다. 그들의 이야기는 비록 수천 년이 넘는 시간이 흘렀지만 음미하고 곱씹을수록 오늘을 사는 우리에게 미래의 문을 여는 깊은 통찰을 제공하리라 믿는다.

이와 같은 관점에서 앞으로 긴 여행을 시작할 것이다. 이 방대한 이야기를 다 담기 위해서 필자는 6권을 준비했다.

먼저 1권의 주인공은 제齊 환공桓公을 춘추시대 첫 번째 패자로 올린 관중으로 했다. 관중은 춘추질서의 설계자이자 중국 최초의 경제학자라고 할 만한 인물이다. 그리고 이 시리즈의 두 번째 이야기에는 춘추시기 중원을 대표한 진晉 문공文公이 등장한다. 긴 망명 생활을 거쳐 등극한 진 문공이 춘추시기의 두 번째 패자가 되는 과정은 한 편의 드라마다. 이후에는 초楚라는 야만의 땅에서 일어나 중원의 패권을 차지한 초 장왕莊王, 그리고 와신상담의 치열한 각축을 다룬 오월쟁패의 이야기가 뒤를 이을 것이다.

이어서 진과 초를 비롯한 명실상부한 전국칠웅의 등장과정을 보며 전국시대의 성격을 이야기할 것이다. 그다음 이야기는 당연히 유일한 강대국으로 부상하는 진秦나라 이야기다. 종횡가들이 판을 치고 약한 나라의 인재들은 기울어져가는 나라를 붙들고 사력을 다한다.

그리고 북방민족들의 싸움에 주목할 것이다. 중국사에서 북방민족들은 기록을 남기지 못했다는 이유로 소외되고 말았다. 필자는 흉노를 비롯한 북방민족들의 발자취를 찾아 오랫동안 공을 들였다. 그중에는 동몽골에서 만주와 한반도까지 이어지는 문화권에 속하던 우리 민족도 포함될 것이다.

그다음에는 기원전 3세기 초반(기원전 280년 무렵)에 시작되어 진秦의 천하통일로 마무리되는 처절한 통일전쟁을 살필 것이다. 이 무렵의 전쟁은 그야말로 진나라 군대가 행한 대량학살이었다. 이에 대응하여 6국도 가만히 있지 않았다. 심지어 진왕을 암살하러 자객을 파견하기도 했다. 그러나 6국의 처절한 노력으로도 대세를 바꾸지 못했으며, 결국 진은 기원전 221년 6국을 병탄하고 천하통일을 선언한다.

그러나 이야기는 여기서 끝나지 않는다. 명색이 제국이라면 무력을 제외하고도 독자적인 존재 이유가 있어야 한다. 페르시아 제국, 로마 제국이라고 할 때 그 제국들은 최소한 몇백 년 동안 지속되면서 제국 구성원들의 지지를 받았다. 그렇다면 진나라는? 진나라는 전국을 다스릴 문화적인 실력이 부족한 압제 왕국이었고, 고작 20년 정도 존재한 '과도기적인 제국'이었다. 그래서 사학계에서도 진과 그 뒤를 이은 한을 결합해 '진한秦漢 제국'이라는 용어로 중국 최초의 통일시대를 표현한다. 진의 불완전성을 극복하고 장구한 수성왕조를 만들어낸 사람들이 바로 진의 맞수인 초나라의 인재들이다. 진나라의 칼과 초나라를 비롯한 6국의 문화가 결합하여 드디어 제국이 탄생한 것이다. 우리의 이야기는 이른바 '초한쟁패'로 알려진 진나라 말기의 혼란과 한나라의 탄생에서 마무리된다.

그리고 시리즈의 마지막에 토론의 장을 마련해두었다. 전국시대가 시작되면 주나라 왕실을 보호한다는 도덕적인 치장은 누더기로 전락한다. 그래서 사상사로 눈을 돌려 제자백가의 치열한 논쟁에 함께 참여함으로써 혼란한 시대를 전쟁터 바깥에서 볼 수 있도록 한 것이다. 이 논쟁들은 모두 엄연한 현실에 기반한 것으로, 그 요지만 이해해도 중국사의 크고 작은 논쟁들을 이해하는 데 부족하지 않을 것이다

이제 뼈대는 완성되었다. 그 이후의 이야기들은 독자들이 충분히 다채롭게 구성해나갈 수 있으리라 확신한다.

제1장

우리가 여행하려는
세계에 대해

...

우리가 지금 여행하려는 곳은 대략 2800년 전에서 2200년 전까지의 기간 중국의 중동부 지역이다. 여정은 멀고 길은 험하다. 떠나기 전에 충분한 정보를 파악하고 짐도 단단히 꾸려야 한다.

춘추전국의 무대가 당시 세계에서 어느 정도의 위치를 차지하고 있었는지 이해하지 못하면, 책을 보아도 장님이 코끼리 다리를 만지는 격으로 핵심을 파악하기 어렵다. 그래서 그 시대에 대한 대체적인 감을 갖기 위해 몇 가지 사전작업을 하려 한다. 갑자기 어디선가 화살이 날아올지도 모르는 춘추전국시대로 나가기 위해 갑옷 하나 정도는 준비해야 한다.

조금 조숙한 유년을 보낸 이들은 초등학생 시절에《삼국지》몇 장은 읽어 보았을 것이다. 그때 우리는 무엇 때문에 감동을 받았던가? 아이들이 보는 《삼국지》는 장수들의《삼국지》다. 그 시절에는 여포가 힘이 센지, 장비가 힘이 센지가 관건이었다. 그러다 조금 지각이 생기면 지략을 쓰는 사람들에게 매료된다. 그래서 고등학생 정도가 되면 제갈량을 좋아한다. 더 나이가 들고 세상을 좀 알게 되면, 힘과 지략으로도 어쩌지 못하는 조건들을 감지하기 시작한다. 자연적인, 역사적인 조건들은 하루아침에 극복할 수 있는 것이 아니다. 그런 조건들과 인간의 대결, 그 승리와 좌절에 대해 더 많이 이해할수록 역사를 더 '객관적으로' 파악하는 힘을 갖는다. 그러면 마치 파노라마처럼 머릿속에서 역사적 사건들과 주인공들이 생생하게 움직이기 시작한다.

춘추전국시대로의 긴 여행을 시작하기 전에 다음 세 가지 정도는 미리 알아야 한다.

우리가 여행하려는 춘추전국이라는 세계는 지구의 역사에서 얼마만큼의 비중을 지닌 곳이었나? 또 우리가 여행하려는 세계의 지형은 대충 어떻게 생겼나? 마지막으로 우리가 여행하려는 시기의 사람들은 어떤 모습을 하고 살았나?

이것을 알아야만 우리가 여행하려는 세계의 윤곽을 어렴풋하게 그릴 수 있기 때문이다.

1. 기원전 세계의 제국들과 춘추전국 ━━━━━━━

세계사적 관점에서 춘추전국의 위상을 파악해보기 위해 도식적이지
만 기원전의 다른 세계 제국들과 춘추전국을 대비해보자.

중국 문명은 세계사적으로 보아서는 후발주자다. 서아시아(오리엔트,
곧 근동)와 아프리카 북부의 문명보다는 연대적으로 훨씬 뒤진다. 연대
를 확정할 수 있는 최초의 중국 왕조인 상商은 기원전 1600년 무렵에
야 출현한다. 그러나 이 후발주자의 뒷심이 만만치 않았다. 이 책에서
이야기할 춘추전국시대가 되면 중국은 오리엔트의 제국들과 버금이
되고, 급기야 기원전 3세기 무렵 진秦이 중국을 통일할 무렵이 되면 이
미 세계의 서쪽에는 중국 제국과 비견할 제국이 없었다.

진이 중국을 통일했을 때 신흥 강국인 로마는 아직도 지중해의 패권

을 두고 힘겹게 제2차 포에니전쟁을 수행하고 있었다. 그때 로마와 지중해의 패권을 두고 싸우던 장군이 그 유명한 한니발이다. 흔히 중국의 진한秦漢 제국과 비교되는 로마 제국의 시조 로물루스는 기원전 8세기 이탈리아 반도에 정착했다. 그러고도 약 500년의 시간이 흘러야 로마 제국이라는 사회가 생겨났다. 그런데 기원전 8세기에 중국 중원의 역사는 이미 춘추시대라는 격동기에 접어들고 있었다. 그래서 우리의 이야기는 로마 제국의 전성기보다는 몇백 년 앞선다. 그럼 황하 유역에서 춘추전국시대가 펼쳐지고 있을 무렵 다른 문명 세계는 어떤 모습이었을까? 먼저 근동의 페르시아 제국에서 이야기를 시작해보자.

기원전의 세계 제국 1 – 페르시아

: 페르시아 제국 개관

고고학상의 발굴에 따르면 세계 최초의 동기銅器는 오늘날 이란 북부의 아나톨리아 고원에서 출현했다. 그 고원의 남쪽에 메소포타미아 평원이 펼쳐져 있다. 바로 거기서 세계 4대 문명 중 가장 선진적인 메소포타미아 문명이 출현했다. 아나톨리아와 메소포타미아 서남쪽 나일 강에도 거대한 고대 이집트 문명이 있었다. 지중해의 한 반도에도 아테네를 비롯한 중소 문명들이 있었지만 중국에 비하면 규모가 너무 작았으니 여기서는 일단 제외한다.

• 중국, 페르시아, 로마 시대 비교

연도(기원전)	중국	페르시아	로마
770	동주 춘추시대 개막		전설 시대
691		아케메네스 왕조 성립	
549	패자, 회맹질서 시대	다리우스 1세 즉위	
510			공화정 개시
448		페르시아전쟁 패배	
403	삼가분진(전국시대)		
330		알렉산드로스 침략, 페르시아 몰락	
260	진秦-조趙장평지전		제1차 포에니전쟁(264~241년), 로마가 이탈리아 전체 장악
221	진秦 제국 성립		제2차 포에니전쟁(218~202년), 로마가 한니발 동맹군을 물리치고 스페인 차지
146			제3차 포에니전쟁 완결, 로마가 지중해의 패권 장악
133	한漢 제국과 흉노 제국의 충돌 시작		

중국의 상나라(기원전 17세기~기원전 11세기)시기, 서아시아에서는 대체로 네 제국이 경합하고 있었다. 아시리아, 바빌로니아, 이집트, 히타이트가 그들이다. 기원전 9세기경 아시리아는 메소포타미아 전체를 차지하는 제국으로 발전한다. 그러나 진정한 제국은 아시리아를 이은 아케메네스 왕조의 페르시아(기원전 691년~기원전 330년)다. 이 제국은 그 영역과 인구의 방대함, 문화의 복합성, 통치제도의 정교함 등 모든 방면에서 최초의 세계 제국이라 할 만하다.

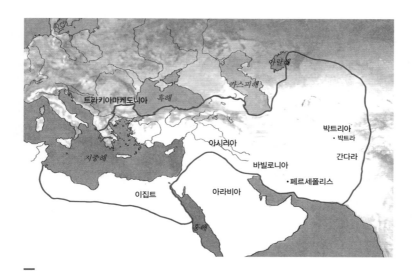

페르시아의 최대 영역(다리우스 1세).

전성기(기원전 6세기~기원전 5세기) 페르시아 제국은 기존 근동의 문명권들을 통합했을 뿐만 아니라 현재 중앙아시아라고 부르는 지역까지 세력을 확장했다. 지중해에서 출발하여 파미르고원의 서부까지 뻗은 이 거대한 제국은 북방 초원의 강력한 스키타이 유목민과 동쪽의 만년설로 덮인 고원이 없었다면 아마도 더 멀리 뻗어 나갔을 것이다.

물론 기원전 6세기에서 기원전 5세기 무렵의 국가는 오늘날의 영토 국가와는 한참 다르다. 그렇다고 하더라도 페르시아는 최소 500만 제곱킬로미터가 넘는 거대한 지역에 영향력을 미치는 대제국이었다. 그리스 역사가 헤로도토스는 《역사》 3권에서 기원전 6세기에서 기원전 4세기까지 유럽과 아시아에 걸쳐 있던 페르시아 제국이 영향을 미치는 범위를 '인더스강에서 지중해의 식민도시들'까지 일일이 서술했다. 다리우스 대왕(Darius I, 기원전 549년~기원전 486년)은 전국을 20개의 행정구역으로 나누고, 민족 단위로 세금을 걷었다. 소아시아에서 인도, 그리고 아라비아인들까지 그에게 금은을 바쳤다고 하니 페르시아 제국의 광대함은 대충 짐작이 된다. 크기 면에서 현대 중국의 약 3분의 1에 해당하는 춘추전국의 무대는 이렇게 보면 페르시아 제국의 반 정도라고 볼 수 있다.

그렇다면 페르시아 제국의 인구는 얼마나 되었을까? 대체로 몇 세기 후 로마 제국의 인구와 맞먹었을 것이다. 학자들은 3500만 명에서 7000만 명을 제시한다.[1] 그렇다면 페르시아 제국은 인구 면에서도 확실히 춘추전국의 두 배 정도는 되는 듯하다.

이처럼 거대한 세계 제국을 이룬 페르시아도 기원전 4세기 말 마케도니아의 알렉산드로스에 의해 어이없이 멸망한다. 하지만 알렉산드로스 제국은 페르시아 제국이 이루어놓은 성과를 잠시 약탈했을 뿐이고, 제국의 구성요소들은 이후에도 그대로 존속되었다. 나라 이름만 바뀌었을 뿐 제국의 핵심은 그대로였다. 그래서 논란의 여지가 있겠지만 이 장에서 필자는 알렉산드로스 제국을 페르시아 제국의 연속으로 본다.

ː 페르시아 제국과 춘추전국의 차이 – 갈등의 강도와 연속성 ː

거대한 페르시아 제국은 오늘날 우리가 상상하는 대영제국 같은 식민 제국이 아니라 수많은 민족들의 느슨한 연합체였다. 알려진 대로 알렉산드로스는 중장보병을 주력으로 하는 '불과' 5만의 병력으로 거대한 페르시아 제국을 와해시켰다. 그때 중국은 전국시대의 중기로, 서쪽의 진秦나라가 동쪽에 자리한 열국들에 대해 군사적 우위를 구축해가고 있었다.

전국시대의 피비린내 나는 전쟁에 비하면 페르시아 시대와 알렉산드로스 시대에 벌어진 서아시아의 전쟁은 낭만적일 정도다. 춘추전국시대, 특히 전국시대의 중국에서는 다른 문명권에서는 상상할 수 없는 규모의 싸움들이 벌어졌다. 시대를 거슬러 올라가 《시경》을 보면, 주나라는 기원전 8세기 이전 험윤玁狁·獫狁이라는 북방민족과 전투를 할 때 전차 3000대를 동원했다고 한다. 춘추 말기 전쟁의 화신인 오왕 부차夫差는 한 번 움직이면 적병 수천을 베었다. 그때는 페르시아가 오리엔트 지역을 통일한 직후였다. 또 알렉산드로스 원정과 겨우 70년 차이밖에 나지 않는 전국시대 진秦과 조趙의 장평長平싸움에서는 무려 40만의 조나라 군대가 매장당했다는 기사가 버젓이 나온다. 물론 과장되었을 것이다. 그러나 최근 전쟁터에서 무더기로 발굴되는 유골의 규모는 40만이 순전한 과장은 아닐 것이라는 추론에 무게를 실어준다. 40만이 아니라 10만이라고 하더라도, 기원전 3세기에 10만 명을 동원하여 전쟁을 수행한 국가는 춘추전국의 무대밖에 없었다. 게다가 진이나 조는 페르시아나 알렉산드로스 제국과 같은 거대 제국이 아니라 전국 칠웅 가운데 하나일 뿐이었는데도 말이다. 춘추전국시대를 읽을 때는 이런 격렬한 사회적인 상황을 항상 염두에 두어야 한다.

또 하나, 춘추전국시대의 갈등은 서쪽 세계에 비해 훨씬 응집되어 있고 연속적이었다. 앞서 말한 근동과 북아프리카의 고대 4강(이집트,

아시리아, 바빌로니아, 히타이트)은 모두 완전히 다른 민족들이 이룬 국가였다. 결국 페르시아가 근동을 통합하고, 알렉산드로스의 제국이 이를 승계한 이래 이 지역은 여러 국가군으로 다시 나뉘었고, 현재도 서로 다른 언어를 쓰는 민족들이 여러 국가를 구성하고 있다. 반면 춘추전국시대 중국의 구성원들은 한자漢字라는 하나의 수단으로 자신들의 이야기를 기록했고, 결국 하나의 제국으로 수렴되었다. 당시 중국에도 무수한 민족들이 섞여서 생활했지만 수백 년의 상쟁을 거쳐 중원지대에 남은 국가들은 모두 자신들을 '중국인'이라고 불렀다. 그리스와 페르시아 사이에 놓인 심연은 한때 오랑캐라고 여겨지던 진秦(진융秦戎)과 초楚(형만荊蠻) 사이에는 없었던 것이다.

이렇게 갈등이 크고 또 고도로 응축되어 있기 때문에, 비슷하면서도 다른 여러 개의 국가들이 수백 년을 이어져오면서 대립과 화해를 거듭하다가 하나로 수렴되는 과정은 극히 복잡하고 격렬했다. 여기서 국제관계와 국내관계가 얽히고설킨 복잡한 춘추전국시대의 대활극이 발생했다.

페르시아가 고대 근동의 4강을 밀어내고 광대한 땅을 차지한 것은 물론 군사력 때문이었다. 그러나 그들은 군사력보다는 문화적으로 강한 민족이었다. 키루스 2세(Cyrus II, 기원전 585년?~기원전 529년)의 인권선언은 '노예 해방, 비폭력 통치'를 적시했는데, 이는 페르시아가 당시세계에서 가장 선진적인 문명국임을 단적으로 보여준다. 헤로도토스는 다리우스가 수십만에서 100만 이상의 대군을 동원해 그리스를 공격했다고 서술했지만, 그의 대군은 마라톤에서 1만 명 정도의 그리스 연합군에게 처참하게 패했고, 또 이후 크세르크세스(Xerxes, 기원전 519년~기원전 465년)는 겨우 5000명이 넘지 않는 스파르타-그리스 연합군의 벽도 넘지 못했다. 페르시아는 북방 스키타이와의 싸움에서도 중국의 진秦이나 진晉처럼 성공적이지 못했다. 다리우스 왕이 스스로 "말의 힘으로 왕이 되었다"는 비석들을 새길 만큼 초기 페르시아인들은 기마에 능했다. 그러나 너무 부유해진 탓일까? 페르시아의 대군은 생존을 담보로 달려드는 소수의 적들에게 의외로 약한 모습을 보였다.

결론적으로 말해서 페르시아는 부유한 대제국이었지만 전국시대의 중국 각국들과 같은 무시무시한 군국주의 국가는 분명 아니었다. 또 몇 세기 후에 등장하는 로마 제국만큼의 철저한 호전성도 없었다. 제국에 속해 있는 민족들이 너무나 많았기에 페르시아는 이들에게 세금을 낼 의무를 제외하고는 다른 것을 강요하지 않았다. 충분한 금은 용병을 쓰기에 적절했고, 그 용병이 인도 사람이든 그리스 사람이든 그 민족은 별로 중요하지 않았다. 특별히 건드리지 않는다면 조그마한 그리스 세계는 큰 위협이 되지 못하는 듯했고, 유목민으로 바뀌고 있던 스키타이가 남하할 이유도 크지 않았다.

그런데 기원전 4세기 말 항상 하수로 보던 마케도니아의 알렉산드로스의 중장보병이 서쪽에서 몰려와 불과 10년 만에 페르시아 제국 전체를 장악했다. 세계 최대 제국의 운명치고는 너무 싱거웠다. 페르시아의 거대한 규모를 생각하면 거의 불가사의한 일이었다. 19세기 서방 세계가 중국을 그렇게 불렀듯이, 당시 페르시아는 '종이호랑이'에 지나지 않았을까? 알렉산드로스의 군대도 사람들로 구성된 이상,

페르시아의 패배는 단순히 적의 강함 때문만은 아니었다.

중국에서 춘추시대의 예교를 기반으로 한 질서가 전국시대의 힘을
기반으로 한 질서에 의해 철저히 무너지듯이, 페르시아 제국은 오직
힘에 의존한 마케도니아의 군인들에 의해 붕괴되었다. 다리우스 3세
(기원전 380년~기원전 330년)의 장수들도 용감했고 그의 그리스인 용병들
도 용감했지만, 직업이 싸움꾼인 알렉산드로스의 군인들 앞에서는 무
력했다. 페르시아의 수도 페르세폴리스의 관문 전투에서도 알렉산드
로스의 장군 프톨레마이오스는 높은 산을 기어서 기습작전을 감행했
다. 전쟁에서 이기기 위해 밤중에 산을 기어서 넘는 이 군대는 그악스
러운 진秦나라의 군대를 연상시킨다. 이 전투 이후 페르시아는 공황에
빠졌고 도미노처럼 무너졌다. 수도 페르세폴리스는 철저하게 약탈당
했다. 그때 왕궁에는 12만 탈렌트의 황금을 포함한 어마어마한 보물
들이 있었는데, 이 금은 당시 5세기 아테네 제국의 300년 치 국민소득
에 해당한다고 한다.[2]

최소한 기원전 6세기에서 기원전 4세기 무렵 페르시아는 세계 최대
의 제국이었다. 그러나 페르시아는 동시대 중국의 나라들과 같은 제국
내부의 극렬한 투쟁을 겪지 않았다. 춘추 말기와 전국시대의 무대는
페르시아의 무대보다 크기는 작지만 그 투쟁의 강도는 몇 배는 강했다
고 볼 수 있다.

기원전의 세계 제국 2 – 로마

—

기원전 3세기가 되면 서방에서는 다시 하나의 거대한 정치세력이 등장한다. 포에니전쟁의 승리로 로마가 세계 제국의 반열에 오른 것이다. 로마 제국은 여러모로 당시 중국을 통일한 진한秦漢 제국과 비견될 만했다. 로마 제국의 성립은 춘추시대와는 차이가 많이 나고 전국시대보다도 약간 뒤지지만, 로마 제국과 중국의 통일제국을 비교해보면 전국시대 말기 중원무대의 규모를 대강 짐작할 수는 있다.

중국의 전국시대에 로마는 여전히 이탈리아 반도에서 벗어나지 못했고, 기원전 3세기 말 로마가 제2차 포에니전쟁을 끝냈을 때에야 비로소 서서히 제국의 반열에 들어선다. 그때 중국의 중원은 이미 제국의 시대에 접어든 지 한참 뒤였다.

: 로마 제국 개관 :

영토의 크기만으로 보면 로마를 거대 제국이라고 할 수는 없다. 전성기 로마가 지중해 전체를 다 장악했다고 하더라도, 지중해라는 바다는 황하와 장강 유역의 육지보다 작다. 그리고 그들은 고대의 아시리아나 페르시아 같은 고대 문명의 후계자라고 할 수도 없는 문화적인 변방인들이었다. 이탈리아 반도의 문명은 확실히 동방만큼 화려하지 못했고, 로마의 출발은 분명히 작았다. 그러나 이 후발주자는 페르시아 제국보다 훨씬 호전적이었다.

사실 조그만 이탈리아 반도에서 출발한 로마가 더 뻗어나간다는 것은 쉽지 않았다. 서쪽으로는 대서양이 가로막고, 라인강과 다뉴브강 북쪽의 민족들은 로마에 항구적으로 복종할 만큼 호락호락하지 않았다. 카이사르가 묘사했듯이 그들은 강인한 민족들이었다. 그들은 중국 제국의 북쪽에 거주하면서, 전투에서 패배하더라도 절대로 항구적인 굴복을 받아들이지 않던 초원의 전사들과 같은 강한 자유인의 근성을 가지고 있었다.

또한 지중해 남쪽 북아프리카 바로 아래는 사하라 사막이고, 아라비아 반도도 사막이 가로막고 있었다. 메소포타미아 평원의 동쪽에는 페르시아와 알렉산드로스가 남긴 제국의 유산이 강건히 남아 있었다. 그리고 이들 주민들은 훌륭한 활잡이들로, 얼마 전 알렉산드로스가 '무혈입성'할 때보다도 무장이 훨씬 잘 되어 있었다. 기원후 1세기에 아우구스투스 황제가 유언을 남겼듯이 서쪽의 대서양, 남쪽의 아라비아 사막, 북쪽의 라인강, 동쪽의 유프라테스강은 로마가 뻗어나갈 수 있는 최고의 범위였다.

이제 인구를 보자. 에드워드 기번은 클라우디스 황제 시절의 시민권 조사(로마 시민권자 694만 5000명)를 근거로, 아이들과 여자를 포함한 로마의 인구를 2000만 명으로 잡고 노예가 그에 필적하는 수만큼 될 것이고 또 속주의 인구는 로마 인구의 두 배는 될 것이라고 추정하여 로마 제국의 총 인구를 무려 1억 2000만 명으로 추산했다. 기원후 14년 아우구스투스의 인구 조사에 따르면 로마 시민권자는 약 500만 명으로, 기번과 똑같은 방법을 적용한다면 총 인구는 8000만~9000만 명이 될 것이다. 최근 자료들은 6000만 명 정도를 제시한다. 당시 동방과

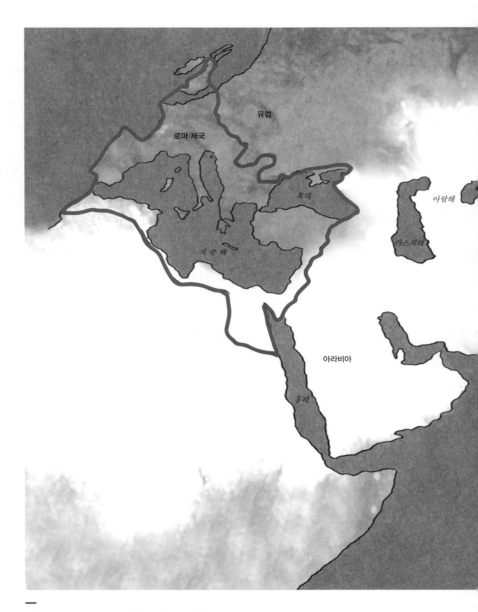

제2차 포에니전쟁 직후의 로마와 진한 제국의 영역.

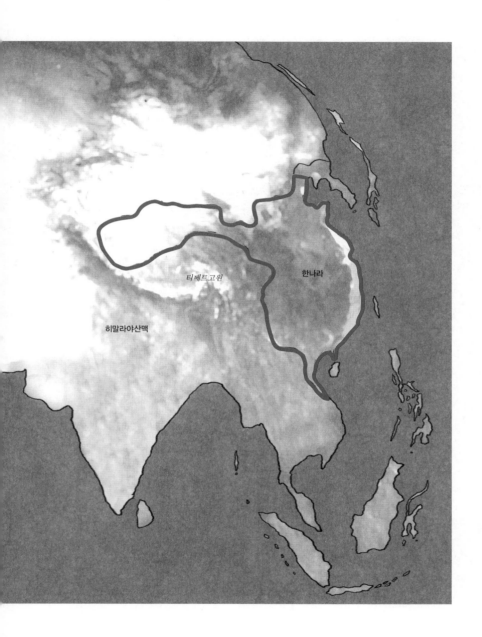

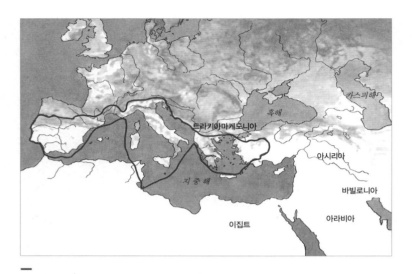

카이사르 원정 당시 로마의 영역.

서방을 비교해서 크기나 인구 면에서 로마 제국과 중국의 한나라는 비슷했다고 주장하는 학자도 많다.[3] 한나라의 중원 지배보다 로마의 제국 지배는 훨씬 느슨할 수밖에 없었지만, 대체로 영향력이 미치는 범위 내의 인구는 비등했을 것으로 보인다.

이제 중국 측을 보자. 고대사의 인구 문제는 항상 골칫거리지만 중국은《한서漢書》라는 극히 중요한 열쇠가 있다.《한서》〈지리지〉에 따르면 한 평제平帝 원시元始 2년(기원후 2년) 한나라의 인구는 103개의 군, 국, 직할지에 무려 12,233,612호, 59,594,978명이었다고 한다. 물론 이 숫자에는 지금의 베트남 지역에 해당하는 군(일남日南, 교지交趾, 구진九眞)의 인구가 무려 100만 명이나 포함되고, 과거 고조선의 영역으로 한의 직접 통치 지역이라고 보기 힘든 낙랑, 현도 등의 인구가 60만 명 포함되어 있다. 그렇다고 하더라도 기록상의 중국의 인구는 5000만 명을 훨씬 웃돌았고, 또 누락된 사람들을 포함한다면 그 이상이었을 것이다. 이렇게 보면 로마와 한나라의 규모는 정말 흡사하다. 이를 통해 추론해보면 전국시대 말기에도 중국의 인구는 3000만 명은 되었을 것이다.

: 로마 제국과 전국시대 국가들의 유사성 – 군국주의 국가 :

로마의 군대는 그 땅의 크기보다 훨씬 더 위협적이었다. 물론 전국시대가 진행되던 기원전 몇 세기 전의 로마 병력이란 보잘것없었다. 기원전 216년 그 유명한 칸나에 전투에서 한니발은 로마 군단에 심대한 타격을 입혔다. 그때 한니발의 군단은 5만 명, 로마 군단은 8만 5000명이었다. 이런 정도의 병력 규모는 전국시대의 한 국가가 동원할 수 있는 숫자보다 적었다.

그러나 그 후 로마는 급격히 팽창한다. 기원후 2세기 안토니누스 황제 시절 로마는 약 45만 명의 훈련된 군인들을 확보하고 있었다. 로마 시민 신분인 군인과 그 보조병들로 구성된 1만 명 이상의 군단이 서른 개 이상 존재했고, 최정예 근위대가 로마를 지켰으므로 그 수를 대략 추정할 수 있다. 물론 그 주력은 유명한 로마의 중장보병이었다.[4]

로마의 전성기보다 훨씬 이전인 전국시대에는 국민 모두가 군인이었고, 전투에 동원된 규모는 상상을 뛰어넘는다. 실제로 전국시대 말기 통일전쟁기에는 10만 명 이상이 동원된 전투가 빈번했다. '위魏나라

갑병 20만'이니 '조趙나라 장병 40만'이니 하는 기록들의 몇 분의 1만 믿어도 그 규모는 엄청난 것이다. 또 로마의 전성기와 겹치는 한나라 시기《사기》에는 한대(기원전 2세기)의 곽거병霍去病이 흉노 원정에 말 14만 마리를 데리고 가서 3만 마리만 데리고 돌아왔다는 기록이 있다. 전국시대의 북방의 진나라와 조나라가 이미 흉노를 상대로 이런 힘겨운 전쟁을 벌이고 있었으니 그 규모를 미루어 짐작할 수 있다. 이런 규모의 전쟁은 세계사에서 오직 중국 땅에서만 펼쳐졌다. 그보다는 약하지만 전국시대와 쌍벽을 이룰 수 있는 상대는 한참 후의 로마 제국이었다.

이 상상도 못 할 규모의 상잔이 왜 벌어졌는지, 그리고 그 살육의 장에서 어떤 정치들이 펼쳐졌는지를 밝히는 것이 우리 여행의 과제다. 결론적으로 말하면, 인구나 면적 면에서 춘추전국의 규모를 넘는 페르시아가 있었다. 그러나 당시에 춘추전국시대의 중원 각 나라들처럼 그렇게 격렬하게 싸우던 세계는 없었다. 단 후대의 로마가 비슷한 수준에 접근했을 뿐이다.

2. 춘추전국의 지리적 배경 ━━━━━━

이제부터 춘추전국의 공간적 무대를 살펴보자. 흔히 중국은 땅덩어리가 크다고 말한다. 중국인들은 스스로를 대륙인이라고 서슴없이 말한다. 현재의 중국은 물론 엄청나게 크고, 지형의 복잡함 또한 이루 다 말할 수가 없다. 이 대륙은 바다보다 낮은 곳에서부터 세상에서 제일 높은 히말라야, 그리고 열대 우림에서 사막까지를 모두 품고 있다.

그러나 춘추전국시대의 무대는 지금 우리가 아는 중국보다는 훨씬 아기자기했다. 만년설로 뒤덮인 히말라야나 죽음의 사막 타클라마칸은 오랜 시간을 기다려야 중국 역사의 무대로 등장한다. 그래서 주의를 좀 기울인다면 그 무대를 충분히 머릿속으로 그릴 수가 있다.

강조하지만 우리는 장거리 여행을 준비하고 있다. 이 장거리 여행을 잘하기 위해 가장 먼저 해야 할 일은 지도 읽기다. 어떤 대역사가가 그랬던가? "경계가 생기고, 역사가 시작된다." 아득한 옛날 경계는 물론 산과 물이 만들어냈다. 그리고 그 경계는 인간들의 활동에 의해 계속 변해왔다. 그러나 인간이 산이나 강을 옮기지는 못하기에 경계선 안의 특성들은 계속 유지되었다. 이제 사람만큼이나 중요한 역사의 주인공들을 몇 명 만나보자. 여행을 하는 동안 항상 지도를 옆에 끼고 지속적으로 확인해야 한다. 그러면 여행의 즐거움은 배가 될 것이다.

등장인물 1 - 황하와 그 형제들

—

주객들은 이백의 "그대는 보지 못했는가, 황하黃河의 물이 하늘에서 내려와 바다로 치달려 다시 돌아오지 못함을"이라는 유명한 〈장진주將進酒〉의 가사를 기억할 것이다. 황하의 누런 물결이 만든 역사만 나열한다고 해도 한평생이 걸릴 것이다. 실로 춘추전국을 포함한 중국 역사는 황하의 역사라고 해도 과언이 아니다.

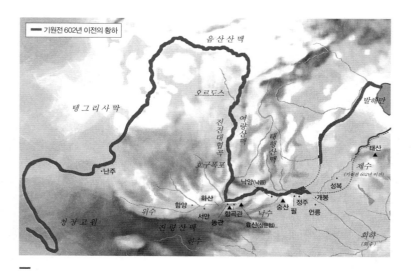

음산산맥

오르도스

텡그리사막

진진대협곡

여랑산맥

발해만

태행산맥

태산

제수
(기원전 602년 이전)

호구폭포

·난주

낙양(낙읍)

성복

화산

개봉

함양

황곡관

정주
숭산
필

언릉

청장고원

위수

서안
동관

낙수

효산(삼문협)

회하
(회수)

진령산맥

한수

황하 전도.

그러나 황하가 이름처럼 원래부터 누렇지는 않았다. 아니다. 청장고
원青藏高原 높은 곳에서 발원하는 황하는 시리도록 차고 맑다. 그곳의
물은 사람과 짐승이 함께 마신다. 역사 이전 태고의 순수함처럼 정갈
하던 물줄기는 중력을 이기지 못하고 이내 동쪽으로 달린다. 그러나
소용돌이치는 역사의 현장으로 들어가면서 황하는 급히 탁해진다. 고
원에서 내려온 물은 먼저 감숙성 난주蘭州라는 고도古都를 지난다. 누
런 황토 언덕 사이로 난 기다란 분지에 자리한 난주는 중국의 서쪽 관
문이다. 이 부근에서는 중국에서 가장 이른 청동기가 발견된다. 그러
니 황하의 서쪽은 중국 문명의 시작과 밀접한 관계가 있다.

난주를 지나면 황하는 급히 북쪽으로 방향을 꺾는다. 갑자기 어지러운 역사의 무대로 들어와서 현기증을 느꼈는지 모르겠다. 아니면 차갑지만 정갈했던 옛 땅이 그리웠는지 모르겠다. 여기서 강은 북으로 고비사막까지 깊숙이 들어간다. 그러나 사막의 메마른 대지를 견디지 못하고, 또 가로로 길게 뻗은 음산陰山에 부딪혀 결국 동쪽으로 방향을 튼다. 한참 동쪽으로 달리다 보면 태행산맥太行山脈의 한 줄기인 여량산맥呂梁山脈이 나온다. 산맥은 남북으로 뻗어 있다. 물이 산줄기를 거슬러 오를 수는 없기에 황하는 다시 남쪽으로 내려온다. 이렇게 황하가 서·북·동 삼면을 둘러싸고 있는 지대를 몽골어로 오르도스, 한자로는 하투河套라고 부른다. 이 황하 만곡부의 북쪽은 유목민들의 고향이다. 흔히 융戎이라고 부르는 북방민족(후에는 흉노)들은 만곡부 남단에 있는 주周나 진晉, 진秦 등의 민족들과 싸우고 또 협력하면서 자신들의 정체성을 만들어갔다. 오르도스는 웅대하고도 풍요롭다. 후에 진秦은 흉노를 밀어내고 오르도스를 반으로 잘라 장성을 쌓았다. 북방민족들에게는 심장을 둘로 나누는 가혹한 시련이었고, 결코 회복할 수 없는 아픔이었다.

이제 황하는 한참 남으로 달린다. 오르도스 동쪽에서 황하가 남쪽으로 달릴 때 그 언덕들이 높아지는 것이 지도상에 보인다. 이 계곡을 사람들은 진진秦晉대협곡이라고 부른다. 이 협곡의 중간에는 그 유명한 호구壺口폭포가 있다. 물은 땅을 울리며 쿵쿵 쏟아진다. 이 협곡을 사이에 두고 춘추전국시대의 진秦 세력과 진晉 세력이 길항을 거듭했다. 강 양쪽으로 지금도 남아 있는 수많은 고대 요새들은 그 싸움이 얼마나 치열했는지 묵묵히 웅변하고 있다.

여기서 황하는 더 남쪽으로 달리다가 화산華山에 부딪힌다. 천길 높

오르도스의 오아시스.(출처 : 오르도스박물관)

이의 화강암으로 된 화산은 황토 언덕과는 달리 옹골차다. 오악五嶽(북
악 항산北嶽恒山, 서악 화산西嶽華山, 중악 숭산中嶽嵩山, 동악 태산東嶽泰山 남악 형
산南嶽衡山) 중에서 가장 험하고 웅장하다. 거칠고 웅장한 진秦나라의 기
상을 그대로 빼닮은 듯하다. 황토고원을 지나며 맹렬해진 황하가 만난
최고의 호적수다. 그러나 역시 물은 산을 넘지 못하고, 산은 물을 건널
수 없다. 황하는 결국 서쪽에서 달려온 위수渭水와 힘을 합해 힘겹게 동
으로 방향을 돌린다.

　동관潼關에서 황하와 합쳐지는 위수라는 물은 무엇인가? 관중關中이
라는 큰 분지의 중앙을 가로지르는 이 물줄기는 마치 거대한 뱀처럼

산서의 호구壺口폭포. 이 협곡을 사이에 두고 춘추전국시대의 진秦 세력과 진晉 세력이 길항을 거듭했다.

생겼다. 그 뱀의 몸통은 서안西安이고, 머리는 동관과 함곡관函谷關이다. 그 뱀은 먹성 좋은 보아뱀으로 자기보다 몇 배나 큰 짐승을 삼킬 수 있다. 이 뱀은 항상 머리를 동쪽으로 하고 황하를 타고 중원으로 나가기를 기다리고 있다. 기원전 11세기 주周라는 형 뱀이 황하를 타고 중원으로 나갔고, 진秦이라는 동생 뱀도 기원전 3세기 중원을 장악하고 아예 제국을 세웠다. 이 거대한 뱀의 꼬리 부분에서 주나라와 진나라가 일어섰다. 위수 서북쪽 기산岐山에서 주나라가 섰고, 그보다 서쪽에서 진나라가 일어섰다. 수려하지는 않으나 강건한 위수 강가의 토지는 웅건한 이 두 서방민족의 자태를 말해주는 듯하다.

화산에서 바라본 관중.

위수는 관중평원을 만들어 냈다. 관중평원은 참으로 복 받은 땅이다. 남쪽은 거대한 진령秦嶺이 막고 있고, 동쪽은 황하가 막고 있으며, 위수는 평원을 적신다. 이곳이 제왕의 정기가 서린 땅임을 누가 부인할 수 있겠는가?

이제 황하는 위수의 물을 얻어 동쪽으로 달린다. 화산에 막혀 동쪽으로 방향을 틀었지만 동쪽으로 나아가는 길도 만만치 않다. 삼문협三門峽이라는 좁은 길이 물을 막고 있는 것이다. 이 좁은 길에서 물은 속도를 더한다. 흐르는 것이 아니라 폭포처럼 쏟아진다. 최근에 만든 삼문협 댐에서 거꾸로 솟는 폭포 같은 황하의 물줄기를 보면 서늘한 두

효산崤山의 삼문협≡門峽급류. 삼문협 댐에서 거꾸로 솟는 폭포 같은 황하의 물줄기를 보면 서늘한 두려움마저 든다.

려움마저 든다. 그러나 삼문협에서 너무 힘을 뺐는지, 이 길목을 지나면 황하의 속도는 급격히 느려진다. 여기서 황해까지는 거의 완전한 평원이기 때문이다. 심지어 황하는 평원보다 더 높은 곳을 흐르기도 한다. 수천 년 인간의 노동력으로 쌓은 제방들이 황하의 물줄기까지 제어한 것이다.

삼문협을 지나 겨우 수백 리를 가면 남쪽에서 올라온 낙수洛水가 황하와 합류한다. 낙수와 황하 사이에는 익히 들어온 낙양洛陽이라는 땅이 있다. 우리가 여행할 동주시대의 맹주인 주나라의 수도가 있던 곳이다. 황하와 낙수 사이 이 우묵한 분지에서 수많은 고도古都들이 명멸

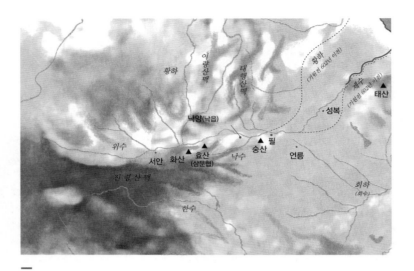

낙양 지형도.

했다. 역사의 중심이 북경이나 남경으로 가기 전에 낙양은 명실공히 중원의 중심이었다. 동남으로 회수淮水와 장강까지 뻗어 있는 평원에서 생산된 곡식은 서쪽 낙양까지 운반되어 수많은 인구를 먹여 살렸다. 위로 황하, 아래로 낙수, 오른쪽에 중악 숭산嵩山을 둔 낙양 또한 왕토였다.

그러나 낙양은 위수 가의 서안 같은 강한 기운이 없다. 땅이 낮아 습하고, 안개가 많이 끼는 곳이다. 낙양은 유유한 곳이지만 기백이 있는 군주들은 낙양의 축축한 공기를 그리 좋아하지 않았다. 주나라가 힘이 약해지자 서안에서 낙양으로 옮겨 왔고, 강대한 한漢 제국이 약해지자 다시 동쪽 낙양으로 옮겨 왔다. 자잘한 참나무로 덮인 숭산은 정수리

황하변 필邲의 전투 유적지. 황하 북안의 진晉과 황하로 진출하려는 초나라가 끝도 없이 싸운 지역인 성복, 언릉, 필은 모두 춘추시기 최대의 싸움터다.

에 수백 년 된 송백을 감추고 있는 화산만큼 강건하지 못했다. 낙양의 역사도 서안만큼 강건하지는 못했다.

　낙양에서 제남까지 이어지는 황하는 전쟁의 강이라고 불러도 무방하다. 황하 북안의 진晉이 중원세력의 맹주가 되어 황하로 진출하려는 남방 초나라 세력과 이 지역을 두고 끝도 없이 싸웠다. 성복城濮, 언릉鄢陵, 필은 모두 춘추시기 최대의 싸움터다. 전국시대가 되어도 양상은 하나도 바뀌지 않았다. 황하의 서쪽에서 동진한 진秦은 이 지역을 두고 동방의 나라들과 다투었다. 황하 가에 사람 키보다도 훨씬 크게 자란 갈대밭을 보면 이 땅의 풍요로움이 마음에 와 닿는다.

이 지역을 지나면 황하는 동북으로 방향을 바꾼다. 그 서쪽은 진晉과 그 뒤를 이은 위魏, 한韓, 조趙의 영토이고, 그 북쪽은 연燕나라, 또 강변과 그 동쪽은 춘추시기 첫 번째 패자를 배출한 제齊나라의 땅이다. 밋밋한 평야를 달리던 황하가 태산의 북쪽을 흐를 즈음이 되면 그 땅은 분명 탐낼 만한 곳으로 바뀐다. 황하 남쪽 태산 북쪽의 둥글고 커다란 언덕들 중간에 강태공姜太公의 후예들이 자리를 잡고 춘추전국을 호령했다. 제나라 땅을 지난 황하는 처음 출발한 청장고원의 청정함은 아니지만 물길에서 만난 수많은 인간들의 이야기를 품고 유유하게 역사의 소임을 마치고 바다로 흘러들어 간다.

등장인물 2 – 장강과 그 형제들
—

가뭄이 들면 황하의 물은 슬프리만치 줄어든다. 황하는 어렵게 달리는 역사처럼 끊어질 듯 이어지는 애잔함이 보이지만 남방의 장강長江은 깊고 유유하다. 장강은 그야말로 1000개의 강물을 다 받아들이는 대하다. 오늘날 상해에서 바다로 흘러들어 가는 장강을 보면 강인지 바다인지 구분이 잘 되지 않는다.

그러나 장강이 원래부터 대하는 아니었다. 역시 청장고원에서 발원하여 동쪽으로 달리는 장강은 사천四川평원을 지나고서 중경重慶에서 가릉강嘉陵江과 합하고 나서야 큰 강이 된다. 그러나 대하의 첫 관문인 삼협三峽을 통과하기 전까지의 장강은 춘추전국의 주 무대는 아니었

장강이 흐르는 의빈(위)과 중경(아래).

새벽의 삼협三峽. 청장고원에서 발원하여 동쪽으로 달리는 장강의 첫 관문인 삼협 좌우는 모두 거대한 산이고, 삼협의 처음과 끝은 동과 서를 확실하게 구분한다.

다. 삼협 좌우는 모두 거대한 산이고, 삼협의 처음과 끝은 동과 서를 확실하게 구분한다. 삼협의 물살은 너무나 빨라서 거슬러 촉蜀으로 올라가기가 쉽지는 않다.

삼협을 벗어나면 낙양 동쪽의 중원처럼 신기하게 또 평원이 펼쳐진다. 이후의 역사서에서 형주荊州라는 이름으로 자주 등장하는 이 평원이 초나라의 발원지다. 황하가 머리와 몸통만 있는 뱀이라면 장강은 흡사 발과 머리가 여럿 달린 용과 같다. 이 용이 평원을 달릴 때 심하게 꿈틀거린 탓인지 배후에 수많은 소택지를 남겨두었다. 그래서 초나라 땅은 넓고도 비옥하다.

그러나 동쪽으로만 달리는 황하와는 다르게 꿈틀거리는 남쪽의 용은 머리도 많고 발도 많다. 상강湘江과 한수漢水, 동정호洞庭湖와 파양호鄱陽湖는 이 용의 갈 길을 고민하게 만들었다. 이렇게 강이 크기에 장강은 통합의 강인 동시에 분열의 강이었다. 많은 머리와 다리는 제각기 갈 길을 주장했다. 장강의 풍광은 거대한 땅을 보유했지만 마지막에 집중력을 발휘하지 못하고 멸망한 초나라의 운명을 닮은 듯하다.

지도에서 장강 북쪽에 한수가 보인다. 이 물은 장강의 가장 큰 지류이며, 바로 초나라의 장성이었다. 한때 중원을 장악한 주나라는 이 물을 건너 초나라 땅까지 들어가려고 했지만 처절하게 실패했다. 그래서 초나라는 스스로 왕을 칭하며 중원의 나라들과 선을 그었다. 장강과 한수를 사이에 두고 도읍을 쌓은 초나라는 물의 나라다. 초나라는 힘이 약하면 한수 서쪽에 웅크리고 있다가 여유가 있으면 한수를 건너왔다. 황하 남쪽의 작은 나라들은 초나라가 한번 움직이면 숨을 죽였다. 중원의 패자들이 연합전선을 펴지 않았다면 어떻게 이 물가의 용을 제어할 수 있었겠는가? 초나라의 역대 왕들은 황하의 신을 무시하고 한수와 장강에 제사를 지내며 남방의 웅지를 다졌다.

더 동쪽으로 수백 리를 달려 장강이 대별산大別山을 빠져 나가면 장강은 어지간한 배로는 쉽게 건널 수 없는 대하가 된다. 이 장강 끄트머리는 소택지로 가득 찬 땅인데 춘추 말기에 오나라와 월나라가 쟁패하던 곳이다. 오왕 부차는 야심차게도 장강과 회하淮河를 연결하여 중원 전체를 장악하려고 했다. 아마도 이 운하가 두 강을 연결하는 것으로

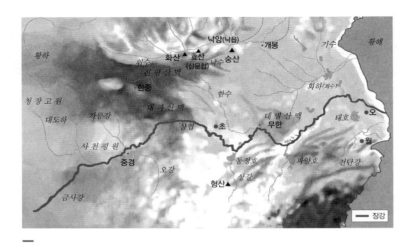

장강 전도.

는 인류 역사상 최초가 아니었을까 한다. 거미줄처럼 이어진 장강 하류
의 물길을 따라 오나라는 패업의 꿈을 키웠다. 장강 남쪽 전당강錢塘江
하류의 작은 땅에서 출발한 월나라는 항상 오나라의 꿈을 막는 존재였
다. 이들 두 나라는 강남의 물길들처럼 얽히고설킨 복수와 복수의 대
접전을 벌였다.

　회하는 장강의 지류가 아니지만 꽤 중요한 곳이다. 오나라가 초나라
를 치기 위해 회하의 물길을 따라 서쪽으로 들어오기 전까지, 회하는
중원국가들이 넘보기에 무척 까다로운 곳이었다. 물길과 육로가 반복
되고 소택지들이 연이은 회하 유역에서 중원의 전차는 무용지물이었
다. 또 배를 다루는 데 익숙하지 않은 중원사람들은 회하 근처의 땅이
탐나도, 그저 그곳 사람들을 오랑캐라 부르며 공연히 무시하며 입맛만

무한에서 장강으로 흘러들어 가는 한수漢水. 한수는 장강의 가장 큰 지류로, 초나라의 역대 왕들은 황하의 신을 무시하고 한수와 장강에 제사를 지내며 남방의 웅지를 다졌다.

양양성에서 본 한수. 물로 둘러싸인 천혜의 요새다.

개봉의 변하汴河. 운하의 수로가 지금도 남아 있다.

다녔다. 중원 사람들은 회하 근처의 민족들을 회이淮夷라고 했고, 회하
북쪽에서 산동반도까지 걸쳐 있으면서 중원에 대항한 민족을 동이東夷
라고 했다. 회하는 남북을 가르는 역할을 했지만, 동서를 연결하는 역
할도 했다. 앞의 지도에 회하의 한 끄트머리가 개봉開封까지 길게 연결
되는 것이 보일 것이다. 이 물길이 나중에는 개봉 서쪽의 도시들에 양
식을 대는 수로가 된다. 전국시대 황하를 사이에 두고 진秦과 겨루던
위魏나라가 대량大梁(지금의 개봉)으로 도망와서 기댄 곳이 바로 이 물줄
기다.

등장인물 3 — 태행산맥

—

역사의 물로 황하가 있다면, 역사의 산으로는 태행산太行山이 있다. 태행산은 지금도 역사의 산이다. 중국공산군은 태행산을 근거지로 일본군의 화북 진출에 방어막을 쳤고, 결국은 역습을 가했다. 태행산 동남부에서 황하를 건너 진령秦嶺까지 뻗어 있던 북방민족들은 춘추전국의 살벌한 전쟁 상황에서 서서히 북쪽으로 밀려 올라갔다. 전국시대 조趙나라가 태행산의 북쪽을 개척하고 성을 쌓기 전까지 태행산은 여전히 융적戎狄이라 부르는 여러 민족들의 땅이었다.

왜 이 산이 그토록 중요할까? 지도를 다시 보자. 오늘날 북경의 바로 북쪽은 모두 산지다. 이 산지는 북으로는 흥안령興安嶺으로 연결되고 남으로는 황하까지 뻗어 있다. 이 산은 화북평원으로 수많은 물줄기를 뿌리고, 서남쪽 황하로도 분하汾河와 심하沁河를 내리며 커다란 골짜기를 만든다. 이 태행산의 두 골짜기에서 황하까지 이어진 곳, 그리고 태행산 서록의 평원에 자리를 잡은 것이 바로 진晉이다. 기왕지사지만 진이 한韓, 조趙, 위魏 삼국으로 나뉘지 않았다면 서쪽의 진秦은 통일의 몽상을 버려야 했을 것이다.

삼진三晉, 곧 한, 조, 위로 나뉘기 전 진晉은 중원의 맹주였다. 진 문공文公이 두 번째 패자의 지위에 오른 후부터 분열기까지 중원의 맹주로서 진나라의 지위는 바뀌지 않았다. 태행산맥 남록의 황하 북부는 중국 최초의 문명이라는 하夏 문명이 일어난 곳으로 알려져 있다. 중원을 장악한 진나라처럼 이 문명도 동진했고, 오늘날 정주鄭州 부근에 그들

태행산맥 시의도.

의 나라를 만들었다. 분하계곡은 황하 북쪽의 관중이라고 할 수 있다. 그 계곡 좌우를 거대한 산맥이 막고 있고, 중산中山에는 물이 흐르는 넓은 분지가 펼쳐진다. 심하계곡을 건너 산을 넘으면 화북평원이다. 이 축복받은 산은 항상 물을 저장하기 때문에 화북평원의 일상적인 한발도 피할 수 있었다. 위, 한, 조가 순서대로 진秦에 의해 격파되었지만 하나같이 강력하게 저항한 것도 이유가 있었다. 그것은 그들이 바로 이 지역을 기반으로 중원의 맹주임을 자처하고, 또 가장 문명의 핵심에 있다고 자부하는 자존심 센 진晉의 후예였기 때문이다.

골짜기의 북쪽, 동록의 구릉에는 중국인들과 다른 민족들이 살고 있었다. 흔히 융적이라고 부르는 이들은 흉노 제국이 성립하기 이전 중국인들의 호적수였고, 전국시대에는 군사적으로 매우 강한 나라를 만들어냈다.

태행산은 중원의 맹주 진晋나라의 진산이었고, 또 융적이라 부르던 북방민족들의 고향이었다. 삼진의 한 나라인 한韓이 심하계곡을 진秦에 넘겨줄 수밖에 없었을 때, 역시 삼진 중 하나인 조趙는 그저 넋 놓고 있지 않았다. 그러나 이 싸움에 말려든 조나라는 40만 명의 장정들을 잃었고, 이로 인해 삼진 세력은 재기할 힘을 잃었다.

이 산은 높다. 그러나 중국 북방의 산치고는 물이 많다. 그 높은 산 계곡 사이로 과거의 길들이 나 있다. 당나라 시인 백거이白居易가 인생사에 비견해 "험하기도 하여라" 하고 읊은 태행로다. 이 태행로가 끊어지자 동서의 싸움도 서서히 마감되었다. 이제 우리는 이 책에서 태행산맥의 곳곳을 돌아다닐 것이다. 물론 이 산의 지형을 잊으면 안 된다. 산은 남북으로 뻗어 있다.

등장인물 4 – 진령산맥

—

진령秦嶺은 티베트고원의 최동단인 민산산맥岷山山脈 동쪽에서 멀리 낙양의 남쪽까지 연결되어 있다. 고대에 이 산맥은 남북을 가르는 거대한 장벽이었다. 이 산의 주봉인 태백산은 4000미터에 육박한다. 서남으로 산맥을 넘으면 좀 작은 관중 격인 한중漢中이 있다. 초나라의 방어막인 한수는 이 한중을 통과해서 흐른다. 거기서 더 남서쪽으로 가면

진령산맥 시의도.

고대 상나라 문명에 버금가는 청동기 문명을 만들어낸 파촉巴蜀인들이 있다. 파촉지대를 장악하고 마음만 먹으면 장강의 물줄기를 따라 초나라의 평원지대로 나아갈 수가 있다. 끊임없이 동쪽으로 나아가고자 한 진秦나라는 결국 험준한 진령을 넘어 초와 일전을 겨루었다.

진령의 동남쪽에는 초나라가 있다. 호전적인 진秦나라도 진령을 넘어 초나라를 공격하기는 쉽지 않았기에 이 두 나라는 전국시대 중기까지 밀월을 유지했다. 물론 전국시대 말기에 이르면 이 산맥도 진의 동남진을 막지는 못했다.

진령은 관중평원의 남쪽을 완전히 막고 있어서 진나라가 정치적인 안정성을 기하는 데 큰 도움을 주었다. 진은 힘이 부치면 남쪽은 진령에 맡기고 동쪽은 함곡관만 막으면 된다고 생각했고, 실제로 그랬다. 진령은 진나라의 방어막이었다. 진령의 동쪽 끝에 화산과 효산崤山이 있다. 고대의 산동山東은 오늘날과는 달리 이 효산의 동쪽을 의미했다.

진령秦嶺의 무당산 풍광.

그러니 진령은 크게 남북을 나누기도 하지만 또 관중과 중원을 나누는 기준이기도 했다. 앞으로 이 진령 때문에 어떤 일들이 벌어지는지 목격하게 될 것이다.

이 밖에 등장인물은 수없이 많지만 일단 위의 다섯 개만 기억하자. 세 개의 강과 두 개의 산맥, 이것이 춘추전국의 지리를 이해하는 핵심이다. 춘추전국시대가 마무리되면 기련산祁連山, 천산天山 등 더 큰 산들이 기록의 세계로 들어온다.

3. 그 시대의 주인공들

춘추전국시대를 읽는 우리는 현대인이다. 그러나 역사의 무대에서 실제로 활동한 사람들은 고대인들이다. 그들은 어떤 면에서는 우리와 놀랄 만치 비슷하고, 또 어떤 면에서는 판이하게 달랐다.

여기서 주의할 점 한 가지를 짚고 가자. 우리는 현대인의 지혜를 가지고 고대를 상상하되, 고대를 마음대로 비틀어서는 안 된다. 역사적 사실은 사실일 뿐, 상상에 의해 바뀌어서는 안 된다. 역사적 사실이 마음대로 바꿀 수 있는 것이라면 굳이 그 많은 사건들을 기억하며 역사를 읽는 것보다는 차라리 소설을 읽는 것이 낫다. 그러나 역사를 다룬 많은 저작들이 이런 우를 범한다. 그래서 역사를 마치 개인들의 무용담이나 민담 수준으로 끌어내린다. 이렇게 되면 주객이 전도되고 원인과 결과가 아래 위도 없이 춤을 춘다.

역사를 읽는 것은 소설을 읽는 것과는 다르다. 이해를 돕기 위해서 예를 하나 들어보자. 금속, 용제, 촉매 세 가지를 가지고 실험실에 들어간다. 금속을 어떤 용제에 넣었더니 녹지 않는다. 그런데 어떤 촉매를 넣었더니 금속이 녹기 시작한다. 그렇다면 촉매가 금속을 녹이는 것인가, 용제가 녹이는 것인가? 화학 전문가라면 반응식을 가지고 촉매가 아니라 용제가 금속을 녹인다는 것을 알 것이다. 그러나 촉매가 들어가자 금속이 녹는 것을 본 일반인들은 촉매가 금속을 녹인다고 생각할 것이다. 여기서 금속이 녹는 것은 역사의 사건이다. 그리고 용제는 그 사건이 야기된 원인이다. 이때 촉매는 사건이 야기된 계기일 뿐이다.

역사를 읽는 것은 화학식으로 이 과정을 이해하는 것이다. 역사에서 화학식이란 말할 것도 없이 원인, 사건, 계기가 결합된 사실(fact)이다. 그런 의미에서 비평 두 마디만 하겠다.

기원전을 배경으로 한 사극에 나오는 장면들을 보면 그렇게 화려할 수 없다. 철제 갑옷에 멋진 안장, 등자를 딛고 말 위에 올라 달리며, 오늘은 여기에서 내일은 저기에서 싸우는 무사들. 들판을 수놓은 막사들과, 그 안에서 촛불을 켜고 전략회의를 하는 장군들. 그 멋진 모습을 보면 사람들은 고대에 대한 환상에 빠져들고, 전쟁을 무슨 게임처럼 생각한다.

알다시피 금속 등자는 기원후에 만들어졌다. 천으로 만든 병사들의 막사는? 그런 좋은 막사가 있었다면 동양 최초의 역사책이라고 부를 수 있는 《시경》에서 병사는 왜 그리 불평이 많았겠나? 새하얀 천으로 만든 천막이란 장군들이나 들어갈 수 있는 귀한 것이다. 비나 눈이 오면 또 어떻게 하나? 비나 눈을 만나면 병사들은 얼어 죽을 각오를 해야 한다. 그래서 최소한 기원전에는 눈비 오는 날은 대체로 싸움을 멈췄다. 또 그런 계절에는 아예 싸움을 피했다. 당시에 오늘날과 같이 누구나 등산할 때 입는 방수용 등산복과 등산화가 1000개쯤 있었다면 아마도 최강의 여단 하나는 만들 수 있었을 것이다.

《손자병법》에서 하늘의 때와 지리를 그토록 강조하는 이유가 무엇일까? 고대인들에게 하늘과 땅의 조건은 삶과 죽음의 조건이었다. 앞으로 이 책에서는 이런 객관적인 조건들을 계속 강조할 것이다. 이런 것을 다 무시하면 역시 소설이 된다. 이런 것을 다 인정하면 어떻게 역사를 읽느냐고 푸념할 수도 있지만, 그런 부분에서 우리는 소설과는 다른 역사적 상상력을 동원하여 그 시대 사람들의 마음속으로 들어가야 한다. '비를 맞았으니 얼마나 힘들었을까?'

요즘 사람들이 많이 읽는 어떤 책에는, 서유럽에서 '신의 채찍'이라고 불리던 훈족의 대침공을 묘사할 때 로마 군단과 대적하는 그들의 강인한 말과 기동력을 열심히 설명하는 내용이 나온다. 로마와의 대비를 강조하다 보니 급기야는 로마의 적을 거의 완전한 야만인 수준으로 다룬다. 기동력과 야만성이 그들의 힘이었다는 것이다. 그것이 과연 사실(fact)일까? 헝가리 초원이 얼마나 넓기에 10만 이상의 훈족 기병을 유지할 수 있었을까? 기병 한 명이 최소한 말 다섯 마리를 보유해야 한다면, 헝가리 초원의 풀은 키가 몇 미터는 되어야 한다. 하지만 실상은 그렇지 않다. 남한의 반 정도 되는 헝가리 초원에 도착한 후 훈족은 실제로는 말 10만 마리 남짓에, 기병 만 몇천 명을 보유할 수 있었을 것이다. 그러니 유럽을 공포에 떨게 한 훈족은 최소한 다뉴브강을 건넌 후부터는 '보병'이었다![5]

그렇다면 그들은 야만적인 유목민의 강인함으로 로마를 제압했을까? 로마군이 동맹군이듯 그들도 동맹군을 이끌고 싸웠다. 훈족의 수령 아틸라의 동맹에는 동고트족을 비롯한 온갖 민족들이 섞여 있었다. 남쪽의 로마나 북쪽의 훈족이나 모두 온갖 정치적인 힘을 다 동원하여 싸운 것이다. 훈족도 연맹, 조공, 협상, 압박, 전쟁을 자유자재로 구사하며 상대와 대결했고, 이길 때는 용감하고 질 때는 비겁했다. 우리와 똑같은 사람들이었다. 그렇게 야만적이지 않았고 유달리 초인적이지도 않았다. 이렇듯 전제에 편견이 생기면 사실을 왜곡하게 된다. 그것이 역사 해석의 함정이다.

그래서 역사를 읽을 때 가장 중요한 것은 사실, 곧 팩트를 올바로 이해하는 것이다. 그리고 그 팩트, 기록이나 유물이 우리에게 속삭이는 이야기를 들을 수 있는 상상력이 필요하다. 또 상상력만큼 중요한 것이 하나 더 있다. 역사를 읽다 보면 가끔 고대인들과 사랑에 빠지게 된다. 그런데 우리가 만나려고 하는 고대인들의 마음을 빼앗은 사람들이 바로 춘추시대의 패자들이다. 그들은 어떻게 오늘날의 우리와 고대인들의 마음을 모두 빼앗을 수 있었을까? 춘추시대 첫 번째 패자를 만들어낸 관중은 백성이 싫어하는 것을 강요하지 말고, 좋아하는 것을 채워주라고 말했다. 우리도 고대인들의 마음을 읽고 사랑해야 고대인들의 진짜 이야기를 이해하고 읽을 수가 있다.

이제 이런 마음가짐을 가지고 우리 이야기의 진정한 주인공들을 만나볼 시간이다. 이 사람들의 모습을 대충이라도 머릿속에 그릴 수 있으면 역사는 한층 재미있어진다. 앞으로 모든 이야기는 대부분 사람에 관한 것이다. 본격적인 여행을 시작하기 전에 이 사람들의 의식주는 어떠했는지, 뭘 즐기고 뭘 싫어했는지 알아보자. 알면 알수록 우리는 고대인에게 더 정이 들 것이다.

동양에서 가장 오래되었으며, 또 가장 믿을 수 있는 역사책 《시경》에서 간단히 그 시대 사람들의 생활에 대한 윤곽을 잡아보자. 《시경》은 서주시대부터 춘추 전기까지 각 지방에서 부르던 노래와 행사 때 부르던 아악雅樂의 가사를 모은 것이다. 그 내용은 약 3000년 전에서 2500년 전의 풍속이라고 볼 수 있다. 노래는 좋은 사료다. "만두집에 갔더니 회회아비 내 손목을 잡더이다"라는 고려가요의 질박한 표현이 없다면 어떻게 그때의 풍속을 알 수 있겠는가? 역사책에는 한 줄도 쓰여 있지 않은데 말이다. 1980년대 유행한 옛날 가요를 예로 들어보자. "하늘엔 조각구름 떠 있고 강물엔 유람선이 떠 있고, 저마다 누려야 할 행복이 언제나 자유로운 곳. 뚜렷한 사계절이 있기에 볼수록 정이 드는 산과 들, 우리의 마음속에 이상이 끝없이 펼쳐지는 곳." 2만 년 후 빙하기가 닥친 한반도에 살고 있는 사람이 이 노래를 듣는다고 생각해보자. 저마다 행복을 누리고, 이상이 끝없이 펼쳐진다는 말을 누가 믿을 것인가? 이런 말은 허사이니 버리면 된다. 그러나 한강에 유람선이 떠 있었다니, 사계절이 있었다니 하는 말은 거의 완벽한 사실(fact)이다. 이런 사료가 세상에 또 어디 있겠는가? 《시경》이 바로 그런 사료다.

《시경》은 서주부터 동주 초기를 다루고 있으므로 그 안의 세계는 우리가 탐구하려는 세계의 초입부분이다. 아주 세부적인 것은 잊어버리고 일단 가사에 집중하면서 우리의 이야기가 시작되는 시기의 사람들이 어떻게 살았는지 상상해보자.

식 – 무엇을 먹고 살았나?

—

당연히 밥을 먹어야 한다. 그럼 무슨 곡식을 주로 먹었나. 고대인은 기장을 주로 먹었다. 장강 유역에서는 이미 만 년 전에 쌀을 재배한 흔적이 보이지만, 서북인들과 중원인들은 기장을 주로 먹은 듯하다. 그래서 시에도 기장이 제일 많이 나온다. 〈왕풍王風〉편 '서리黍離'는 이렇게 노래한다.

메기장 다북하고 피 싹이 돋았네 (중략)
메기장 다북하고 피 알이 맺혔네

또 〈조풍曹風〉 '하천下泉'은 이렇게 읊는다.

뾰족뾰족 솟는 기장 싹,
단비가 적셔주네

보리도 있고 벼도 나오지만 여전히 기장이 주를 이루고 있다. 그 이유야 간단하다. 기장은 옥수수처럼 일단 키가 어느 정도 자라면 김을 맬 필요가 없고, 가뭄에도 강하다. 우리나라도 불과 50년 전만 해도 제초가 어려운 산간 지방에서는 기장이나 수수 등 키 큰 작물들을 재배했다. 물론 제초를 하지 않은 것은 아니다. 〈소아小雅〉 '대전大田'의 "날카로운 쟁기로 밭을 일구고, 잡초도 제거하고, 벌레도 잡는다"는 구절을 보면 유럽에서 거의 2000년 후에나 등장하는 농법이 이미 시행된 듯하다. 나무가 날카로울 리는 없으니 쟁기는 돌이나 금속이었을 것이다.

그럼 배불리 먹을 정도는 되었을까? 몇백 년 후 전국시대의 자료를 보면 기근이 들지 않으면 성인 남자는 대한민국 육군 정량보다 약간 적기는 해도 허기지지 않을 정도는 먹은 것 같다. 그러나 탄수화물만 먹으면 몸이 약해진다. 특히 어린아이는 단백질을 많이 섭취해야 한다. 그럼 단백질은 어떻게 보충하나? 그때도 단백질은 콩으로 보충했다. 〈빈풍豳風〉 '칠월七月'을 불러보자. 당시 중원에는 이미 북방에서 들어온 콩을 많이 재배하고 있었던 듯하다.

> 유월엔 머루랑 아가위 먹고
> 칠월엔 아욱이랑 콩을 삶지
> 팔월이면 대추 따고 시월에는 벼를 베고

필수 영양을 채워도 비타민이 부족하다. 비타민은 채소에서 얻는다. 당시 사람들은 먹을 수 있는 것이면 다 채취했다. 이런 상황은 우리나라 조선시대도 별로 다르지 않았다. 나물 뜯는 가사들에서 이름들을 모아 보니 도꼬마리, 박잎, 질경이, 칡, 고사리, 명아주, 심지어 개구리밥까지 헤아릴 수 없이 많다. 다산 정약용의 둘째 아들이자 〈농가월령가〉를 지은 정학유丁學游 선생이 정리한 《시명다식詩名多識》에 보니 풀 이름만 70여 개가 나오는데 그중 태반은 식용이다. 고대인은 시간이 나면 열심히 나물을 하러 다녔다. 당시에는 산채도 식량이었다.

그때 사람들도 물론 채소를 길러 먹었다. 샘에서는 미나리, 뜰에서는 부추를 베고, 오이를 따고 순무도 캤다. 요즈음의 신품종에 비해서 얼마나 잘 자랐는지는 몰라도 대체로 우리가 알고 있는 야채들은 고대인들도 먹은 것 같다. 여름과 가을에 열심히 나물을 모아서 겨울을 나는데 이 일은 남자 여자 구분이 없었던 것 같다. 〈당풍唐風〉 '초료椒聊'에서 "산초나무 열매를 한 되 가득 땄네"라고 읊는 것을 보면 조미료도 흔히 썼나 보다.

곡식 먹고 나물 먹으면 생활이야 되겠지만 그것으로는 부족하다. 그다음은 과일과 육류다. 그런대로 자주 먹을 수 있었던 것은 대추와 매실이었다. 매실과 대추는 말리면 겨울에도 먹을 수 있는 좋은 식량이다.

그럼 고급단백질은 어떻게 취하나? 닭은 그런대로 흔한 동물이었던 듯하다. 수렵이란 많은 사람들이 동원되어야 하는 일이라 보통 사람들이 들짐승을 먹기는 쉽지 않았겠지만 농한기에는 짐승몰이를 했다. 겨울에는 가죽과 고기를 얻기 위해 대규모로 짐승몰이를 했는데 상당히 잡은 것 같다. 사냥을 나갔던 사람이 읊은 해학적인 시가 남아 있다. 〈소남召南〉 '야유사균野有死麕'이라는 노래를 들어보자.

들에 죽은(사냥한) 노루고기 있어 흰 띠풀로 고이 싸서
봄바람 든 여인에게 총각이 유혹하네
숲 속에는 떡갈나무 들에는 사슴 고기
흰 띠풀로 싸서 옥 같은 여자한테 주네
천천히, 천천히 하세요
앞치마에는 손대지 마세요
삽살개 짖겠어요

노는 품으로 보아 화자는 아무래도 귀족은 아닌 듯하다. 고기를 띠풀로 싸서 들고 와 앞치마 입은 여인에게 수작을 거는 것을 보니. 여하튼 고기는 오늘날의 다이아몬드 반지 정도는 아니어도 옥 같은 여인에게 선물로 줄 정도로 귀한 것이었다. 고기 받은 여인도 싫지는 않은 모양이다. 삽살개만 짖지 않는다면야.

들짐승은 잡기 어려워서 보통 사람들은 귀한 반찬으로 물고기를 먹은 듯하다. 물론 시도 때도 없이 커다란 물고기에 술을 먹는 '군자'들도 있었다. 이런 '군자'들에게는 고대가 현대보다 오히려 나았을지도 모른다. 〈소아〉 '어리魚麗'를 들어보자.

통발에 걸렸구나, 자가사리에 모래무지
군자는 술이 있네, 맛도 좋고 양도 많아
통발에 걸렸구나, 방어에 가물치라
군자는 술이 있네, 양도 많고 맛도 좋아
통발에 걸렸구나, 메기에다 잉어로세
군자는 술이 있네, 맛도 좋고 양도 많아

군자란 소인과 대비되는 사람들로 귀한 곡식으로 술도 먹을 수 있다. 그것도 민물고기를 안주로 곁들여서 말이다. 서민은 술은 없어도 물고기는 잡을 수 있었으리라. 그렇다고 사냥하고 어렵해야만 육류를 먹을 수가 있었을까? 당시에도 양이나 소를 키웠다. 〈소아〉 '무양無羊'은 이렇게 읊는다.

누가 그대는 양이 없다 했는가?

300마리가 떼 지어 있구만

누가 그대는 소가 없다고 했는가?

90마리나 있구만

또 양과 소들이 돌아오는 모양을 보니 '뿔이 총총하다'고 한다. 양을 많이 키우는 사람은 300마리나 데리고 있었다니 그때의 경제가 반농 반목이었음을 알 수 있다. 양은 넓은 들에서 짧은 풀을 먹으므로 농경 지대에서 수백 마리씩 키우기는 힘들다. 또 잘 나가는 사람은 전용 목 동도 데리고 있다. 《사기》〈화식열전〉에 진秦나라의 한 부자는 양을 다 세기 어려워 방목하는 골짜기 단위로 셌다고 하는데 그 수백 년 전에 도 그런 꽤 부유한 사람들이 있었을 것이다.

의 – 무엇을 입고 살았나?

먹을 것이 해결되면 입을 것이 걱정이다. 옷의 주재료는 물론 삼이다. 이때는 면화가 아직 중원에 보급되지 않았을 때다. 여름에는 칡의 섬 유소로 옷을 해 입었다. 귀족이나 평민이나 칡으로 만든 옷을 입은 것 은 차이가 없었던 듯하다. 물론 귀족은 비단을 애용했다. 〈주남周南〉 '갈담葛覃'에 이런 가사가 있다.

칡넝쿨 골짜기에 가득해라

잎새 아래 칡을 걷어

굵고 가는 실을 뽑아 옷 해 입고 설레네

아주머니(유모)에게 일러두세, 친정 간다고 일러두세

집안을 돌볼 아주머니도 있는 여인이면 평민은 아니다. 이런 집안의
사람들도 여름에는 갈포를 많이 입었나 보다. 그러니 평민이라면 말할
것도 없으리라. 그럼 잘 나가는 귀족들은? 겨울에는 털옷, 여름에는 얇
은 비단이다. '양 갖옷을 입고 나서는 군자', '비단 솜에 옥패'를 한 사람
들은 노래 속에서 계속 등장한다. 〈소남〉 '대차大車'에는 "큰 수레에 탄
사람이 붉은 털옷을 입고 있다"는 가사가 있다. 그러니 수레에 탈 정도
의 사람들은 털로 실을 짜고 염색도 중시한 모양이다.

물론 농민들도 농한기가 되면 담비, 삵 등 털이 있는 동물들을 사냥
하러 나갔다. 모피를 얻기 위해서다. 겨울에는 모피가 최고였을 테니
까. 또 《논어》에서 공자는 늘 담비가죽을 깔았다고 하고, 청동기 명문銘
文들에서 모피가 수십 장씩 거래되는 것으로 보아 모피는 귀하기는 해
도 노력하면 살 수 있는 물건이었던 것 같다.

주 – 어디에서 살았나?

—

잠자는 곳도 땅굴에서 초가집과 비슷한 형태로 바뀌고 있었다. 주원周

原 주족의 옛 땅 궁전 터를 답사해보니 기둥은 땅을 파서 세워놓았다. 그 구덩이로 보아서는 기둥이 가늘어 우리가 알고 있는 한옥같이 커다란 지붕의 하중을 견딜 수 있는 집은 아니었다. 방바닥에는 왕골로 짠 자리를 깔았다.

〈위풍衛風〉편에 '고반考槃'이라는 시가 있는데, '고반'이란 옥막살이를 생각한다는 뜻이다. 여기서 반槃이라는 글자가 관건이다. 글자의 모양으로 보아 이 집은 쟁반처럼 납작한 집, 곧 움막이 분명하다. 당시 보통 사람들이 살던 집은 오늘날과 달리 천장이 꽤 낮았다. 〈대아大雅〉 '면綿'에는 이런 가사가 있다.

> 고공단보게서도 옛날 동굴 속에서 사셨지
>
> 그때는 집이 없었지

노래 속의 화자가 말하려는 것은 물론 고공단보古公亶父(주 문왕의 조부) 이래 몇백 년이 지난 지금은 집이 있다는 뜻이다. 그 집들은 점점 좋아져서 춘추전국시기가 되면 궁전이나 대부의 집에는 기와를 쓰게 된다. 그리고 궁전은 점점 더 높아진다. 당시 주택에도 일대 진보가 진행되고 있었다. 그러나 고고학적 연구성과로 보면 보통 사람들은 대개 반지하식 움집에서 살았다. 찬바람을 피하려면 반지하식 집이 필수적이었다.

전쟁과 정치, 그리고 나머지

—

호환마마가 무섭다지만 그래도 제일 무서운 것은 전쟁이다. 전쟁에서 장부가 죽으면 과부와 고아가 생기고, 한 사람이 다치면 집안이 무너진다. 춘추전국은 전쟁의 시대지만 당시 사람들의 본성이 유독 잔인해서 그런 것은 아니었다. 요즈음 당시의 전쟁을 게임처럼 가볍게 서술하는 책들이 넘치는데 열에 아홉은 읽을 값어치가 없다. 제대를 앞둔 육군 병장 100명에게 군생활을 하루 연장하고 싶으냐고 물어보라. 아흔아홉은 사회에서 감옥에 가는 한이 있어도 군생활은 더 못 하겠다고 할 것이다. 그때 사람들도 마찬가지였다. 〈주남〉 '여분汝墳'을 보자.

> 여수가 둑을 따라 나뭇가지 베옵니다
> 군자(남편) 못 뵈오니 굶은 듯 허합니다
> 여수가 둑을 따라 나뭇가지 베옵니다
> 군자 뵈었으니 날 두고 가지 마소
> 방어 꼬리 붉어지니 왕실이 불타는가?
> 불탄들 어쩌겠소, 부모는 모셔야지

이 여인은 오매불망 남편을 그리고 그리는데, 그예 남편이 돌아왔다. 방어 꼬리에 화염이 비치는 것을 보니 왕실은 불타고 있다. 군사의 의무가 있는 남편은 돌아가야 한다. 그래도 여인은 매달린다. 부모 봉양을 해야 하니 전장으로는 가지 마소. 그 마음이 오죽하겠는가?

〈빈풍〉'동산東山'의 노래는 주나라가 동진할 때 원정을 나온 병사의 노래다. 전장의 고단함이 그대로 드러난다.

> 동쪽(전장)에 있을 때는 돌아간다 말하며,
> 마음은 벌써 서쪽(고향)에 있어 슬펐지
> 저고리 치마 지어 입고, 군사일일랑 그만하자
> 뽕나무 벌레 꿈틀꿈틀, 뽕밭에서 기어다닐 제
> 수레 밑에서 웅크리고 혼자 잠잤었지

전장에 나가면 대단한 막사도 없고, 그저 수레 밑에서 이슬 피하며 자는 것이다. 얼마나 고단할까? 〈소아〉'하초불황何草不黃'은 더 절절하다. 제목은 '어떤 풀인들 시들지 않으랴만' 정도로 해석할 수 있다.

> 어떤 풀인든 마르지 않으랴만
> 어떤 사람인들 불쌍하지 않으랴만
> 불쌍하다, 우리 원정군
> 인간 취급 못 받누나
> 코뿔소 아냐? 범 아냐?
> 들판에 다니는 것들
> 불쌍하다, 우리 원정군
> 아침저녁 쉴 틈도 없네

신강성에서 출토된 무사의 미라와 복합궁. 장대한 무사가 긴 복합궁과 함께 누워 있다.(북경역사박물관 소장)

인간 취급도 못 받는 군사들이 야영을 하고 있다. 들판에서 뭔가 서성인다. '코뿔소 아닌가' 한 번 놀라니, 또 뭔가 서성인다. '이번에는 호랑인가?' 그렇게 밤을 새우고 나니 더 고된 낮이 기다리고 있다. 병사들은 그야말로 시들어가는 풀과 같은 존재다.

《시경》에 나오는 노래 중에 제일 무서운 싸움의 대상은 험윤이라는 부족이다. 〈소아小雅〉 '유월六月', 〈소아〉 '채기采芑'에는 모두 험윤이 나온다. 험윤이 얼마나 강했는지 "방숙이 수레 3000대를 동원했다"는 기사도 나온다. 이런 기사를 보면 험윤이 중원 어느 세력보다 컸음을 알 수 있다. 그러니 주나라도 진나라도 서북의 이민족들과 싸우면서 동방의 나라들보다 더 군사력이 강해진 것이다.

　마지막으로 작지만 작지 않은 문제 하나를 검토해보자. 고대의 활은 도대체 몇 미터를 날아갔을까? 필자는 신강성 무덤에서 미라와 함께 전시된 활을 자세히 보면서 감탄을 금하지 못했다. 매우 정교한 복합궁이었다.

　그 후로 박물관을 다닐 때마다 활을 자세히 본다. 활은 고대 전사들에게는 생명과 같은 것이었다. 고대의 활의 위력을 가늠하기 위해 역시 《시경》에서 실마리를 찾아보자. 〈소아〉 '각궁角弓'에는 매우 중요한 가사가 있다.

　　구부러진 저 각궁, (줄 풀어) 뒤집히면 거꾸로 휘나니〔角弓翩其反矣〕

　'각궁'이라니 활을 뿔로 만들었다는 것인가, 아니면 뿔처럼 휘었다는 것인가? 여하튼 시위가 풀리면 거꾸로 휠 정도로 탄력은 좋다. 후대의 자료지만 《주례》〈고공기考工記〉에 의하면 좋은 활은 오늘날 우리가 보는 국궁처럼 뿔과 뽕나무, 힘줄을 아교로 붙여 만들었다. 주나라 시대에 뿔로 활을 만들었을까? 1950년대 장사長沙 오리패五里牌의 전국시대 무덤에서 뿔로 만든 활의 일부가 발견되었다. 그러니 최소한 전국시대에는 각궁을 사용한 셈이다.

　왜 각궁을 말하는가? 각궁의 사정거리는 엄청나기 때문이다. 만약 〈고공기〉의 내용대로 활을 만든다면 최대 사거리가 거의 300미터에 달할 수 있다. 물론 모든 병사들이 이런 활을 갖지는 못했겠지만, 당시의 활도 사거리 몇십 미터에 불과한 기원전 유럽 등지의 활과는 비교할 수 없이 강했던 것이 틀림없다. 주로 타림 분지의 사막이나 초원에서 뿔 재질의 활이 많이 발견되는 것을 보면 이 각궁 제조기술은 변방에서 중국으로 수입되었을 가능성이 크다. 이 무서운 무기도 일단 기억하자. 그러면 고대 전쟁의 살벌함이 훨씬 더 실감날 것이다.

이렇게 춘추전국시대로 여행하기 위한 준비는 대충 마쳤다. 이제는 생생한 역사의 현장으로 들어갈 차례다.

제2장

역사의 시작과
주나라의 탄생

1. 역사의 시작

춘추전국시대 이전에 이미 국가는 탄생했다. 춘추전국시대는 이전에 만들어진 국가체제의 사회적, 정치적 기반 위에서 시작되었다. 때문에 춘추전국시대의 본질을 올바로 이해하려면 그 모태가 되는 상나라, 주나라의 성립 과정을 먼저 이해해야 한다.

흔히 중국의 역사를 이야기할 때는 염제炎帝, 황제黃帝, 요순堯舜 시절을 출발점으로 삼는다. 물론 그런 시절이 있었을 것이다. 그러나 그 시절은 우리가 생각하는 국가가 아니었다. 황제와 염제를 너무 사랑하다 보면 역사와 신화가 뒤섞인다. "솔직히 말해 중국에는 과학적인 역사 서술이 없다. 보통 사람들 중에는 고대의 신화나 전설을 정사로 여기는 사람들이 다반수다. 이건 제일 큰 잘못이자 불합리다." 이것은 중국

문명의 위대함을 부정하는 불순분자의 말이 아니라, 중국 역사학계의 태두라 할 수 있는 곽말약郭沫若이 한 말이다.[6]

중국 문명의 기원을 염제와 황제에다 두면 금방 수많은 의문들에 휩싸인다. 염제와 황제의 터전이나 우임금이 세웠다는 하夏나라의 본무대였던 황하 중류의 중원지역보다 서북이나 동북에서 청동기 유적이 더 먼저 발견되는 것을 설명할 수 없다. 그럼 중국 문명은 황제와 요순의 뒤를 이은 우임금이 연 것이 아니란 말인가?

문명이 실제로 어디에서 일어났는지는 아직 알 수 없지만, 문명의 발전은 분명히 교류의 결과다. 그러니 하나의 근원만을 열심히 판다고 해서 해답이 나올 리가 없다. 특히나 외국인으로서《사기》와 중국의 전설들에 등장하는 전승들을 그대로 답습하는 것은 조금 계면쩍다. 다시 곽말약의 일갈로 돌아가서, 은허에서 발견된 갑골문을 보면 여전히 한자는 통일되지 않은 상태였는데, 사람들은 어떻게 염제나 황제의 일을 그다지도 잘 알고 있었단 말인가? 추론해보면 황제와 염제 시절의 일들은 모두 말로 전해지던 그야말로 '전설傳說'이다. 전설시대를 국가시대로 보기는 어렵다. 고고학이 근거를 대기 전에는 우리는 침묵하면 된다.

물론 국가 탄생 이전의 역사도 기억할 필요는 있다. 이 시절의 역사들은 신화와 섞여 있지만, 그중에는 중요한 모티브들이 숨어 있다. 마음을 가라앉히고 촉수를 내리고 있다 보면, 후대 사회를 이해하는 중요한 연결고리들을 발견할 수 있다. 그래서 이 장에서 아주 먼 전승시대의 일은 소개만 하고, 최초로 역사무대에 등장하는 상商나라(또는 은

殷나라)를 개략적으로 본 후, 춘추전국의 본무대를 여는 주나라의 탄생 과정과 그 의미를 살펴볼 것이다.

상나라 이전의 세계 – 전승시대

—

중국의 고대 전설에서 최초로 그럴듯하게 등장하는 주인공은 황제다. 신인지 사람인지 구분이 모호한 이 인물은 판천阪泉(하북성 어느 지역)에서 염제를 이기고, 탁록涿鹿(역시 판천과 비슷한 하북성의 어느 지역)에서는 치우蚩尤를 이겼다고 한다. 아무튼 황제를 배출한 부족이 염제나 치우로 대표되는 부족과 대규모 전쟁을 벌인 듯하다.

《산해경山海經》에는 황제의 동이 정벌에 저항하여 형천刑天이 머리가 떨어지고 팔이 떨어져도 젖가슴을 눈으로 삼고 배꼽으로 도끼를 들고 맹렬히 저항했다고 쓰여 있다. 형천은 무엇을 위해 그렇게 열심히 싸웠을까? 황제가 지독한 자여서, 아니면 형천이 지킬 것이 너무 많아서?

이에 대한 해답을 얻기 위해 중국의 문화지대를 간단히 살펴보자. 중국의 문화지대는 다음 몇 개로 나뉜다. 앞으로 살펴볼 춘추전국시대의 강자들이 차지하는 땅들이 그 이전에는 모두 독자적인 종족·문화지대였다. 아마도 황제와 염제·치우의 싸움은 신석기 말기 그 문화지대들의 충돌을 기록한 것이리라. 물론 청동이 없던 시절 황제가 검으로 형천의 목을 쳤다는 둥의 이야기는 불가능하겠지만.

   형천의 이야기는 신석기 시절 어떤 문화지대에 속하는 공동체의 우
두머리가 다른 공동체의 침입에 대해 매우 격렬하게 저항했음을 알려
준다. 신석기 문화부터 초기 국가의 성립시기까지 산맥이나 강, 기후
조건에 따라 뚜렷하게 구분되는 문화지대들이 있었다. 흔히 중원이라
고 부르는 곳, 곧 태행산맥 남단 일대에서 하남성의 황하 남북으로 이
어지는 지역에는 이리두二里頭문화의 선행 문화지대가 있었다. 중원
동북쪽 요하遼河 유역에는 고조선 문명과의 연속성이 발견되는 홍산紅
山·하가점夏家店 문화지대가 있었고, 황하 하류에는 산동의 용산龍山문
화가 있었다. 장강 하류 남부에도 중원에 뒤지지 않는 양저良渚문화가
있었고, 중류에도 중원과는 구별되는 지대가 있었다. 문화지대를 나열
하자면 끝이 없다. 다만 이들이 교류와 투쟁을 병행했다는 것을 기억
하면 된다.

   그러나 기원전 2000년쯤 되면 이들 문화지대들의 우열관계가 분명
해진다. 중원의 이리두 문명지대의 하夏라는 종족과 이를 이은 상나라
가 다른 문명지대를 압도하게 된다. 갑골문에서 '하'라는 글자는 무시

무시한 형상에 도끼를 든 사람을 뜻했다. 도끼를 든 사람은 무당일 수도 있고 전사일 수도 있다. 무당이든 전사든 그 도끼는 일반인들을 압도하는 것이다. 그들은 당시 원시공동체 생활을 하는 다른 사람들보다 훨씬 조직적이고 잔혹했던 것 같다. 그 도끼가 청동으로 바뀐 후에 그들의 권력은 더 커졌다. 이리두에서 청동이 발견된 시기는 대략 4000년 전인데 중원의 초기 문명은 그때 서서히 원시공동체 생활을 벗어나고 있었을 것이다. 요임금, 순임금은 하나라 이전의 사람들이고, 우임금이 바로 하나라를 세운 사람이다.

하족이 얼마나 지속되었는지는 정확히 알 수 없지만 기원전 17세기 동쪽에 있던 상족이 서진하여 하를 멸망시킨다. 이 기록은 불완전하지만 《상서》와 《사기》에 남아 있다. 왜 상은 하를 멸망시켰을까? 정말 국가 대 국가의 전쟁이 있었을까?

먼저 《사기》와 여러 고사의 모티브가 되었을 《상서》부터 보자. 현존하는 《상서》의 〈탕서湯誓〉는 물론 후대에 수식을 가한 것이지만 몇 가지 단서는 남겨주었다.

> 하왕(걸桀)은 대중을 가혹하게 부려 그 힘을 고갈시켰으며, 하의 읍(도시)을 파괴했다.

이것은 하의 걸왕이 포학하자 상이 천명을 받아 하를 대신한다는 일반론에 지나지 않는다. 하왕은 왜 자신들의 도시를 일부러 파괴했을까? 알 수 없는 일이다. 그러나 《사기》는 훨씬 더 나아가 한 편의 생생한 역사물을 만들어냈다. 하나라의 족보를 완벽하게 복원했을 뿐 아니라, 하나라의 멸망에 대해서도 한편의 드라마를 만들어냈다. 《사기》에 의하면 하나라의 마지막 임금 걸桀은 포학한 사람이었고 한다. 사마천보다 한참 후대의 사람들이 쓴 《고열녀전古列女傳》 같은 역사소설들에는 하나라 걸왕이 매희妹喜라는 희대의 요녀와 온갖 음탕한 짓을 하는 성도착자로 그려진다.

걸왕이 어떤 인물인지는 정확히 모르지만, 상나라 탕임금에게 패배한 것은 분명하다. 동쪽에서 발흥한 상족은 하족의 통치유역(하북성 동남쪽과 산동성 중부, 서로는 화산, 남쪽으로 하남성 이하伊河 부근의 산맥, 북쪽으로 산서성 남부)을 차지했을 뿐 아니라 자신들의 업적과 힘을 기록으로 남겼다. 기록이 생기면서 국가가 탄생했다.

상나라의 건국 – 고대 국가의 탄생
—

상이 하를 대신한 것은 힘 있는 신흥 부족이 기존의 부족을 밀어낸 것이다. 왜 상족은 하족을 밀어내고 중원을 장악하려고 했을까? 물론 하족의 토지가 탐났을 것이다. 반농반목 경제상황에서 목초지 확보가 힘의 척도라고 본다면 황하 유역의 중요한 목장들과 어장, 농경지대를 얻기 위해서 그랬을 수 있다. 상은 성탕成湯 시절에 도읍을 여덟 번이나 옮겼는데, 그 이동 형태가 물과 풀을 따라 움직이는 유목민과 비슷했다.

상의 중원 정복으로 중국에서 확인 가능한 최초의 국가체제가 섰다.

물질문명, 이념, 통치체제 모든 방면에서 상나라는 주나라에 선행하는 국가였다. 주나라는 상나라의 체제를 그대로 가져갔으므로 상나라의 체제를 간단히 정리해보자.

: 왕을 중심으로 한 다층적 통치체제를 갖추고 있었다 :

체제의 중심에는 왕이 있다. 왕은 제사를 주관하고 상황에 따라 정벌도 한다. 그 아래에는 씨족 귀족들이 있다. 이들 귀족들은 가축과 노예를 거느린 부자들이었을 뿐 아니라 전쟁터에서는 장군 역할을 했다. 또 문, 무, 사로 나뉜 세 관직이 있는데 이들 관직은 의심할 나위 없이 서주 이후 관료제의 기본이 되었다. 왕족과 노예 사이에는 노동력을 징발당하기도 하고 농업생산에도 종사하는 서민들이 있었다. 게다가 이들은 비록 형법 위주지만 비교적 완비된 법제가 있었던 것 같다.

그리고 이 체제는 세습되었다. 전설 속의 황제인 전욱顓頊, 요, 순, 우는 모두 선양을 통해 권력을 이양했다. 이로 보면 한 세대의 권력이 그렇게 강고하지 못했다는 것이고, 사실상 세습왕조는 아니었다는 뜻이다. 그러나 상대에 이르면 세습체제는 공고화된다. 이 거대한 세습체제는 이후 3000년 동안 그대로 답습된다.

: 왕은 이념의 구심점 역할을 했다 :

《회남자淮南子》〈천문훈天文訓〉에는 "전욱이 하늘에 제사를 지내는 관리를 정했다"고 쓰여 있다. 이렇게 제사권을 독점한 사람이 바로 제사장이자 왕이다. 상나라 왕은 거북의 껍질이라는 귀중한 재료를 독점한 사람이었고, 또 제사에서 귀신이 요구하는 것을 들어줄 경제력이 있는 사람이었다.

지금 보면 제사가 뭐 대단한 일인가 생각하겠지만 고대에는 제사를 올릴 수 있는 사람이 바로 특권을 가진 사람이었다. 자연계의 현상들이 아직 다 밝혀지지 않았을 때, 신령의 소리를 듣는 사람의 권한은 얼마나 컸겠는가? 그는 신의 대리인이었다. 상나라 왕은 엄청난 수의 가축과 사람을 희생으로 올릴 수 있었다. 또 귀신의 말을 독점했다. 독점 체제는 중앙집권화의 초기 징후다. 종묘와 사직에 대한 제사의 독점권은 그 후 3000년 이상 왕권의 상징으로 뿌리깊게 남아 있었다. 가까이 조선의 왕을 보라. 오직 왕만이 종묘와 사직의 신령에게 제사를 올릴 수 있었다.

: 문자를 가지고 있었다

문명의 징후로 흔히 문자를 든다. 문자가 생기면 지식의 축적이 가능하다. 기록이 생기면 과거와 현재의 비교가 가능하고, 또 '맞는 것'과 '틀린 것'의 구분이 명확해진다. 틀린 것들이 수정되면 사회는 점점 발전한다. 한 예로 달력을 보라. 고대부터 수정되어 오늘날에 이르렀다. 기록은 달력을 정확하게 만든다. 그러면 인간의 행동은 더 계획적으로 바뀐다.

안양 은허에서 출토된 상나라의 갑골문은 비록 불완전하지만 상당한 문법을 가진 문자로, 한자의 전신이다. 물론 그 전에도 여러 상형문자는 있었다. 그러나 일관성 있는 의미체계를 수립한 것은 상나라 사람들이다. 갑골문의 뒤를 잇는 한자는 누구도 부정할 수 없는 중국 문화의 근간이 되었다. 이 상나라의 문자도 주나라가 고스란히 가지고 간다.

∶ 거대한 동원체제를 갖추고 있었다 ∶

오늘날도 민방위 소집명령이 나오면 지위고하를 막론하고 출석해야 한다. 국가의 명령은 강제적이다. 국가의 최종적인 힘은 강제적인 무력에 기초한 동원력이다. 상은 그런 체제를 갖추었다. 인력 동원체제 중 제일 중요한 것은 역시 군대다.

갑골문 기록은 상이 상시적인 동원체제를 갖추었음을 명백히 보여준다. 귀족들은 작위에 따라 군대 통수권을 가졌고, 코끼리 부대 같은 전문화된 돌격대도 있었다. 기록에 의하면 출정 인원은 최대 1만 3000명에 이른다. 중앙의 군사편제는 삼군으로 나뉘고, 한 군마다 1만 명 이상 동원한 것으로 보인다. 또 상이 서북에 있는 공방을 공격할 때 상왕 무정武丁은 무려 10년의 전쟁을 통해 이겼다고 한다. 공방의 위치는 정확히 어디인지 모르지만, 중국 학자들은 내몽골과 섬서, 산서의 북부에 자리 잡고 있었다고 한다. 이 나라는 상나라의 중심부와는 꽤 떨어져 있는데, 그렇다면 상은 장기적인 원정을 지탱할 만한 동원체제를 갖추었던 것이다.

군대만 동원한 것은 아니다. 하남의 정주상성鄭州商城은 둘레가 총 7킬로미터에, 성벽 기반의 넓이는 20미터, 성벽의 높이는 5미터에 달한다. 진흙을 한 판씩 다져 쌓은 이 성은 단연 세계사적으로도 당대 최

하남의 정주상성鄭州商城 유적지.

대 규모다. 흙의 부피를 간단히 계산해보자. 대충 계산해도 거의 50만 입방미터가 소요된다. 상왕은 이처럼 대규모 인력을 동원할 수 있는 체제와 권력을 갖고 있었다. 지금도 이곳에는 가난한 사람들이 성벽에 구멍을 뚫고 살면서, 곧 닥칠 당국의 퇴거 명령을 기다리고 있다. 고대인의 노동력에 기대어 21세기 사람들이 살고 있는 것이다.

상은 자신들의 일에 다른 부족들도 끌어들였고, 이들에게 공납을 받았다. 이로 보건대 상이 최소한 개척(혹은 정복) 후에는 기술자를 동원하여 도시를 세울 정도의 동원력을 가졌던 것은 의심할 여지가 없다.

언사의 이리두 유적지.

언사상성偃師商城 유적지.

상대 중후기에 이르면 청동기가 쏟아져 나온다. 청동기 주조의 섬세함이나 규모는 상나라가 단연 세계의 으뜸이다. 세계에서 제일 큰 청동제기인 은허의 사모무방정司母戊方鼎은 875킬로그램에 이른다. 청동 무기도 빼놓을 수 없다.

이것을 가능하게 하는 것은 물론 왕권의 동원력이다. 상대에는 농업 생산자(중인衆人), 수공업 생산자(공인工人), 목축인(추인芻人, 목인牧人), 집에서 부리는 하인 등의 생산자들이 있었는데, 이들 중 다수가 노예였다. 이들 중 수공업 생산자인 공인과 농업생산자인 중인이 대규모로 동원되어 물질문명 창설에 이바지했다. 동광 채굴에서 동 제련까지, 청동기 제조는 막대한 노동력이 드는 일이다. 청동 무기가 상용화되면서 청동 무기를 갖춘 사람들의 독점 지배력은 급속하게 커지고, 언사偃師와 정주의 상성이 만들어지는 시기에 그 권력은 주변 문화지대를 압도했다.

앞에서 보았듯이 상은 청동으로 무장한 지배계급이 막강한 권력을 가지고 있는 고대 국가였다. 이후 중국의 국가들은 상나라의 체제를 받아들이고 변형시키면서 발전한다. 그러나 이 호전적인 민족의 운명도 영원하지는 못했다. 뒤이어 서쪽에서 일어난 주周라는 종족이 한 번의 거대한 전쟁으로 상을 멸망시키고 말았다. 과연 역사의 기록대로 상나라의 마지막 왕들이 어리석어서 그렇게 되었을까? 아니면 상이 무너질 다른 필연이 있었을까?

2. 혁명과 주周의 탄생

안양 가는 길, 주원 가는 길
—

하남성 안양安陽의 은허殷墟 가는 날, 때는 가을이건만 태양은 사정없이 내리쬐고 있었다. 은허는 상나라 말기의 수도다. 은허 입구에서 선뜻 들어갈 엄두가 나지 않았다.

그러나 유적지 입구를 지나 3천 몇백 년 전의 무덤들 속에서 더위와 낮술의 취기는 벌써 오싹함으로 바뀌어 있었다. 그날 오후 설명할 수 없는 답답함에 식은땀을 흘리면서 겨우 은허를 나섰다.

갑골, 상아, 거대한 청동 유물은 모두 볼 만했다. 그러나 유적의 진짜 주인공들은 인간의 뼈였다. 불과 몇 미터 지하에 무더기로 누워 있는 인골들. 상나라의 마지막 터전은 그야말로 뼈의 도시였다. 필자를 지치게 만든 것은 바로 그 뼈들이었다.

이어 주나라의 발원지인 주원周原 가는 길에는 비가 추적추적 내렸다. 삐죽삐죽한 언덕과 위수渭水의 지류들, 가끔씩 솟아오른 황토 언덕의 강고함과 언덕 아래 자라는 오동나무를 빼고는 뭔가 특별한 것은 없었다. '여기가 주나라의 발원지란 말인가?' 꿈에도 그리던 고향을 찾아갔다가 초라하기만 한 고향을 본 사람의 마음이 이러할까?

기산岐山 주원박물관은 손님이 오고서야 문을 열었다. 더듬더듬 갑골문 해석을 읽으며 청동기를 기웃거리고 있을 때, 강한 섬서 사투리를 쓰는 장화 신은 노인이 필자를 은근히 바라보았다. 노인은 갑골문 학자 하세명賀世明 선생이다. 중국에는 이렇게 시골에 숨어 있는 수더분한 고수들이 있다. 선생의 등장으로 조그마한 박물관은 일순 활기를 띠었다. 선생은 갑골문을 해석하다가 주 무왕을 "위대한 무왕"이라 불렀다. 공자가 《논어》를 쓰던 시절도 아닌 지금, '위대한 무왕'은 좀 무리한 표현이 아닌가? 그렇다면 무엇이 위대했던가?

주가 상을 멸망시키다 - 기록이 전하는 이야기
—

주나라는 오늘날의 중국의 뼈대를 만든 나라다. 중국의 제도, 중국의 사상, 중국의 물질문명까지 주나라를 기준으로 하지 않은 것들이 없다. 심지어 주나라와 전혀 관련이 없는 경우에도 권위를 얻기 위해 주나라를 끌어들였다. 공자가 "나는 주나라의 예를 따르겠다"고 말한 것은 사실상 중국의 문화는 주나라에서 발원한다고 선포한 것이다.

이제 주나라의 건국과 그 역사적인 의의를 살펴볼 것이다. 춘추전국 시대는 물론 향후에 전개되는 중국사 전체를 이해하기 위해서도 이 나라는 반드시 기억해야 한다.

《사기》에 의하면 상은 1대 성탕에서 30대 신辛(주왕紂王)까지 500년 이상 유지되었다. 그런데 기원전 12세기에서 기원전 11세기 당시 상나라의 상황은 극도로 나빠졌다. 서쪽의 주나라는 점점 커졌고, 주변 부족들은 더 이상 상을 종주국으로 인정하려 하지 않았다. 주나라는 어떤 구실을 대고 상나라를 치려 했을까? 고대의 사서들은 상나라 멸망의 사회경제적인 요소에 대해서는 설명해주지 않고, 단지 상의 마지막 왕 주왕이 폭군이라는 사실만을 강조한다.

⠿ 상나라의 죄 1 – 암탉이 울면 집안이 망한다　　　　　　　　　　⠿

《상서》의 상고사 기록은 분명 위조이거나 전설의 기록에 가깝다. 그러나 주대 이후의 기록은 믿을 만한 부분이 꽤 있다.《상서》〈주서周書〉'목서牧誓'에서 주 무왕은 이렇게 상나라의 죄상을 밝힌다.

> 암탉이 새벽에 울면 집안이 망한다 하오. 지금 상나라 임금은 오직 여자의 말만 옳다고 하고, 제사 지낼 분을 방기하고, 돌아가신 임금의 부모형제를 버리고, 오직 사방에서 죄지은 자들을 '높다, 낫다, 믿을 만하다, 부릴 만하다' 하며 받들고, 백성들을 가혹하게 다루며, 상나라의 읍들에 악행을 저지르고 있소.

암탉이란 물론 여인을 말한다. 요즈음의 관점에서 보면 여인들이 정치에 참여하는 것이 왜 정벌 이유가 되는지 의아하다. 그럼 '제사 지낼 분을 방기하여 지내지 않는다'는 말은 무슨 뜻일까? 상은 사람을 희생으로 제사를 지내는 나라였다. 제사에 희생으로 쓸 사람이나 가축을 확보하기가 어려웠을까? 여하튼 제사를 지내지 않는 것이 정벌 이유가 되는지도 의아하다. '혈족을 방기하고 사방에서 죄지은 자들을 쓴다'는 것도 의미심장한 말이다. 그러나 인재 등용도 남의 나라 일이 아닌가?

'백성들을 가혹하게 부린다'는 것은 도성 근처의 사람들을 부역에 동원한다는 말이고, 상나라의 읍에 악독한 짓을 한다는 것은 지방의 거점에서 가혹하게 공납을 걷는다는 것을 의미한다. 이들은 정벌 이유가 될 수 있다.

《상서》에 나온 말은 상나라의 죄상을 나열한 것이라기보다는 출정 전야에 무왕이 사기를 북돋기 위해 한 말이다. 그는 일전을 앞두고 말한다. '보라, 적의 대장은 겨우 여자의 말만 믿는다. 이제는 제사도 지낼 여력이 없다. 사람들을 끌어모으고 있지만 친척도 아닌데 얼마나 결속력이 있겠는가? 백성들은 가혹한 부역에 진력이 났고, 지방의 읍들도 가혹한 세금에 등을 돌렸다. 그대들은 나를 따르라!' 무왕은 '상나라는 이미 약해졌으니 우리가 이길 수 있다'고 연합군을 고무하고 있다.

: 상나라의 죄 2 – 주지육림   :

이제 좀 더 극적인 《사기》의 기록으로 들어가 주나라 건국의 역사를 살펴보자. 사마천은 상나라 말기의 무을武乙과 그의 증손자 주紂가 극히 무도했다고 기록한다.

> 무도한 무을제는 우상을 만들고는 '천신'이라고 이름을 붙였다. 사람으로 천신을 대신하게 해서 도박을 했다. 천신이 지면 즉시 욕을 하면서 죽였다. 가죽 주머니에 피를 채워 높이 매달아놓고 활로 쏘며 "하늘을 쏜다"고 했다.

그런데 어쩌다 무을은 그렇게 신을 모독하게 되었을까? 아마도 그때는 신의 효험이 점점 떨어졌을 것이다. 부자상속이 확립된 상나라 말기에 이르면 남성의 지위는 점점 강해진다. 왕의 관심사는 튼튼한 아이를 낳아 후계를 안전하게 하는 것이다. 그래서 갑골문에는 "아이를 가졌을까요?" 혹은 "아들을 낳을까요?" 하고 묻는 복사가 무척 많다. 과연 점으로 맞힐 수가 있었을까? 확률은 반반이다. 그의 행동은 거짓말하는 신에 대한 보복이다.

이제 그 유명한 상의 마지막 왕 주紂를 살펴보자.《사기》의 기사는 끔찍한 이야기로 가득 차 있다. 그 기사가 사실이라면 주는 성도착자이자 정신병자인 게 분명하다.

주는 원래는 매우 뛰어난 인물이었다. 맨손으로 맹수를 상대할 수 있었고, 뭇 사람의 조언이 필요하지 않을 정도로 총명했다고 한다. 그러나 교만하고, 여자와 술을 매우 좋아했고, 또 물욕이 대단했다. 왕은 달기妲己라는 여인을 총애해서 그녀의 말이라면 무조건 따랐다. 음탕한 음악을 만들게 하고, 저속한 춤과 퇴폐적인 음악을 연주하게 했다. 세금을 무겁게 매겨 창고를 채우고, 기이한 짐승들로 정원을 채웠다. 이 정원에 수많은 악공을 불러들이고 술로 연못을 만들고, 고기를 매달아 숲처럼 만들고, 남녀들이 그 안에서 서로 쫓아다니며 밤새 놀게 했다. 이른바 술로 만든 못과 고기로 만든 숲이라는 뜻의 '주지육림酒池肉林'이라는 말이 이렇게 생겨났다.

《사기》는 주를 가학적 변태이자 살인마라고 한다. 당시에는 훗날 주나라 문왕이 되는 서백西伯 희창姬昌, 구후九侯, 악후鄂侯가 상나라의 삼공(사마, 사도, 사공)으로 있었다. 주는 구후의 딸을 왕비로 맞아들였는데, 그녀가 왕의 음탕함을 싫어하자 그 여자를 죽이고 아버지 구후도 포를 떠서 죽였다고 한다. 악후가 항의하자 악후도 포를 떠서 죽였다. 비간比干이 충간하자, "나는 성인의 심장에는 일곱 개의 구멍이 있다고 들었다"고 말하며 그를 죽여 심장을 확인했다.

악후가 참살당한 것을 보고 서백이 탄식하자, 숭후崇侯 호虎라는 자가 주에게 고자질했다. 서백이란 말이 알려주듯이 서방 주족의 세력은 이미 상을 넘어서고 있었다. 상왕은 재빨리 서백을 유리羑里라는 감옥에 가두었다. 《죽서기년竹書紀年》에는 서백의 아버지 계력季歷이 상왕에게 죽임을 당했다고 쓰여 있다. 그렇다면 상과 주周는 철천지원수가 된다. 아버지에 이어 아들도 죽을 형편이었다.

그러나 서백 주위에는 똑똑한 신하들이 있었다. 그 대표격이 강태공姜太公이다. 서백이 옥에 갇히자 신하 산의생散宜生, 굉요宏夭, 강태공 등이 상왕이 재물을 탐하는 것을 이용해 많은 뇌물을 준비해서 서백을 빼냈다. 이후 서백은 일단 낙수洛水 서쪽의 땅을 상에게 바치며 화의를 구한다. 그러자 상왕은 그에게 큰 도끼를 내려주며 서방 제후국의 우두머리로 삼아 작은 나라들을 정벌할 권한을 주었다. 이제 서백이 가만히 있겠는가? 나날이 작은 나라들을 끌어들여 상을 칠 기회만 엿보게 된다. 그러나 서백은 상에 대항한 전쟁을 본격적으로 수행하기 전에 죽고 말았다.

서백 문왕의 뒤를 이어받은 이가 바로 무왕 희발姬發이다. 상은 내부로 부터 서서히 무너져갔고, 주는 서쪽에서 세력을 키우며 동쪽으로 나갈 준비를 마쳤다. 마침내 무왕은 서쪽 여러 나라들의 연합군을 결성하여 상의 수도 조가朝歌를 공격한다. 당시 무왕의 병력은 전차 300대에 용 사 3000명, 갑병 4만 5000명이었다고 한다. 그에 대항한 상나라 주왕 紂王의 군대는 70만 명이었다고 한다. 상나라의 병력은 분명히 과장되 었지만 이 숫자들에 의미를 두지는 말자.

　전쟁을 앞두고 무왕은 일대 연설을 한다. 무왕은 아침 일찍 상나라 교외의 목야牧野에서 맹세했다. 왼손에는 황색 도끼, 오른손에는 흰색 깃발을 들고 말했다.

　　"멀기도 하구나, 서쪽에서 온 병사들이여! 아, 나의 제후들이여! 그
　　리고 용庸, 촉蜀, 강羌, 모髳, 미微, 노纑, 팽彭, 복濮의 동맹들이여! 그대
　　들의 창을 높이 들고, 방패를 나란히 하며, 창을 세우시오. 내가 선서
　　하겠소."
　그리고 이어서 말했다.
　　"그대들은 군령을 지키도록 노력하시오. 호랑이 같고, 곰 같고, 이무
　　기 같아야 하오. 투항하는 자는 거절하거나 죽이지 말고, 그들로 하여
　　금 서쪽 땅을 위해 힘쓰도록 만드시오. 그대들이여, 최선을 다하지 않

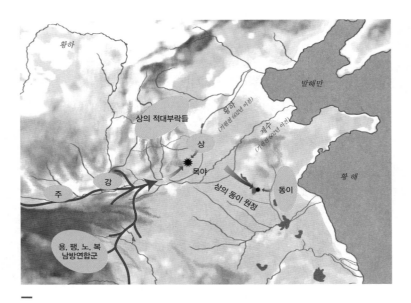

목야지전 시의도. 상은 동이 원정으로 힘을 소진하는 와중에 남방연합군의 공격을 받아 일거에 멸망했다.

는다면 그대들이 오히려 죽을 것이오."

이렇게 선언을 하니, 제후들의 전차가 4000대에 달했다고 한다. 상
왕 주는 곧장 응전군을 보낸다. 그러나 강태공이 100명의 돌격대로 이
들의 선봉을 꺾자 적의 선봉은 바로 무너지고 오히려 무왕의 편으로
돌아섰다.

무왕은 신속히 휘몰아쳐서 주왕을 녹대鹿臺로 몰아붙였다. 결국 주
왕은 타오르는 불길 속으로 뛰어들어 생을 마감했다. 무왕은 여기서
그치지 않고 주왕의 시신에 화살을 세 번 쏘고 목을 베어 깃대에 매달

았다. 주의 애첩 달기에게도 역시 화살 세 발을 쏘고 몸소 목을 쳐서 깃대에 매달았다. 여기까지가 《상서》와 《사기》에 나온 내용이다.

주족의 정체
—

상나라를 멸망시킨 주족 세력은 도대체 어떤 존재였을까? 언제나 그렇듯이 《사기》는 어떤 정치세력이든지 그 근원을 만들어낸다. 《사기》는 주족이 동방에서 기원했다고 한 뒤 그 계보를 자세히 설명해놓았다. 《사기》를 무조건 믿지 않을 필요도 없지만 다 믿을 수도 없다.

결론적으로 말하면, 주족은 관중 일대의 융戎족과 결합한 연합세력으로 이들의 문화는 동쪽 중원의 문화와는 판이하게 달랐다. '융戎'이라는 말은 갑옷과 창을 결합하여 만든 것으로 무기, 갑옷, 전차, 병력 등의 의미로 파생된다. 중원인들이 보기에 융은 군사적으로 강한 이민족이라는 의미가 있다. 주족은 이 융과 연합했기 때문에 군사적으로 중원을 압도할 수 있었다.

후대의 진秦나라도 역시 융의 땅에서 흥성했고, 융을 모두 제압했다. 융을 제압하는 과정에서 진은 강해진 것이다. 주나라도 마찬가지다. 고고학적인 자료는 많지만 문헌분석을 통해서도 주라는 민족의 대강을 파악할 수 있다. 《사기》의 기술을 요약해보자. 비교하기 위해 번호를 붙였다.

갑골문자 '융戎'.

1-1. 주의 시조는 후직后稷(농사를 담당하는 신)이다. 어머니는 강원姜原이라 했다. 강원은 제곡帝嚳의 정부인이다. 강원은 들판에서 거인의 발자국을 밟았다가 아이를 가졌다. 불길하여 아이를 버렸으나 짐승들이 돌보아주었다.

1-2. 이 아이는 어릴 때부터 농사를 지을 줄 알았다. 요임금이 그 소문을 듣고 그를 태에 봉하고 후직이라고 칭했으며, 따로 희성姬姓*을 하사했다.

1-3. 후직의 아들은 불줄不窋이다. 후직이 죽고 하나라의 정치가 쇠해지자 불줄은 융적의 지역으로 달아났다. 그 후손들은 칠수漆水,

---

* 고대의 성과 씨는 개념이 다르다. 매우 복잡한 개념으로 간단히 정리하기 어렵지만 그 대체는 다음과 같다. 성姓은 대체로 모계사회의 유산이 남아 있는 개념으로 어머니의 부족을 뜻한다. 부계사회로 넘어온 후에도 성의 개념은 살아 있어서 대체로 부족의 족호 기능을 했다. 그래서 희姬, 강姜, 영嬴 등의 성에는 거의 '여女' 자가 붙어 있다. 씨는 좀 더 분화된 관념이며 대체로 부계사회로의 발전단계를 반영한다. 예를 들면 진나라의 필만畢萬은 성은 희씨다. 그런데 위魏라는 지역에 봉해지면서 위씨의 시조가 되었다. 향후 성 개념은 희박해지고 씨만 남아서 부족 개념을 대체하게 된다. 현재는 성과 씨의 개념 구분이 완전히 없어졌다.

106

저수沮水, 위수 근처에서 농사를 지으며 뿌리를 내렸다.

2-1. 불줄의 몇 대 후손 고공단보 때 훈육(혐윤) 융이 고공단보를 공격하자 그는 기산 아래로 피신하여 정착했다. 고공단보는 이때 융의 풍속을 고쳐 읍을 만들고 성곽과 집을 지었다.

2-2. 고공단보의 아내는 태강太姜이다. 태강의 아들은 장남 태백太伯과 차남 우중虞仲, 막내 계력季歷을 두었다. 고공단보는 막내에게 자리를 물려주었다.

2-3. 막내 계력의 아들이 바로 문왕 희창姬昌이다. 상나라에 의해 서백으로 봉해진 희창은 견융犬戎, 밀수密須, 기국耆國을 차례로 정벌했다.

3-1. 문왕(희창)이 죽자 무왕(희발)이 즉위했다. 무왕이 즉위하자 강태공(태공망 여상呂尙)을 사師로 삼고 주공을 보輔로 삼았다.

3-2. 무왕은 아버지를 가둔 주왕紂王에게 복수할 마음을 품고 서방 동맹군을 데리고 상나라를 정벌했다.

3-3. 태공망 여상의 조상은 사악四嶽(사계절을 관장하는 벼슬)이 되어 우임금을 보좌해서 치수에 공이 있었다. 그의 본성은 강이다.

《사기》를 중심으로 주의 시작과 흥기, 상나라 정벌까지 세 부분으로 정리해보았다. 여기서 첫 번째 주목할 점은 주나라의 희성姬姓과 강성姜姓의 연관관계다. 시조 후직의 어머니가 강성이다. 강성이 제곡의 정부인인데 왜 후직은 그 아버지를 모를까? 사실 제곡은 주나라의 권위를 높이기 위해 끌어들인 것이고, 당시는 여전히 아버지가 불분명한 모계사회였을 것이다. 어머니가 강성이니 후직도 강성이다. 요임금이 희성을 주었다는 것도 역시 권위를 높이기 위해 끌어들인 것이다. 그런데 고공단보의 부인도 강성이다. 무왕의 책사 태공은 또 어떤가? 그도 역시 강성이다. 주족이 강성 종족과 결합했다는 것은 이렇게 기록으로도 알 수 있다.

두 번째 주목할 점은 주족의 이동과 정치적인 행보다. 주의 조상들은 원래 정권의 중심에 있다가 정치적인 환란을 만나 융적이 사는 서쪽으로 이동했다고 한다. 그나마 서쪽에서도 훈육의 공격을 받아 기산으로 피난을 간다. 그런데 어느 순간 서쪽의 견융을 쳐서 후방을 안정시키고, 또 동쪽의 기국을 쳐서 동방 진출의 기반을 연다. 그러더니 갑자기 서방연합군을 결성하여 동쪽으로 밀고 온다. 그러고는 상나라를 멸망시킨다.

이 두 가지를 통해 주족의 정체를 어렴풋하게 짐작할 수 있다. 또 굳이 기원전 12세기 무렵에 동진을 한 이유에 대해서도 알 수 있다.

한때 역사가들은 《사기》의 기록대로 주가 동쪽에서 기원했다고 믿었다. 그러나 1970년대 이후의 고고학적 성과들은 주의 조상들이 위수 근처에 살고 있던 여러 융족의 한 일파임을 지지하고 있다. 또 일부 학자들은 기원전 1400년 이후 기후의 건조화로 중국의 북방(서북 포함)에는 유목화와 군사집단화가 가속화되었다고 말한다.[7] 또 섬서 위수 유역의 토기와 묘장의 유형으로 최소한 몇 개의 문화형이 존재한다는 것이 밝혀졌다. 그중 일부는 의심할 수 없는 서부형, 곧 융의 양식이다. 섬서 부풍 주원 유적 근처에서 발견된 강융姜戎의 묘는 대표적인 예다.

강성 융에 대한 기록은 《좌전》에 등장한다. 고공단보와 결혼한 이가 바로 강성 융인이다. 곽말약 같은 이는 조금 더 나아가 고공단보의 부인이 강성 부족의 여추장이라고 주장한다. 주족 고공단보는 견융에 쫓겨 기산에 이르러서 강성 융족과 연합한 것이다.

기원전 1400년에서 기원전 600년 사이 오르도스에서 시작하여 중국의 북방 전역에 걸쳐 북방식 청동기 문화가 나타난다. 민족들의 이동이 시작된 것이다. 이들 문명의 주인공들은 농사보다 목축에 더 의존하던 사람들이다.[8] 이들의 이동과 주족의 이동은 분명히 연관이 있을 것이다. 견융이 고공단보를 공격하자 고공단보가 기산으로 옮겨갔다. 그러나 거기서 강성의 융인들과 연합하여 주족은 일대 반전을 이룬다. 특히 주나라의 건국 과정에서 두드러지는 강태공의 활약은 새로 얻은 강성 융족의 힘을 묘사한 것이리라.

최근 상나라와 오랫동안 싸우던 귀방鬼方의 옛 터로 보이는 성을 발견했다. 섬서성 동북부 황하 연안 청간현淸澗縣 이가애李家崖 유적이다. 이 유적은 방어를 위해 건설한 완벽한 요새다. 기원전 1300년 귀방이라는 나라는 왜 이런 요새를 만들었을까? 물론 당시 섬서성 일대에서 민족의 이동과 토지쟁탈전이 극도로 치열했기 때문이다.

이제 무왕의 동맹군을 보자. 촉蜀은 사천성 일대의 민족이 분명하며, 강羌은 상나라 서부에 있는 목축인들을 부르는 범칭이었다. 나머지 종족들도 주족과 교통할 수 있는 상나라 서부와 남부의 민족들이다. 특히 강인들은 상나라 사람들의 제사에 희생으로 올라오는 그 사람들이 아닌가? 그들에게 상나라 사람들은 결코 함께할 수 없는 적이었다.

이제 감을 잡았다. 서쪽 융의 거대한 움직임의 꼭대기에 주라는 족속이 있었던 것이다. 그들은 강성 융족과 연합했지만 융의 색깔을 지우기 위해 오히려 농사를 통해 스스로의 정체성을 확립했다. 그리고 더 많은 자원을 찾아 연합군을 이끌고 황하 동쪽으로 밀려온 것이다.

서쪽의 물결이 동쪽으로 밀려오는 것은 장구한 역사의 추세였다. 건국한 지 겨우 250년 후에 주나라도 융에게 밀려 동쪽으로 쫓겨난다. 그리고 약 500년이 지나면 융을 제압한 진秦이라는 족속이 또 동쪽으로 밀고 내려온다. 그 진도 융, 주 등과의 관계 속에서 성장한 반은 융인인, 바로 중원인들이 말하는 진융秦戎이었다. 또 통일제국이 성립할 무렵에는 흉노라고 부르는 완전한 기마 유목민들이 서북에서 밀려왔다. 이처럼 주나라의 건국은 서쪽에서 밀려오는 물결 가운데 하나였다.

우리가 짐작할 수 있는 사실은 여기까지다. 주가 흥기하던 당시 중원의 서쪽은 이동성이 증가하고 있었고, 자원 쟁탈의 압력을 받고 있었다. 주족은 그 정치적인 틈바구니에서 강융姜戎과 결합하여 힘을 키워갔다. 그 상황에서 상이 압박을 가하자 동쪽으로 내려와 아예 상을 차지한 것이다.

주나라 흥기의 원인 – 혁명성
—

그렇다면 서방의 작은 민족인 주가 어떻게 거대한 동방의 상나라를 무너뜨릴 수 있었을까? 필자는 고대의 사서들처럼 상나라의 멸망 원인

서주시대 호壺.(기산 주원박물관 소장)

주원 유적지 칠저수. 주족의 젖줄이다.

시간의 흐름 모티브		포학한 군주 – 음란한 후궁	문무를 겸비한 건국군주와 어리고 유약한 아들 – 일대에 충성하고 이대를 보좌하는 신하	추론의 방향
↓	하	걸왕 – 매희		↑
	상	주왕 – 달기	탕왕, 태갑 – 이윤	
	주	유왕 – 포사	무왕, 성왕 – 주공	

을 주왕의 음란함과 잔혹함에서 찾지 않을 것이다. 그 대신 상나라의 구조적인 문제와 주나라의 혁명성에서 찾을 것이다. 먼저 역사와 전설들의 모티브를 살펴보자.

하나라 걸왕桀王의 매희, 상나라 주왕紂王의 달기, 그리고 나중에 등장할 주나라 유왕幽王의 포사. 이 여인들은 시대는 다르지만 어떻게 그토록 유사할까? 모두 지극히 아름답고, 또 지극히 악하다. 또 걸왕과 주왕, 그리고 후대 유왕의 모습은 왜 그렇게 유사할까? 모두 여자의 말을 들어서 망국의 길로 들어섰고, 그들의 그 가학적인 성격마저 완벽하게 똑같다.

이런 구조에서 뭔가를 짐작할 수 있다. 사서들은 후대의 사실을 기준으로 전대의 역사를 재구성한 것이다. 곧 포사가 달기에게 영향을 주고, 달기가 매희에게 영향을 주었다. 또 주공이 이윤을 만들고, 무왕이 탕왕을 만들었다!《사기》는 역사적인 사료를 취합하면서도 많은 비사를 모았다. 사마천은 정직했지만 그가 쓴 자료들은 정직하지 않았다.

상의 멸망과 주의 등장은 근본적으로 정치경제적인 것이지, 한 여인

때문은 아니었다. 상에는 없고 주에는 있는 것, 바로 정치력이 이런 차이를 만들어냈다.

서주는 상나라의 작은 귀퉁이에서 시작했다. 기원전 15세기경 상나라 사람들이 흙을 켜켜이 쌓아 정주상성을 만들 때 주는 소박한 부족이었다. 정주의 웅장한 상성에 비하면 섬서성 기산 주원에 있는 주의 조상들의 궁성 터 기둥은 소박하다 못해 귀엽다.

그런데 주가 상을 이기고 춘추전국의 기반을 쌓은 이유는 무엇일까? 필자는 두 가지로 상나라와 주나라가 질적인 차이가 있었다고 주장한다. 하나는 서주시대부터 비로소 신의 세계를 벗어난 '인간중심'의 세계관을 가진 '인간'들이 역사의 전면에 등장한 것이고, 또 하나는 서주에 이르러 진정한 '정치'가 탄생한 것이다. 주나라는 전쟁에 더하여 소프트 파워를 구사할 줄 알았다. 그 정점은 봉건제다. 필자는 역사상 주가 이룩한 두 가지 업적을 '조용한 혁명'이라고 부르고 싶다. 하나는 신과 인간을 분리시킨 인간 혁명, 또 하나는 무력과 이념을 본격적으로 결합시킨 정치혁명이다.

: 주의 인간혁명   :

아마도 상나라 말기(기원전 13세기~기원전 11세기)와 비슷한 시기였을 트로이전쟁기. 땅 위에서는 사람들이 싸우고, 그 사람들 위에서는 신들이 대리전을 치른다. 호메로스가《일리아드》라는 대서사시를 쓰던 기원전 8세기, 그때 서주시대는 막을 내리고 동주시대가 열렸다.

트로이의 왕자 헥토르가 아테네 여신의 후광을 입은 아킬레우스에게 패할 때, 사람들은 운명의 잔혹함을 실감한다. 헥토르는《일리아드》에서 가장 인간적인 영웅이다. 아내와 부모에게 사랑받는, 부하들에게 신뢰받는, 동생에게 존경받는 그런 인물이다. 그러나 그는 인간이기 때문에 신들의 싸움 앞에서는 무력했다. 그럼 아킬레우스는 어떤가? 어쩌다 겁쟁이 파리스의 화살에 뒤꿈치를 맞았을까? 하필 뒤꿈치에 불사의 강물을 적시지 못하여 다시 운명의 손에 몸을 맡겼을까? 이렇게 기원전 8세기, 호메로스 시대 그리스인들의 상상력 속에도 신은 깊숙이 들어와 있었다.

그러나 승패는 결국 목마로 결정되었다. 트로이 사람들은 목마를 신의 선물이라고 생각했지만, 그리스 사람들은 그 안에 병사들을 숨겼다. 인식의 차이였다. 사람의 일은 결국 사람에 의해 결정되었다. 신은 무심했고, 트로이는 멸망했다. 동방도 예외는 아니었다.

상나라로 가보자. 상나라 왕의 무당은 신에게 이렇게 묻는다. "무슨 날, 왕이 물고기를 잡으러 가면 길할까요?" 거북 등이 길하지 않다고 말하면 물론 갈 수 없다. 그러나 우리는 강태공이 주 무왕을 도와 상나라를 무너뜨릴 때 한 행동을 알고 있다. 점괘가 나빠도 태공은 전진한다. 태공은 말한다. "점 따위가 군대를 가로막을 수 있다는 말인가?" 태공은 목마 안에 들어 있는 그리스 병사와 같은 존재였다. 그리고 이것이 상나라와 주나라를 가르는 근본적인 경계선이었다.

제사를 잘 지내서 나라를 보존하려는 사람들에게《상서》〈주서〉는 딱 잘라서 말한다. "하늘은 오직 덕 있는 사람을 사랑한다." 하늘은 정말 귀신을 잘 섬기는 사람이 아니라 오직 덕 있는 사람을 사랑한다는 것이다. 신화의 세계에는 정해진 운명이 있다. 그러나 역사의 세계에는 인간 행위의 결과만 있을 뿐이다.

춘추전국시대는 주나라의 인간혁명의 기반 위에 서 있다. 춘추 중기 초나라 소왕昭王은 오나라에게 시달려 나라까지 잃은 불운한 왕이다. 그런데 점을 쳐보니 죽을 운명이라고 한다. 점쟁이가 액운을 신하들에게 넘기라고 충고하자 그는 이렇게 말한다. "뱃속의 병을 팔다리로 옮긴들 무슨 소용이 있겠는가?" 공자는 이 말을 듣고 감탄하여 말했다. "소왕은 요체를 알고 있구나. 나라를 되찾을 것이다." 요체란 무엇인가? 운명이 아니라 인간의 행동이 결과를 만든다는 것이다. 공자와 소왕이 이런 이야기를 할 수 있었던 배경은 모두 주나라가 일으킨 인식의 혁명 때문이었다.

앞서 은허를 뼈다귀들의 세계라고 했다. 목이 없는 인골, 팔다리가 없는 인골, 눕지도 못한 채 창을 들고 주인의 관을 지키는 인골, 손이 뒤로 묶여서 아마도 산 채로 묻힌 인골 등. 이들은 주인을 따라 죽은 노예거나 신에게 제사 지낼 때 희생된 사람이다. 물론 사람을 순장하고 희생으로 쓰는 일은 중국만의 일이 아니었다. 우리나라도 심청이 이야기가 있고, 사서에 의하면 신라의 지증왕이 순장을 금한다고 명한 것도 기원후가 한참 지난 6세기 초의 일이었다.

그러나 상나라의 순장과 사람 제물이 무시무시한 것은 그 압도적인 수 때문이다. 지금까지 드러난 갑골문에 기록된 사람 제물은 무정武丁 시기에서 제신帝辛 시기까지 불과 200년 동안 무려 7500명가량 된다. 좀 더 이전 시기까지 포함해서 반경盤庚이 은허(안양) 지역으로 옮긴 후

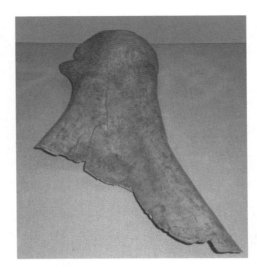

은허의 갑골편. 은허에서 발견된 갑골문의 기록은 상나라 때 어마 어마한 숫자의 사람이 순장되었 음을 알려준다.

은허의 순장유골. 주인을 따라 죽은 노예거나 신에게 제사 지낼 때 희생된 사람이다.

망국까지 약 270년 동안 제물로 바친 사람의 수는 1만 3052명이었다.[9] 그런데 발견된 갑골문이 전체 갑골문 중 얼마나 되겠는가? 묘에 순장된 사람들은 또 얼마나 되었을까? 은허의 '아亞' 자형 대묘에서는 한꺼번에 무려 400명의 순장유골이 발견되었고, 작은 규모로 열을 지은 수백 개의 묘들에서도 분묘당 10구씩은 발견되었다. 아래 갑골문의 점복 기사를 보자.

"강羌인 50명을 태을에게 제사 지낼까요?"

"사람 5명의 목을 올릴까요?"

"여자를 태워 제를 올릴까요?"

"소 1000마리, 사람 1000명을 제물로 강에 제사를 지내지 말까요?"[10]

은대의 정치 거점이 안양에만 있었던 것은 아니다. 산동성에서 발견된 한 귀족 묘에도 48명의 순장인이 발견되었는데 대부분이 소년이다. 그 당시 상의 영향력이 미치는 범위의 인구를 1000만 명 정도로 보는데, 이는 오늘날 서울의 인구와 비슷하다. 예를 들어 서울에서 사람이 한 사람 죽을 때 수백 명이 따라 죽고, 제사 한 번 지낼 때 많게는 무려 1000명을 함께 죽인다고 상상해보라.

그러나 주대에 이르면 사람으로 제사 지내는 일은 거의 사라진다. 순장도 동주시대가 되면 급격히 줄어든다. 사람 희생을 거부하고 순장을 거부하는 사람들은 모두 주나라의 예를 언급한다. "주공이 예악을 정했고, 천하가 크게 수긍했다[制禮作樂 天下大服]"는 바로 그 예다. 후에 공자는 진秦나라 목공穆公이 현인들을 순장시키자 맹렬히 비난했다. 심지어 사람 모양의 인형[俑]을 함께 묻는 것도 맹렬히 비난했다. "용을 묻기를 시작한 자, 그 후손이 없을 것이다[始作俑者 其無後乎]"《맹자》〈양혜왕梁惠王〉) 하고 저주를 퍼부었다.

또《좌전》에 이런 기사가 있다. 기원전 7세기 사람인 송 양공襄公(그는 공교롭게 상나라의 후손이다)이 사람을 희생으로 쓰자 사마자어司馬子魚가 말했다. "가축도 제사에 따라 크기를 달리해서 희생으로 쓰는데, 사람을 희생으로 쓰다니. 양공은 패자가 되기는커녕 제명에 죽기도 어려울 것이다." 가축도 제사에 따라 크기를 달리한다는 것이 바로 주의 예법이다. 제사의 규모를 규정하는 것은 삼례三禮《예기》《의례》《주례》)의 기본을 이룬다.

지금의 입장에서 보면《주례》나《의례》따위는 〈가정의례준칙〉만큼 한심해 보이지만 그것도 역사 발전의 한 과정이었다. 상이나 주는 모두 노예제 국가였음이 분명하지만, 노예에 대한 대우는 질적으로 달랐다. 앞으로 노예가 점차 사람 축에 끼다가 결국은 국가의 재상이 되는 것을 볼 것이다. 그 시대가 바로 춘추시대다.

고대의 노예제는 끔찍했다. 기원전 18세기 함무라비 법전은 고대 노예제의 실상을 이렇게 여과 없이 전한다. "노예는 물건이므로 인격이 부여되지 않는다. 노예의 도피를 방관하는 사람도 사형에 처한다." 상나라의 노예는 오히려 그보다 더했다.《여씨춘추》는 상나라에 300조의 형법이 있었다고 말한다. 거의 모두가 형법이다. 상의 귀족들은 희생의 목을 자르고, 포로나 노예의 심장도 갈랐다. 생매장당하고 수장당하는 사람들도 노예다. 노예들의 다리나 생식기를 자르고 신체를 훼손하는 것은 예사였고, 외눈박이로 만들어 일할 근육은 있으나 활을 쏘지는 못하는 사람으로 만드는 것도 흔한 일이었다.

: 주의 정치혁명 :

또 하나는 정치의 탄생이다. 주는 상을 무너뜨리고 자기 성의 사람들을 전국의 거점에 심어 동족 통치의 네트워크를 만들었다. 지역에 이미 자리를 잡고 있던 씨족 세력들에게 작위를 주어 자기편으로 끌어들인 것이다. 가장 중요한 거점인 관중에 호경鎬京을 두어 직할지로 삼고, 효산 너머 동쪽에 낙읍洛邑을 두어 동도로 삼았다. 그리고 북쪽의 연燕나라, 태행산맥 남록에 나중에 진晉으로 통합되는 여러 나라, 황하 중류에서 화북평원까지 이어지는 선에는 위衛와 같은 동성 제후들을 세우고, 멀리 동쪽에는 노나라와 개국공신 강태공의 제나라를 세웠다.

힘으로 이길 수 없을 때 다른 수단으로 자기에게 유리한 국제질서를 만드는 것은 국제정치의 기본이다. 《주례》의 복잡한 체제는 주나라 정치의 섬세함을 말해준다. 이제는 순수한 힘이 아니라 존왕양이尊王攘夷라는 이데올로기의 외양을 쓴 힘이 등장한다. 오늘날 말하는 소프트 파워다. 주나라의 소프트 파워가 얼마나 강했는지는 역사가 증명했다. 동천東遷으로 이미 유명무실해진 주나라 왕실은 그 후로 500년도 넘게 살아남는다.

주나라 사람들이 만든 제도, 법률, 관념 들은 이후 수백 년 동안 깨어지지 않고 끈질기게 힘을 발휘했다. 중국에서 왕조사가 끝나는 1911년

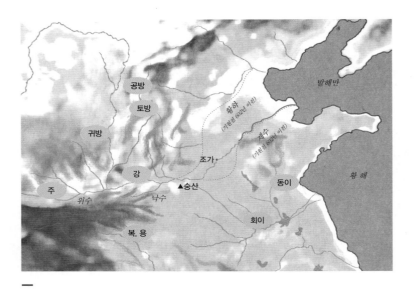

상나라 수도 조가 주위의 형세도. 동서남북을 적대부족들이 둘러싸고 있다. 오만하게도 조가 부근에는 높은 성벽도 없다. 전쟁을 좋아하면서도 방어할 준비는 하지 않은 나라는 망한다.

이나, 어쩌면 지금의 현대 중국까지도 여전히 이어진다고 할 수 있다. 공자가 주나라 문왕과 무왕, 주공의 덕을 기린 이래로 중국의 지식인들은 모두 그 체제를 긍정했다. 태공이 무왕을 도와 주나라를 세울 때, 수백 명의 제후가 그를 돕기 위해 몰려들었다고 한다. 그것은 주나라의 정치혁명 때문이었다.

반면 상나라에는 주에는 있는 '정치'가 없었다. 상의 정치 부재는 국내외적으로 전쟁과 폭압으로 드러났다. 상은 전쟁을 너무 많이 수행했다. 무정시기 갑골문의 전쟁 기사를 대충 정리해도 서른 번 이상 나온다. 끊임없이 전쟁을 했다는 것이다. 유실된 갑골편은 또 얼마나 많을까? 왜 이렇게 많은 전쟁을 치렀을까? 상대방이 먼저 공격했기 때문일까, 아니면 자신이 먼저 공격했을까? 혹은 약탈을 위해서일까, 단순히 방어를 위해서일까? 다시 갑골문에서 답을 찾을 수밖에 없다.

먼저 당대에 가장 호전적인 국가는 상나라였다. 성탕 시절에 이미 열한 번의 정벌로 천하에 대적할 이가 없었다는 평을 얻은 상이다. 그후 토방土方, 강방羌方, 귀방鬼方을 정벌할 때 이들은 대규모 원정군을 파견하는데 많을 때는 그 수가 1만을 넘었다. 이것이 소규모 약탈에 대한 보복이었을까?

대표적인 문헌기록인《사기》는 상이 보물을 취하기 위해 주변 민족들을 착취했다고 분명히 말한다. 주의 문왕도 감옥에 갇혔을 때 수많은 보물을 주고 석방되었다. 갑골문의 공납기록은 더 사실적이다. 점복용 거북 등짝을 무려 1000개나 받았다는 기록이 있다. 초보적인 도구로 큰 거북 천 마리를 잡기 위해서 얼마만큼의 노동력이 투입됐을까? 이로 보아 상나라의 대외 경제는 약탈경제였고, 전쟁도 그 연장선상에 있었다. 다음 기록[11]을 보자. 상나라의 강탈은 매우 조직적이고 끈질기다. 제물로 흔히 올라가는 강羌인들을 얻는 과정을 보자. 가장 많이 나오는 복사의 내용은 이렇다.

（아무개가）강羌인을 잡을 수〔獲〕 있을까요? 잡을 수 없을까요?

내가 （강인의 가축） 천 마리를 빼앗았습니다.

을해일에 왕이 강인들 지역에서 사냥을 했다.

강羌이라는 글자는 양羊과 인人이 합성된 글자로 양을 키우는 사람이라는 뜻이다. 이들은 상나라 서쪽의 목축인들이다. 상나라 사람들이 사냥하듯이 이들을 잡았으니, 이들은 상당히 분산된 세력이었던 듯하다. 군대를 보내어 한 나라를 정벌하는 것이 아니라 들판에 흩어져서 양을 키우는 사람들을 사냥한 것이다. 이는 명백한 약탈이다. 갑골문은 또 강인의 지역에서 사냥을 했다고 한다. 들판의 야생동물도 고대인들에게는 재산이므로 강 지역에서 사냥한 것도 약탈의 일종이다. 상나라는 장기 원정도 떠난다.

> 소신 아무개가 왕을 따라 정벌에 나섰다. 위危의 수령 미美를 잡았고, 1570인은 참수했고, 포로 100명, 전차 두 대, **180개, 투구 50개, 화살 *개를 전리품으로 얻었다. 대을에게 아무개(적의 수장)를 제사 지내고, 조릉에게 아무개들(5명)을 제사 지내고, 미는 조정에게 제사 지냈다.[12]

위의 자료 외에도 수많은 정벌 자료가 있지만 일단 위의 내용을 검토해보자. 토방이라는 세력은 비옥한 태행산맥 동록에 걸쳐 있었다. 그렇기에 상나라와는 계속 싸움을 할 수밖에 없었다. 상나라가 자신들의 초기 발원지에서 북쪽으로 100킬로미터 이상 이동했다는 것을 상기해보라. 이런 이동과정에서 훨씬 열악한 환경에서 소나 돼지가 아닌 양을 키우던 민족들과의 충돌은 당연했을 것이다.

한 전투에서 1500명이 넘는 사람을 죽이고 100명은 포로로 잡고 그 수장들은 제사에 희생으로 썼다. 은허에는 적의 수장으로 보이는 사람들의 두개골들이 발견된다. 두개골에는 '아무개 부족의 백(추장)'이라고 쓰여 있다.

결론적으로 상은 전쟁을 너무 많이 수행했다. 그리고 그 전쟁은 기본적으로 약탈의 성격을 띠고 있었다. 상나라가 계속 수도를 옮기는 이유도 잦은 약탈전쟁과 무관하지 않을 것이다. 《좌전》에는 상의 마지막 왕이 동이와의 싸움에서 힘을 다 빼서 나라를 망쳤다고 쓰여 있다. 사면에 강한 적을 두고 싸우면서 오랫동안 살아남을 수 있는 나라는 없다. 이렇듯 상에는 국제정치가 없었다. 주 무왕의 동맹군을 보라. 북동남 삼면에서 반달처럼 상을 에워싸고 있다.

서주시대와 춘추전국시대 전반에 걸쳐 모든 국제정치의 제1원칙은 절대로 한꺼번에 두 방면의 적을 상대하지 않는다는 것이다. 전국시대의 강대한 진秦도 연횡連衡이나 원교근공遠交近攻 등의 외교적인 수단을 총동원하여 자신의 이익을 관철했다. 동쪽으로 쫓겨나 유명무실해진 동주는 춘추시대의 강국인 진晉에 빌붙어서 생존을 유지하다가 전국시대가 오면 중립선언 속에서 정세를 관망하는 태도로 나라를 보존했다.

그러나 상은 그야말로 무모할 정도로 정면승부를 했다. 적이 약하면 잡아오고, 강하면 전쟁으로 대응했다. 그러나 적을 많이 죽여서 겁을 주려는 정책은 역효과만 냈다. 서남방의 파, 촉에서 서방의 강, 남방의 용, 팽, 복을 다 규합한 연합군이 형성된 것은 주의 정치력의 결과였다.

노련한 주 무왕은 앞으로는 상왕에게 뇌물을 바치고, 뒤로는 상과 동맹한 견융을 재빨리 치고 동쪽으로 진군한다. 그리고 선언한다. "나

세계 최대의 청동 제기인 은허의 사모무방정. 서너 명이 작업해 동광을 다 녹여내는 데만 두 달 이상이 걸리는 약 1톤 무게의 사모무방정을 비롯하여 상나라 지배층의 사치를 보여주는 유물들은 상나라의 몰락을 재촉한 요인이기도 했다.(안양 은허박물관 소장)

는 예를 기반으로 통치한다. 나의 질서 안으로 들어오는 자들에게 전쟁은 없다." 이리하여 주례의 질서에 기반한 밀레니엄시대가 열린다.

상의 국내정치 상황도 상의 몰락을 재촉했다. 어려움 속에서도 상의 지배층은 사치를 버리지 못했다. 상나라의 부유함은 발굴된 유물이 그대로 보여준다. 옥의 채굴은 극히 어려웠고, 서방에서 수입해야 하는 경우도 많았다. 또 옥을 생산하기 위해 많은 옥공들이 필요했을 것이다. 사모무방정司母戊方鼎은 거의 1톤에 달하는데 그 과정에 어느 정도의 노동력이 소모될까? 일단 동광석 3~6톤을 준비해서 잘게 부순다. 여기에 목탄을 섞어서 풍구로 바람을 넣으며 10시간 동안 가열한다. 그래서 동을 추출한다. 다음에는 진흙으로 틀을 구워 주조한다. 이때 다시 대규모의 목재가 소모된다. 목탄 1톤을 생산하기 위해 필요한 나무가 3톤이고, 또 이를 10시간 가열하기 위해서는 얼마나 많은 나무를 써야 했을까? 당시의 표준적인 도가니를 가지고 서너 명이 이 정을 제작한다면 동광을 다 녹여내는 데 두 달 이상이 걸렸을 것이다. 채광과 운반 작업을 고려하면 필요한 노동시간은 배가될 것이다. 호북성의 고대 광산인 동록산銅綠山에서 채굴된 광석으로 1년 동안 주조한 동의 양을 겨우 100톤 정도로 보고 있으니 채굴은 제련보다 더 어려웠음이 분명하다. 광산이 20킬로미터 밖의 아주 가까운 곳에 있다고 가정해도 짐실이 동물 20마리가 하루 종일 움직여야 하는 거리다. 그러나 동광산은 먼 장강 중류의 구릉지대에 많다. 전형적인 노예제 사회에서 이런 비생산적인 노동에 종사하는 사람이 너무 많으면 반란이 일어나게 된다. 게다가 그들은 수백, 심지어는 1000마리가 넘는 가축을 죽여 제사를 지내는 행동들을 했다. 상의 소비는 아무래도 과도했다.

또 상은 가혹했다. 무턱대고 가혹한 것은 정치가 아니다.《상서》에는 주 무왕이 상을 공격한 목야의 싸움에서 상의 선봉군이 돌아섰다고 말한다. '전도도과前徒倒戈', 곧 창을 거꾸로 잡았다, 혹은 창끝을 돌렸다는 뜻인데 이 말에 대해 사람들은 많은 추측을 덧붙였다. 심지어 곽말약은 이들이 포로이거나 노예 병사들일 수 있다고 추측했다. 그때 선봉이 노예였는지는 명확하지 않지만 가능성은 충분하다.

갑골문에는 노예들이 도망쳤다는 기사가 심심찮게 등장한다. 겨우 한두 명이 도망쳤으면 점을 치지 않았을 것이다. 점복에 "도망간 노예를 잡아들일까요?"라는 기사가 많다. 상나라의 노예들은 점을 칠 수도 없고, 기록을 할 수도 없었다. 그러나 상나라 무정시기 노예들이 창고에 불을 질렀다는 기사가 나온다.《갑골문합집甲骨文合集》의 번역을 따라보면 이렇다.

야간에 노예들이 창고 세 곳에 불을 질렀다.

노예들이 이렇게 폭동을 일으키기는 매우 어려웠을 것이다. 노예는 무기도 없고, 혹은 신체형을 받은 사람들이다. 그런 사람들마저 반란을 일으키는 상황으로 가면 국가는 망한다. 한비자가 말했듯이 상나라 내부에 분란이 없었다면 주는 상을 치지 못했을 것이다. 오늘날 주의 본거지인 섬서성의 인구를 다 합해도 상의 본거지인 하남성 일대의 3분의 1도 되지 않는다. 그야말로 상은 중원의 노른자위를 차지하고 있었다. 그러나 정치 없이 약탈로 국가를 지탱하기는 어려운 시절이 도래했다.

마지막으로 한 가지 더 언급한다.《상서》때문에 상나라의 규모는 너무 과장되었다. 사실 주나라에 비하면 상나라는 조그마한 지방의 부족 중심 국가일 뿐이다. 효산의 서쪽에는 일반적으로 융이나 강으로 부르던 민족들이 있었다. 또 토방, 공방 등의 적대적인 존재는 상의 힘이 태행산맥 안쪽으로 미치지 못했음을 보여준다. 산동과 회하 유역에는 동이가 있었고, 이들도 상과 대립했다. 남쪽의 형만荊蠻도 상과는 적대적인 관계였으므로 직접적인 정치력을 행사하기는 어려웠다.

상나라가 비록 크다고 해도 향후 전국시대의 한 지역 정도를 차지한 국가라고 보아야 할 것이다. 이 정도 규모에서 그토록 강력한 착취가 일어났다면 멸망은 당연한 것이었다. 원시적인 착취구조의 정치로는 기술혁명으로 성장하고 있던 주변 여러 민족들을 통치하기 어려운 시절이 도래한 것이다.

제3장

봉건체제의 성립과
흔들리는 종법질서

1. 체제를 세우다

목야의 승리는 '정치'의 승리였다. 이제 승리의 과실을 나눌 차례다. 이 과실은 컸다. 그러기에 잘못 나누면 다시 분쟁이 일어날 수 있었다. 여기서 정치적인 민족인 주는 매우 현실적인 체제를 만들어냈다. 일단 《주역》과 《주례》의 개념을 통해 주의 정치철학을 살펴보자. 《주역》의 8괘도를 보라. 《주역》의 중요한 개념들은 분명히 주나라 통치자들의 이념을 나타낸다.

　여기에 당시 국토 운영의 기본 철학이 들어 있다. 원을 중심으로 남북으로 하늘과 땅이 대비를 이루고, 호수와 산, 물과 불, 바람과 우레 등이 마주 보며 균형을 이루고 있다. 《주역》의 괘는 모두 음과 양의 개념으로 나뉘어 어떻게 조합해도 극단으로 가는 경우가 적다. 《주역》의 세

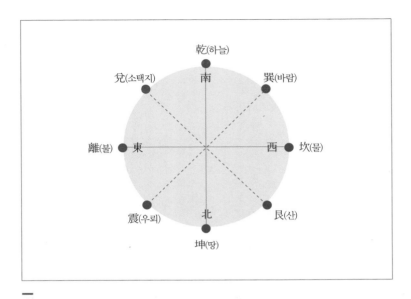

주역 8괘도. 각 조합은 극단을 배제하고 한계를 인정한다.

계는 무엇을 말하는가? 한계를 말한다. 사방도 한계가 있으며, 세력도
한계가 있다.

《주역》의 세계는《주례》에 반영되었다.《주례》의 세계관은 춘하추동
의 시간과 하늘과 땅이라는 공간을 결합한 것이다.《주례》의 관제는 주
라는 종주국을 둘러싼 세계들을 묘사하고 있다. 가까이는 힘이 미치는
곳이며, 먼 곳은 상징적인 힘만 미친다.《주례》와《주역》이 미세한 균형
세계를 주장하는 것은 당시 지배층의 사상을 반영한다.

그렇다면 구체적으로 주는 전리품을 어떻게 분배했을까? 물론 정확
한 묘사는 아니겠지만,《일주서逸周書》〈세부世俘〉의 기록은 싸움의 결

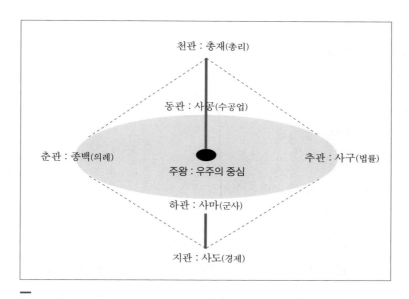

천관 : 총재(총리)

동관 : 사공(수공업)

춘관 : 종백(의례)   주왕 : 우주의 중심   추관 : 사구(법률)

하관 : 사마(군사)

지관 : 사도(경제)

《주례》의 개념도. 공간과 시간이 왕을 중심으로 결합되어 있다.

과를 이렇게 말한다.

> 무왕이 사방을 점령함에, 대항하는 나라가 대략 99개였고, 목을 베인
> 이가 17만 7769명이었고, 포로는 30만 230명이었다. 항복한 국가는
> 대략 652군이었다.

구체적인 숫자들을 다 믿을 수는 없다 해도 상나라의 경기지역은 이
렇게 초토화되었다. 상나라의 경기지역을 초토화시켰지만 상나라와
동방세력이 남겨놓은 유산들을 혼자 삼키기에 주의 소화력은 너무 작

왔다. 중원 전체를 소화할 수 있는 효소를 가진 덩치 큰 뱀은 아직 1000년을 더 기다려야 했다.

전리품 배분 – 봉건제
—

주나라의 국토운영 전략은 힘의 부족을 인정하는 만큼 현실적이었다. 그러고는 그 현실적인 조치에다 그럴듯한 정치적인 수사를 씌웠다. 주나라 국토운영 정책의 핵심은 이른바 봉건제였다.

주는 상이 남긴 유산을 다 취했다. 그리고 이름만 바꾸어서 주나라의 것으로 했다. 혁명이 일어난 후 상표 바꾸기 또한 존망의 관건이다. 주는 상이 남긴 역법을 건졌고, 제사를 취했다. 상나라의 제사는 주에서 '의례'로 더 정교하게 발전했다. 상나라의 중앙관제와 군제도 모두 주나라의 것이 되었다. 특히 왕이 삼군을 통솔하는 전통적인 군대의 편제는 상나라에서 시작되었다. 3, 이 미묘한 숫자는 이후 모든 군대의 표본이 되었다. 중군, 좌군, 우군은 작전 시에는 적을 포위하는 대형으로, 평상시에는 그 수장들이 서로 견제하는 역할을 했다.

이제 국토를 소화할 차례가 되었다. 중심부에서의 거리, 전략적인 필요, 민족의 구성 들을 고려해서 주는 소화액의 농도를 조절했다. 이 분봉은 여러 차례에 걸쳐 이루어졌는데, 나누어 보면 ① 주나라의 중심인 경기지대와 동방거점, ② 옛 상나라의 핵심지역 일대, ③ 마지막으로 거리가 멀어서 직접통치가 힘든 지역들이다. 이들 제후국들은 크

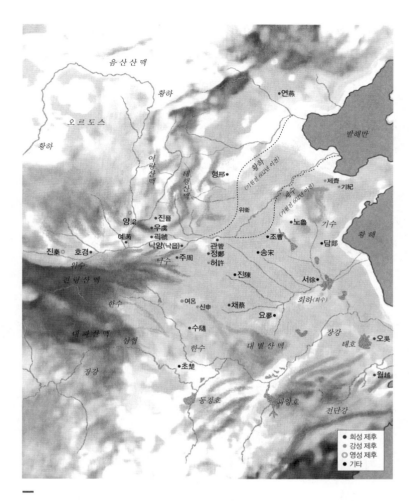

음산산맥

황하

오르도스

황하

연燕

발해만

여량산맥

태행산맥

형邢

황하(기원전 602년 이전)

제齊

제후(기원전 602년 이전)

기수

제齊 기紀

양梁
진晉
우虞
괵虢
예芮
낙양(낙읍)

위衛

노魯

황해

조曹

담郯

진秦 호경

위수

관중
정鄭
허許

송宋

서徐

회하(회수)

건녕산맥

낙수

주周

진陳

한수

여呂
신申
채蔡
요蓼

대파산맥

삼협

수隨

한수

대별산맥

장강

태호

오吳

장강

초楚

월越

동정호

파양호

전단강

● 희성 제후
● 강성 제후
◎ 영성 제후
● 기타

주의 분봉지. 초, 오 등의 남방국가들과 회하 일대의 여러 민족들은 분봉을 받는 것이 아니라 상징적으로 인정만 받았다.

기나 주 왕실과의 관계에 따라 공公, 후侯, 백伯, 자子, 남男의 차등 작위를 받았다. 춘추전국시대의 복잡한 외교, 정치 관계를 파악하기 위해서는 서주 봉건제의 대체를 기억해야 한다.

먼저 경기지대와 동방거점 낙양 주위를 보자. 수도 호경(서안)은 경기지역으로 사방에 큰 제후들을 두지 않았다. 나중에 건설하는 동도 낙읍(낙양) 주위에는 우虞, 괵虢 등의 작은 제후국을 세워 울타리로 삼았다. 이들은 주나라의 친한 인척이지만 왕실을 위협하지 못할 정도의 규모였다.

그다음 상나라의 본거지에는 무왕의 믿을 수 있는 아우들 셋을 봉해 상의 수도 조가를 포위하고 상나라의 유민을 감시하게 했다. 그래서 이들 관管, 채蔡, 위衛 세 나라를 삼감三監이라고 했다.

이제 먼 방국들이다. 먼저 강태공의 제나라를 빼놓을 수가 없다. 강태공은 건국 공신이므로 넓은 제나라를 준 것 같지만, 사실은 주의 왕실에서 가장 먼 곳으로 보낸 것이라고 할 수 있다. 주의 출발은 희성과 강성의 연합체였다. 혁명 후 강성은 위협이 될 수가 있었다. 제나라 이외에도 신申, 허許, 기紀 등 강성은 희성에 이어 두 번째로 많은 제후국을 가진다. 대체로 강성들은 동남쪽으로 이주되어 식민지 개척의 임무를 띤 것 같다.

태산을 사이에 두고 제나라와 마주하고 있는 노魯나라는 제나라를 견제하는 역할을 하기 위해 만든 것 같다. 노나라는 주나라의 실력자 주공의 영지다. 또 상나라의 발원지인 상구商丘에는 상나라의 왕손을 세워 송나라를 만들었다. 그다음은 태행산맥 남단에 동성인 제후국을

136

세우는데 이름은 당唐이라고 했다. 당은 후에 진晉으로 개명하고 춘추
시대의 강국이 된다. 북쪽의 형邢나라와 연燕나라는 산융山戎이라고 부
르던 부족들과 인접해 있다. 이들은 중원 최북단에 배치되어 주나라
세계의 북쪽 파수꾼 역할을 했다.

《사기》에 무왕과 성왕이 오나라와 초나라에 작위를 내리고 제후국
으로 삼았다고 되어 있으나, 이들에게 내린 작위는 그저 명목적이었
다. 초는 처음부터 왕을 칭했으며 오는 춘추 후기에야 중원국가들과
교류를 시작한다.

주나라의 본성인 희성, 동맹인 강성 이외에 가장 많은 작위를 받은
사람들이 훗날 진秦나라의 조상인 영성嬴姓이다. 영성의 영지는 모두
섬서성 경내에 있는데, 주는 진의 조상들을 융을 제압하는 수단으로
사용했다. 영성은 전사들이었다.

공존의 질서 - 종법제

—

주의 사회질서를 흔히 종법제宗法制라고 한다. 명목상 중국의 주인인
천자, 지방 지배의 승인을 받은 제후, 제후나 왕실의 보좌역이거나 토
호인 경대부卿大夫, 하등 귀족인 사인士人, 일반적인 농업생산을 담당한
서민, 그리고 농사 이외의 생산과 귀족들의 뒤치다꺼리와 기타 특수직
을 수행한 노예의 신분 구분이 있었다.

종법제의 엄격한 신분질서는 강력한 주의 실력 때문이 아니라 한계

때문에 생긴 것이다. 주의 한계가 더 명백해지자 종법질서는 해체되기 시작한다. 춘추시기부터 주나라의 종법질서에 제후들이 공공연히 반대하고, 경대부들은 사인들을 끌어들여 제후의 지방 통치권을 무력화시켰다. 급기야 전국시대가 되면 각 제후들은 주나라에서 완전히 독립하고, 사인 계급이 경대부의 특권을 위협한다. 심지어는 서인이나 노예들도 상위계층으로 뛰어드는데, 이로 인해 중국은 고대 문명 중 가장 빠르게 신분사회를 해체시키는 선진 문명으로 도약한다.

종법제는 상하가 서로 침범하지 않는 공존체제다. 종법질서는 국인國人과 야인野人이라는 이원 지배체제를 기반으로 했다. 도성에 살고 있는 국인이라는 계급은 경대부와 그의 가솔들, 그리고 성을 가진 사람(백성百姓)들이었다. 이들처럼 자신들의 씨족이 분명한 사람들이 전투를 수행하고, 또 정책집행 과정에 참여했다. 도성에서 그리 멀지 않은 지역에 거주하는 사람들은 교인郊人이라고 했다. 그리고 그 밖의 전야에 사는 사람들은 야인野人이라고 했다. 이들은 농민이나 목축민이다.

지방 행정 중심으로 읍을 만들었는데, 이것은 일종의 방어기지(성읍城邑)이기도 하고, 경대부의 채읍采邑 역할을 하기도 했다. 채읍이 커지면 제후는 경대부를 견제하고, 반대로 경대부는 자신의 씨족 근거지의 채읍을 기반으로 제후의 권력을 위협했다. 춘추 말기에서 전국시대에 접어들면 거의 모든 제후국에서 경대부와 제후의 알력이 발생했다. 그 알력이 생산적으로 해결되지 못한 나라들은 서방 진秦나라의 먹이가 되었다.

2. 주공이 체제를 안정시키다

모든 혁명가들은 불안하다. 주의 동진은 주족의 운명을 건 혁명이었다. 혁명의 터전을 닦은 문왕은 항상 조심했다. 여기서 살얼음 위를 걷듯이 항상 조심하고 살핀다는 뜻의 '전전긍긍戰戰兢兢'이라는 말이 탄생했다. 혁명의 당사자인 무왕은 아버지보다는 훨씬 과단성이 있었지만 여전히 불안했다.《사기》는 당시 무왕의 마음을 생생한 대화로 전한다. 왕은 주나라에 도착한 후에도 밤잠을 이루지 못했다. 이에 혁명의 완성자라고 할 수 있으며, 왕의 아우인 주공이 묻고 무왕이 답한다.

> "어찌 잠을 이루지 못하십니까?"
> "자네 보시게. 대저 하늘이 은나라(상나라)의 제사를 받지 않으려 하셨기에, 나 발이 태어난 지 60해까지 들판에는 사슴이 뛰고 메뚜기 떼가 설쳤지. 하늘이 은(상)의 제사를 받지 않으려 하셨기에 오늘 일을 이룰 수 있었네. 하늘이 은을 세우실 때 이름 있는 사람 360명을 등용하셨는데, 그들이 두드러지지는 못했어도 또 없어진 것은 아니네. 내가 아직 하늘의 보우하심을 확정하지 못했는데 어찌 잠을 이루겠는가? (중략) 낙수에서 이수伊水에 이르는 땅은 평탄하고 험하지 않아서 하나라가 터를 잡은 곳이오. 여기는 도읍을 세울 만한 곳이니 버려둘 수가 없네."

이 대사가 그 유명한 "하늘의 명은 아직 공고해지지 않았다[天保未

定]"는 성어의 배경이다. 무왕은 문왕보다는 훨씬 공격적이었다. 그가 하늘의 명을 받기 위해 취한 행동은 동쪽에 도시를 하나 더 두어서 상나라의 세력을 억누르는 것이었다.

그러나 무왕은 이미 나이가 많았다. 무왕은 상나라를 멸망시킨 후 몇 해 지나지 않아 동생 주공에게 어린 아들을 부탁하고 생을 마감한다. 아들 성왕成王이 즉위했으나 실질적인 권력은 주공이 행사했다. 어린 왕이 즉위하자 무왕이 우려한 일들이 결국 벌어지고 말았다. 기원전 1040년 주공의 섭정 반대를 명분으로 상의 유민들을 감시하라고 보낸 관숙, 채숙 등이 상의 왕손 무경武庚과 결탁하여 반란을 일으켰다.

어린 왕과 숙부의 대결은 고대의 사회에서는 가장 흔히 발생하는 권력투쟁의 양상이다. 주공이 섭정을 한다면 다른 형제들이 못 할 까닭이 없지 않은가? 그래서 상나라의 옛 땅에 자리를 잡은 관숙과 채숙 등의 형제들이 반란을 일으킨 것이다. 주공은 이 반란을 진압하는 데 무려 3년의 시간을 보낸다. 상나라를 넘어뜨리는 전쟁보다 훨씬 길고 어려웠다. 결국 주공이 이겼고 관숙과 채숙은 죽음을 당했다. 전쟁이 마무리되자 주공은 다시 대규모 분봉을 단행하고 영토 확장에 주력한다. 주공은 계속 동쪽으로 움직여 회수 북부에서 산동반도에 이르는 이민족들을 복속시켰다. 무왕이 혁명을 시작했지만 혁명을 완수한 인물은 주공이었다.《사기》는 주공이 오직 무사공평했으며, 많은 모함을 받았으나 결국 왕의 신뢰를 받았고, 주의 도읍에서 죽음을 맞이했다고 적었다.

3. 외정의 한계

서주의 안정은 오래가지 못했다. 국제관계에서는 밑천을 드러내 보이면 당장 업신여김을 당한다. 서주 초기 소왕昭王이 바로 주나라의 밑천을 드러내 보이는 행동을 했다.

기원전 985년 주나라 소왕은 남방의 형초荊楚(초나라) 지역을 정벌하려 했다. 한수와 장강의 물줄기에 기대어 만들어진 초는 중원의 대척점이자 하나의 독자적인 문화지대였다. 1차 원정은 대승이었다. 그러나 교만해진 탓인지, 2차 원정의 결과는 비참했다. 초나라는 물이 지배하는 곳이었다. 후대의 기록에는 주 소왕이 한수를 건널 때 사공들이 아교로 붙인 배를 주었다고 한다. 강 중간에서 아교가 녹자 전군이 수장되고 말았다. 소왕도 따라 죽었다. 소왕의 죽음은 춘추전국의 도래를 알리는 첫 번째 징후였다. 주의 천자도 제후국의 수장에게 죽음을 당할 수 있었던 것이다.

소왕의 아들 목왕穆王은 알렉산드로스와 같은 기질이 있었던 것 같다. 뚜렷한 이유 없이 먼 곳을 정벌하는 것을 좋아했다. 그러나 역시 문제는 그 실력이 알렉산드로스보다 한참 뒤졌다는 것이다. 기록에 따르면 목왕은 50세가 되어서야 왕에 즉위했으며, 또 재위 기간도 무려 55년이나 되었다. 목왕의 목표지는 서북이었다.

목왕은 견융 부족이 공물을 내놓지 않자 이들을 정벌하기로 결심했다.《국어》에는 당시의 정황이 사실감 있게 그려져 있다. 목왕이 견융을 정벌하려 하자, 제공祭公 모보謀父가 간했다.

원정은 당치 않습니다. 대저 군사라는 것은 잘 갈무리하고 있다가 때에 맞추어 움직여야 하는 것입니다. 일단 움직이면 위세를 떨쳐야지, 그저 과시만 하면 놀림감이 되고, 놀림감이 되면 위세가 없어집니다. (중략)

선왕의 제도에 의하면 방내를 전복〔邦內甸服〕이라 하고, 방외를 후복이라 하고〔邦外侯服〕, 후와 위를 빈복이라 하고〔侯衛賓服〕, 만이를 요복이라 하고〔蠻夷要服〕, 융적을 황복이라 합니다〔戎狄荒服〕. 전복은 제祭(제의 물품)를 올리고, 후복은 사祀(사의 물품)를 올리고, 빈복은 향享(향의 물품)을 올리고, 요복은 공(공납)을 올리고, 황복은 큰 일이 있으면 왕을 찾아뵈면* 됩니다. (중략)

견융은 대필, 백사가 졸한 이래 그 직을 가지고 왕을 찾아뵈었습니다. 그런데 천자께서는 "지금 향을 바치지 않기에 견융을 정벌하여 군사를 과시하겠노라" 하시면 이는 선왕의 가르침을 폐하는 것이 아니옵니까?

그러나 완고한 늙은이를 설득하는 것은 소귀에 경 읽기였다. 군사 원정은 건국의 기반이지만 망국의 길이기도 하다. 문왕과 무왕이 수십 년의 굴욕을 참다가 마지막 결정타로 상나라를 무너뜨리고, 또 무너뜨

• 원문은 '荒服者王(황복자왕)'이다. 흔히 왕으로 섬긴다는 뜻으로 해석하는 경우가 많은데 모호하다. 당연히 모두 왕으로 섬긴다. 구체적으로 큰 일이 있을 때 왕을 찾아뵙는다는 뜻이다. "견융은 대필, 백사가 졸한 이래 그 직을 가지고 왕을 찾아뵈었습니다〔今自大畢伯士之終也 犬戎氏以其職 '來王'〕"라는 구절이 나오므로, 이는 견융의 직위 계승 등 큰 문제가 있을 때 찾아본다는 뜻이 분명하다.

린 후에도 전전긍긍했다는 것을 그 후손은 이미 잊은 것일까?

북방의 융적들은 그저 주나라를 인정하기만 하면 되었다. 이것이 당시의 현실이었고, 국제 역학관계였다. 그러나 목왕은 현실을 파악하지 못하고 기어이 정벌을 감행했다. 그 성과는? 달랑 흰 이리 네 마리, 흰 사슴 네 마리였다.

사서에는 그때부터 주의 실력을 간파한 황복지대의 국가들은 찾아오지 않았다고 한다. 그때 목왕의 마차를 몬 사람은 조보造父인데 그는 진秦의 선조라고 한다. 이 고사는 진이 주왕의 근위병 역할을 했으리라는 짐작을 더 확실하게 해준다.

4. 내정의 한계

목왕 사후 융족의 세력은 나날이 강해졌다. 동시에 초나라도 신속히 남방을 병합해나갔다. 융과 초 세력만 강해진 것이 아니라 여러 제후국들의 독립성도 강해지고 있었다. 그런 차에 기원전 878년 역사에 이름이 남는 여왕厲王이 왕위에 오른다.

여왕은 그 나름대로 비전이 있었다. 그는 야인野人들에게 세금을 부과하여 왕실의 재산을 늘리고 국인國人들의 여론을 억누르려 했다. 그런데 여왕의 욕심이 과하자 국인들이 왕을 비난하기에 이른다. 국인들이란 엄연히 성을 가진 사람들로 모두 씨족의 배경을 가졌기에 그 여론을 무시하기는 어려웠다. 여왕은 이런 국인들의 불만을 수용하는 대신 억눌렀다. 여왕은 위衛나라에서 무당을 데려와 국인들을 감시하게 했다. 무당이 국인들을 감시하다가 고발하면 왕은 바로 그들을 죽였다. 이러한 여왕의 폭정과 언론탄압의 이면에는 돈 문제가 있었다.

여왕은 영榮의 이공夷公을 등용했는데, 이 사람은 일종의 재정 전문가였다. 재정 문제를 이해하기 위해 잠시 18세기 말 프랑스 혁명 전야로 가보자. 루이 16세 시절 왕실의 재정은 매년 20퍼센트 정도의 적자를 보았다. 물론 왕실의 사치와 실력에 넘치는 전쟁 개입 등이 원인이었다. 부족분을 채우는 방법은 덜 쓰든지 더 걷든지 두 가지밖에 없다. 어느 시대든지 국가의 지출은 관성이 있어서 위정자들은 대체로 더 걷는 방법을 택한다. 루이 16세가 재정 전문가들을 등용하여 세금을 걷으려 하자 귀족들이 순순히 말을 들을 리가 없었다. 귀족들은 재빨리 왕에 붙어서 차라리 평민들을 더 짜내는 방법을 쓰자고 부추겼다. 이리하여 형편이 어려워진 평민들에 의해 프랑스 혁명이 터졌다. 주나라의 상황도 비슷했다.

여왕이 쓴 방법은 국가의 도성 밖에 있던 야野, 곧 왕권이 사실상 방치하고 있던 산과 강, 호수에서 나는 산물을 전매하는 것이었다. 이런 정책은 왕권이 강력하지 않았던 주나라로서는 아직 시기상조였다. 신하들은 이런 여왕에게 경고를 보냈다. 무왕의 유신인 예芮 땅의 양보良父는 직격탄을 날렸다.

지금 왕께서 이익을 독점하시려 하는데, 가당한 일입니까? 필부가 이익을 독점해도 도둑이라고 부르는데, 왕께서 이런 일을 하시면 따르는 사람들이 거의 없을 것입니다[今王學專利 其可乎 匹夫專利 猶謂之盜 王而行之 其歸鮮矣].

더 구체적으로 "국인들은 이익을 취하지 못하게 하면서 왕은 취하십니까?"라는 말이다. 그러나 여왕은 멈추지 않았다. 초의 웅거熊渠가 왕을 칭하는 것이 못마땅해서 힘으로 위협했고, 기원전 845년에는 별 성과도 없이 먼 회수지역 원정을 감행했으니 재정이 건전할 리가 없었다. 결국 여론을 대표하여 소공召公이 간했다.

인민의 입을 막는 것은 내를 막는 것보다 더 심합니다. 내를 막았다가 터지면 많은 사람들을 다치게 하는데 인민도 이런 것입니다. 그러니 물을 다스리는 사람은 물길을 터주어 인도하고, 사람을 다스리는 사람은 언로를 열어주어야 합니다.

그러나 여왕은 듣지 않았고, 기원전 841년 결국 참다못한 국인들이 폭동을 일으켰다. 여기에 장인들을 관리하는 관리, 무사 등이 가담했다고 하니 폭동은 매우 전면적이었다. 얼마나 급했는지 여왕은 자식도 버리고 황망히 체彘 땅으로 달아났고, 그 난리에 태자는 소공의 집에 숨었다. 그래서 소공이 태자를 보호하고 주공(주공 단의 후손)과 더불어 왕을 대신하여 정무를 보게 되니 이것이 바로 주의 공화정이다.

태자가 장성하자 소공과 주공이 그를 왕으로 옹립하고 정치를 넘기니 이 사람이 선왕宣王이다. 선왕은 부지런하기는 했으나 아버지 대의 문제를 해결하지는 못했다. 전쟁으로 인한 재정위기는 여전히 그의 발목을 잡고 있었다.

선왕은 즉위한 후 선대의 적이었던 회이와 융과의 전쟁을 계속 수행했다. 그러나 싸움이 많으면 당연히 패배가 있는 법인데, 강성의 융에게 대패했다. 싸움에 지고 병사를 잃으니 병력을 보충하거나 재원을 마련해야 했을 것이다. 선왕은 인구조사를 통해 세원을 확보하려 했다.《국어》의 기사는 주가 당시에 처한 상황과, 왕실과 귀족 그리고 제후국들 간의 미묘한 알력을 그대로 보여준다. 중산보仲山父는 이렇게 간한다.

인민의 수를 파악해서는 안 됩니다. 대저 옛날에는 수를 세지 않고도 인민의 숫자를 알았습니다. 사민司民은 출생과 사망의 숫자를, 사상司商은 사람들의 성을, 사도司徒는 군인의 수를, 사구司寇는 범죄자들의 수를, 목牧은 직업을 가진 사람들의 수를, 공工은 가죽(을 다루는 사람)의 수를, 장場은 들어온 곡물의 양을, 늠廩은 나간 곡물의 양을 파악했습니다. 이런즉 그 다소, 사망과 출생, 들어오고 나감, 오고 감을 모두 파악할 수 있었습니다. 또 봄·가을·겨울의 사냥을 통해 민의 수를 익힐 수 있습니다. 그런데 왜 또 헤아리시려 합니까?

그러고는 더 중요한 이야기를 한다.

대대적으로 인구의 수를 헤아리면, 이는 적은 것을 드러내는 것입니다. 숫자가 적은 것을 내보이면, 제후국들이 기피하게 됩니다.

그러니 왕은 주나라의 약함을 보이기도 어렵고, 귀족들을 직접 통치하기도 어렵고, 또 민을 직접 통치하기는 더욱 어려운 상황이었다. 주나라의 내부는 이렇게 곪아가고 있었다. 위망을 드러낼 재원이 고갈되어갔지만, 그 재원을 채울 방법이 없었던 것이다. 이런 상황에서 서주마지막 왕 유왕幽王이 등장한다.

5. 포사의 등장

사서는 서주의 몰락 과정에서 또 한 명의 희생양을 만들어내는데 바로 포사褒姒라는 여인이다. 이 '요망한' 여자의 출생 기록은 좀 황당하다. 이 여자는 용의 타액이 자라로 변해 한 후궁의 치마 속으로 들어가서 태어났다고 한다. 겁이 난 후궁은 이 아이를 버렸는데 포褒나라 사람이 이 아이를 키워서 이름을 포사라고 했다. 유왕은 포사를 사랑해서 원래 태자를 폐하고 포사의 아들 백복伯服을 세웠다.

포사는 포나라의 여자다. 그런데 원래 태자의 어머니는 강성 제후국인 신후申侯의 딸이다. 앞에서 이야기했듯이 주나라는 희성과 강성의 연합으로 출발했다. 그런데 유왕이 강성 제후국 출신 여자가 낳은 태자를 폐하고 신후까지 폐위시켰다. 그러자 신후는 즉각 반격했다. 그는 견융을 끌어들여 유왕을 공격하여 죽였다. 신후는 융족들과 혼인관계를 맺어 주 왕실과 융의 관계를 공고히 하는 역할을 하고 있었다. 그런데 유왕이 돌아서자 융족을 데리고 바로 반격한 것이다.

유왕과 포사에 관한 황당한 전설이 또 있다. 유왕은 포사를 매우 사랑했는데 포사는 성정이 냉랭해서 웃음이 없었다. 어느 날 실수로 봉화를 올렸는데 제후국들이 허겁지겁 달려오자 포사가 웃었다. 그러자 유왕은 포사를 웃기기 위해 계속 봉화를 올렸다. 그런데 막상 견융이 쳐들어왔을 때 유왕이 봉화를 올렸으나 달려오는 제후들이 없었다. 물론 호사가들이 지어낸 이야기겠지만 한 가지는 사실이다. 서주가 망하던 날 서주를 도우려 달려간 제후국이 없었다는 것이다.

이때 위험을 무릅쓰고 융과 대적한 이들이 주나라 왕실의 근위군 진秦의 양공襄公이었다. 진 양공은 과감하게 주 왕실 편에서 싸우고 왕실의 동천을 호위했다. 이렇게 하여 진이 중원의 일에 끼어들기 시작한 것이다. 이제 서주시대는 끝났다.

제4장

동주 춘추시대의
개막

• • •

유왕이 죽자 신후는 원래의 태자를 왕으로 세우는데 이 사람이 평왕平王이
다. 평왕은 즉위하자마자 견융의 공격을 피해 동쪽 낙읍(낙양)으로 천도했
다. 이렇게 자신의 근거지를 포기한 주는 명목상의 종주국으로만 남게 되었
고, 이로부터 제齊, 초楚, 진晉, 진秦 등의 제후국들이 주나라의 힘을 훨씬 넘
어서 활약하는 이른바 춘추시대가 시작된다.

1. 정나라 환공이 정세를 판단하다

《국어》〈정어〉는 이후 전개되는 세계의 양상에 대해 놀랄 만한 통찰력
을 보여준다. 여기에《사기》의 내용을 보충하여 정鄭나라 환공과 사백
史伯의 대화를 들어보자. 사백의 사史는 역법과 역사를 관장하는 태사
라는 뜻이고 백伯은 우두머리라는 뜻이니, 그는 역사를 관장하는 부서
의 우두머리였을 것이다.

정국이 어지러울 때 예리한 지도자들은 미리 사태를 파악하고 준비
한다. 정나라 환공의 뛰어난 점이 바로 이것이다. 결국 정나라 환공의
이런 통찰력은 춘추 초기 정나라가 선두주자가 되는 기반이 되었다.

정나라 환공은 주의 동천 이전 선왕 시절에 정나라에 봉지를 받았
다. 당시의 정나라는 주나라의 근거지인 섬서성에 있었다. 환공은 사

람들을 다스리는 데 남다른 재능을 보여서 유왕 시절에는 사도司徒의 벼슬을 받았다. 사도는 나라의 재정을 담당하는 직책으로, 사실상의 실권자였다.《주례》에 사도는 지관地官으로 표시되어 있다. 곧 땅을 관장하는 직책이라는 뜻이다. 사도 직책의 우두머리인 대사도는 천하의 지도를 모두 파악하고 토지를 구획, 분배하며 인민들의 생산활동을 촉진하는 역할을 한다. 환공은 자신이 통치하던 시절에 백성들에게 골고루 지지받았는데, 이런 검증된 실무능력 덕분에 사도로 발탁되었을 것이다. 그래서 천자의 나라의 재무 책임자인 사도와 역사를 관장하는 사백의 대화는 깊은 통찰력이 있다. 혼미한 시절에 안목 있는 지도자는 이렇게 역사에게 묻는다. 당시 주나라 유왕 시절 정국은 갈수록 혼미해졌다.

환공이 묻는다.

"지금 왕실에는 변고가 많아 저는 재난에 휩싸일까 두렵습니다. 어떻게 하면 죽음을 면할 수 있겠습니까?"

사백이 답한다.

"왕실이 장차 비루해질 것인데, 반드시 융적이 창성하게 될 것입니다. 그러나 이들은 제어할 수〔偪〕* 없습니다. 지금 성주(낙양)에서 보면 남으로 형만荊蠻, 신申, 여呂, 응應, 등鄧, 진陳, 채蔡, 수隨, 당唐이 있고,

---

• '핍偪'의 원래 뜻은 '제어하다'이지만 중국의 여러 번역서들은 '가까이하다'로 번역한다. 남의 땅으로 들어가서 산다는 뜻이므로 '제어하다'가 낫다.

북으로는 위衛, 연燕, 적狄, 선우鮮虞, 로路, 낙洛, 천천泉, 서徐, 포蒲가 있고, 서로는 우虞, 괵虢, 진晉, 외隗, 곽霍, 양楊, 위魏, 예芮가 있고, 동으로는 제齊, 노魯, 조曹, 송宋, 등滕, 설薛, 추鄒, 거莒가 있습니다. 그러나 이들은 왕의 자제[王之支子母弟]의 제후국들이 아니라 모두 만蠻, 형荊, 융戎, 적狄 사람들입니다. 친하지 않으면 놀림감이 되니 이들 땅으로 들어갈 수 없습니다."

《국어》에 나오는 이 중요한 기사를 《사기》는 기록하지 않았다. 사마천 시대의 '중국 관념'으로 보면 이 기록이 좀 지나쳤다고 생각했을지도 모른다. 어떻게 저 많은 나라들이 다 주의 잠재적인 적이란 말인가? 그러나 가장 신뢰도가 높은 기록에서 보듯이 주나라의 태사는 희성인 진晉, 연燕 등의 여러 나라들을 동성 친족의 국가로 생각하지 않을 뿐 아니라, 이민족과 같은 사람들로 간주했다. 또 주 왕실을 지근거리에서 보좌하던 우나 괵의 군주들도 믿을 수 없는 이들로 간주했다.

이쯤 되면 정 환공의 입장에서 이미 고립무원이 된 주나라의 사도 자리는 불안했다. 이미 동서남북의 거의 모든 동성, 이성 제후들이 주를 사실상 종주국으로 인정하지 않는 상황이었다. 이야기는 이어진다.

사백은 말한다.

"제수齊水, 낙수洛水, 황하黃河, 영수穎水 사이가 어떻겠습니까? 이곳은 모두 자작, 남작이 통치하는 작은 나라들이 모여 있고, 그중에 괵(동괵東虢)과 회鄶가 그나마 큰 나라입니다. 괵숙(괵나라 군주)은 형세(지

세)를 믿고, 회중(회나라 군주)은 지형의 험함을 믿고 있는데, 이들은 모두 교만 사치하며 마음가짐이 태만합니다. 게다가 탐욕스럽기까지 합니다. 공께서 지금 주 왕실의 어려움을 들어 이들에게 땅을 내어달라고 하고 처자와 재물을 거기에 두고자 하면 그들이 허락하지 않을 수 없을 것입니다. 주 왕실은 이미 쇠미해졌으니 교만하고 탐욕스러운 이들은 반드시 군주를 배반할 것입니다. 그러면 공께서는 구실을 들어 성주(낙읍)의 군사를 이끌고 이들을 치면 못 이길 리가 없습니다."

무너지는 주 왕실을 탈출하려는 정나라 환공과 주의 태사의 대화는 처음부터 끝까지 정치적이다 못해 차라리 음모적이다. 이미 자리를 잡고 있는 나라들 사이로 비집고 들어갈 수 없으니 비교적 미약한 곳을 파고들자는 것이다. 그러다가는 구실을 잡아서 자신을 받아준 이들을 없애면 그 땅을 차지하게 될 것이라고 말한다. 이야기는 이어진다.

환공이 묻는다.
"남방은 안 될까요?
사백이 대답한다.
"형荊의 군주(초나라 왕) 웅엄熊嚴은 아들 넷을 두었습니다. 큰아들 상霜, 둘째 설雪, 셋째 웅熊, 막내 순紃입니다. 셋째 웅은 난을 피해 복濮 지역으로 달아나 만蠻족이 되었습니다. 그래서 순이 즉위했는데, 대부 위씨가 웅을 세우려고 난을 일으켰으나 성공하지 못했습니다. 이는 하늘이 계도한 것입니다. 또 초나라 군주의 총명함이 그 아비를 뛰

154

어렵습니다. 제가 듣기로는 하늘이 계도하는 자는 10대까지는 바꿀 수 없다고 합니다. 그 자손들은 반드시 강토를 계발할 것인데 제어할 수 없습니다(가까이 갈 수 없습니다)."

환공이 다시 묻는다.

"그럼 사지謝地 서쪽의 구주九州는 어떻겠습니까?"

사백이 대답한다.

"그곳의 백성들은 오직 탐욕스럽고 잔인하니 가까이할 수 없습니다."

결국 환공은 태사의 말을 받아들여 괵과 회가 있는 곳으로 이주하고, 그의 아들 무공은 이들 두 나라를 멸망시켜 정나라를 이주지에 안착시켰다.

필자는 정나라가 있던 신정新鄭 땅을 두루 살펴보았는데 실제로 험한 요새란 없었다. 그저 작은 물길 몇 개가 국도를 감싸고 있을 뿐이었다. 비 오는 날 정주에서 신정으로 가는 길에는 사람들과 자동차들이 섞여서 교통지옥을 연출했다. 당시 정나라 땅도 항상 교통체증 현상을 보였다. 춘추시대 패자들의 도성은 모두 웅준한 산과 큰 물, 혹은 사방을 응시할 수 있는 널찍한 구릉에 있는데, 당시 정나라가 차지할 수 있는 요지의 땅은 이미 없었던 것이다. 정나라가 이주한 땅은 사통팔달한 교통의 요지에 있어서 처음 힘이 좋을 때는 이런 땅도 괜찮았다. 하지만 힘이 빠지자 정나라의 땅은 고난의 땅으로 변했다. 제나라, 진晉나라, 진秦나라, 초나라 등이 힘을 얻자 정나라는 여기에 붙었다 저기에 붙었다 하면서 어렵사리 명을 이어나갔다. 모든 세력이 다 지나가는 교차로에 자리를 잡은 국가의 운명이 바로 그렇다. 그러나 당시로 서는 어쩔 수 없는 선택이었다. 마지막으로 주나라의 태사는 향후의 정국을 어떻게 예언했을까? 이들의 대화는 계속된다.

"주나라는 결국 쇠망할까요?"

"시작이 있는 것이 끝이 없겠습니까?"

"만약 주가 쇠하면 희성 제후들 중에는 누가 흥기할까요?"

"무왕의 자손으로 응應국과 한韓국은 흥성을 주도하지 못할 것입니다. 아마도 진晉이 아닐까요? 나라는 험요한 곳에 의존하고 있고 주위에는 작은 나라들뿐인데, 거기다 군주의 덕까지 겸한다면 하늘의 계시를 받을 겁니다."

"그럼 강성과 영성 중에는 누가 흥할까요?"

"제후齊侯(제나라 군주)와 진중秦仲(진나라 군주)이 흥할 것입니다."

성주 낙양(낙읍)을 중심으로 네 개의 세력군을 구분하고 그들의 대표 격들이 크게 성장할 것이라는 분석은 실로 탁월하다. 북의 진晉, 남의 초, 서의 진秦, 동의 제가 그 대표격들이다. 황하를 오른쪽에 두고 화산과 효산을 동쪽에 둔 진秦은 주나라의 옛 땅을 봉읍으로 받고 제후국의 지위에 올라 서쪽을 평정하고 동쪽으로 나갈 준비를 했고, 황하를 왼쪽과 아래에 두고 태행산의 골짜기를 차지한 진晉은 중원의 중심으로 부상했으며, 한수를 방벽으로 하고 장강을 뒷마당으로 한 초는 광대한 남방을 신속하게 규합했다. 또 동쪽에서는 강태공의 후예들이 바다에서 나오는 물산을 거둬들이고 산동의 평원을 개간하여 춘추시기 가장 부유한 국가를 만들었다. 그 나머지 국가들은 이들 4국의 움직임에 따라 운명이 결정되었다.

이제부터는 룰이 바뀌었다. 주가 결국 망하리라는 것은 이미 기정사실화되었고, 작은 나라들은 이들 4강에 줄을 대어야 했다. 물론 춘추 말기 전국시대에 이르면 질서는 또 한 번 바뀌어 오직 힘만이 존재를 입증하는 수단이 된다.

2. 제후가 날린 화살이 천자를 맞히다 ━━━━━━

이렇게 춘추시대 이전에 이미 춘추의 씨가 뿌려졌고, 전국시대 이전에 전국의 씨가 뿌려졌다. 다만 새로운 질서에 불을 붙일 선두주자가 나오지 않았을 뿐이었다. 그런데 역설적이게도 처음에 주 왕실 가까이에서 두각을 드러냈던 정나라가 결국 주 왕실의 남은 권위마저 다 부수고 말았다.

정 환공은 정나라의 터전을 닦았고, 정 무공과 정 장공莊公은 이 성과를 이어 천자의 경사卿士가 되었다. 특히 정 장공은 정치력을 갖춘 영걸인데 내심 제후들의 종주국이 될 야심을 가졌다. 그러나 주의 평왕도 호락호락하지 않았다. 이리저리 휘둘리며 고생고생 왕조를 이어가는 그의 직감도 만만치 않았다. 장공의 세력이 날로 커지는 것이 그에게 좋을 리가 없었다. 결국 주 평왕은 예전의 왕들이 한 방법들을 다시 쓴다. 정나라를 견제하기 위해 다른 제후들을 끌어들인 것이다. 당연히 정나라는 이 조치가 거슬렸다. 이로 인해 정나라와 주나라의 사이가 벌어졌다.

그런 차에 주나라 평왕이 죽고 환왕桓王이 즉위하자 주나라 사람들이 괵공에게 다시 정권을 넘기려 했다. 그러자 정나라가 가만있지 않았다. 정나라 장공의 총신인 제족祭足은 군사를 데리고 주나라 왕실의 땅으로 들어가 그곳의 곡식을 추수해서 돌아왔다. 주 왕실의 조치에 대한 일종의 시위였다. 그러나 사태는 진정되지 않고, 급기야 주나라와 정나라의 갈등은 극으로 치달았다. 환왕이 정나라 군주의 직위를 빼앗자 정나라는 주 왕실의 조례에 참석하지 않았다. 이 갈등은 싸움으로 귀결될 수밖에 없었는데《좌전》의 기록은 당시의 분위기를 생생하게 전해준다.

기원전 707년 환왕은 진陳, 채蔡, 위衛의 군대와 연합하여 정나라를 공격하기에 이른다. 환왕이 중군을 맡고, 괵공 임보林父가 우군을 맡아 채와 위의 군대를 이끌었다. 주공周公 흑견黑肩이 좌군을 맡아 진나라의 군대를 이끌었다. 이에 맞선 정나라의 자원子元은 상대의 허실을 꿰뚫고는 말했다.

진陳나라는 혼란하여 병사들은 투지가 없습니다. 우선 진나라 병사들을 타격하면 이들은 반드시 달아날 것입니다. 천자의 군대가 이를 보고 혼란해할 것이고, 채와 위의 병력도 버티지 못하고 달아날 것입니다. 이때 중군을 집중 타격하면 됩니다.

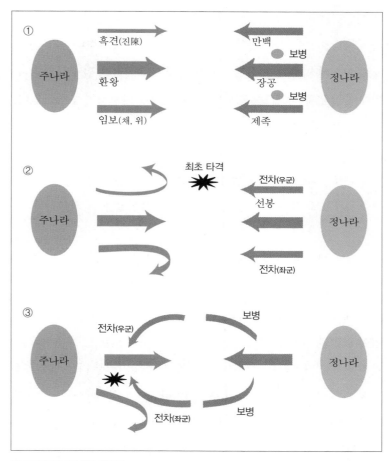

①
흑견(진陳)
환왕
임보(채, 위)
주나라
만백
보병
장공
보병
제족
정나라

②
최초 타격
전차(우군)
선봉
전차(좌군)
주나라
정나라

③
전차(우군)
보병
주나라
정나라
전차(좌군)
보병

정나라와 주나라의 전투 시의도.

이른바 약한 곳을 먼저 치자는 전술이었다. 장공은 이 의견을 따랐
고, 전차부대와 보병으로 진을 치고는 먼저 우익군으로 진나라 군대를
타격했다. 과연 진나라 군대는 달아나기에 바빴고, 연합군은 자중지란

에 빠졌다. 이런 상황에서도 주나라 환왕은 열심히 독전했으나, 정나라의 축담祝聃이 '감히' 천자인 환왕을 향해 화살을 날렸다. 화살은 환왕의 어깨에 명중했다. 환왕은 화살을 맞고도 싸움을 멈추지 않았다. 이에 축담은 추격하도록 청했다. 아예 천자를 사로잡자는 심사였다. 그러나 장공은 머뭇거렸다.

군자는 윗사람을 자주 범하지 않는다. 그런데 어찌 천자를 능멸하겠는가? 스스로를 구하고 사직에 탈이 없으면 되었다.

이렇게 해서 환왕은 포로 신세를 면했다. 물론 천자를 쏘고도 놓아주는 행동은 모순이다. 그것이 당시 정나라의 한계였고 춘추라는 시대의 한계였다. 정나라처럼 작은 나라는 천자를 잡는다고 해도 유지할 능력이 없었던 것이다. 그러나 이 사건으로 그나마 남아 있던 주나라 천자의 위세는 땅바닥으로 추락하고 말았다. 이를 지켜본 다른 제후국들의 결론은 명백했다. 주나라의 종주권이나 제후들의 지원군이란 다 믿을 수 없으며 오직 실력이 있어야 자기 나라를 보존할 수 있다는 것이다. 이제 춘추의 강자들이 당시 어떤 상황에 놓여 있었는지 살펴보자.

3. 남방의 잠룡이 기지개를 켜다 ▬▬▬▬

남방의 초나라도 가만히 있을 리가 없었다. 앞서 말했듯이 초나라는

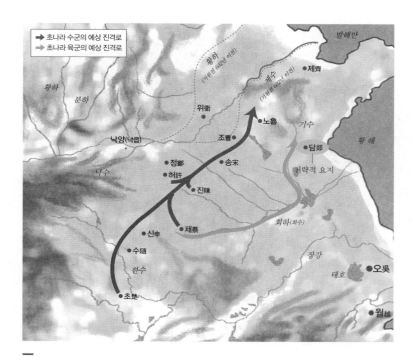

초나라의 기본 진격로. 초나라는 춘추시대에는 육로를, 전국시대에는 수로를 이용해 동북진했다.

주 성왕 때 명목상으로나마 자남子男의 작위를 받고, 남방에서 주변의 소국을 병탄하면서 세력을 키워갔다. 당시 중원의 제후들은 초나라를 만이蠻夷로 여겨 초나라 군주를 폄하하여 초자楚子라 불렀다. 초 무왕 웅통熊通은 이에 불만을 품고 자신의 작위를 높여달라고 주 왕실에 요청했으나 거절당했다.

기원전 703년 남방의 패자인 초나라 무왕은 남방 제후국들을 소집했다. 그러나 수隨나라가 오지 않았다. 한수 동쪽으로 진출할 길을 호

증후을묘의 준반樽盤. 유적이 발견된 수현隨縣은 원래 수나라의 땅으로 초나라에 편입되었다. 중원의 주조법보다 훨씬 정교한 밀랍법을 사용해서 만들었다.(호북성박물관 소장)

시탐탐 노리던 초는 결국 수나라를 쳤다. 수나라는 희姬성 제후로 주나라의 남방 울타리였다. 초나라로서는 이를 극복해야 동쪽과 북쪽으로 들어갈 수 있었다. 초가 공격해오자 수의 군주는 과감하게도 초와 정면승부를 벌였지만 결과는 대패였다.《사기》에는 초 무왕 웅통이 작위를 높여주지 않는 주 왕실에 대해 분통을 터뜨리는 대사가 나온다.

> 만이들이 나 초나라에 복종했는데 그래도 주 왕실이 내 작위를 올려주지 않는다면 나 스스로 높이겠다.

이렇게 말하고는 스스로 왕을 칭했다. 바로 기원전 704년의 일이었다. 초는 연이어 후방의 파巴를 치고, 한수 일대의 나라들을 병합했다. 급기야 한수를 건너 동쪽의 약소국들을 빠르게 병합해갔다. 남방 여러 나라들이 힘을 합쳐 초에 대항하려 했지만 어쩔 수가 없었다. 당시 초의 대장들이 얼마나 기세등등했는지를 《좌전》에서 확인할 수 있다. 당시 초의 공격을 받던 운隕나라가 수隨, 교絞, 주州, 요蓼 등의 나라와 연합하려 하자 막오莫敖(초나라 관직명)* 직위에 있던 굴하屈瑕가 걱정을 했다. 그러자 전투를 담당하던 투렴鬪廉이 대뜸 이렇게 말한다.

막오께서는 교영郊郢에 머물러 계시면서 네 나라(읍邑)를 저지하십시오. 운의 군사는 도성 교외에 주둔하고 있으니 반드시 경계를 못 하고 있을 것입니다. 제가 정예병을 이끌고 이들을 공격하겠습니다. 이들은 네 나라의 원병을 기다리고 있고 내심 도성의 성벽을 믿고 있으니 투지가 없을 것입니다. 이들을 떨어뜨리면 네 나라는 반드시 도망갈 것입니다.

그래도 막오는 미심쩍어서 또 묻고 그들의 대화는 이어진다.

"왕께 구원병을 요청하는 것이 어떻겠소?"

• '오敖'란 초나라에서 우두머리를 뜻하는 접미사로 보인다. 군주의 이름 뒤에도 붙고, 왕을 칭하지 않은 군주의 호칭 뒤에도 붙는다.

"싸움의 승패는 병력이 뭉치는 데 달려 있지 숫자에 달린 것이 아닙니다. 상나라의 군대는 수가 많았지만 주나라에 패했음을 아시지 않습니까? 이미 군대를 이루어 출병했는데 이제 또 원병을 청한단 말입니까?"

"그럼 점을 쳐봅시다."

"점은 의심나는 것을 해결지을 때 쓰는 것인데, 의심나는 것도 없는데 점을 쳐서 무엇 합니까(不疑何卜)?"

투렴은 이렇게 말하고 득달같이 운나라를 쳐부수고 나서, 구원을 하려던 네 나라를 위협하여 동맹을 맺고 돌아왔다. 이처럼 무왕과 투렴의 자신감 있는 태도는 당시 욱일승천하고 있던 초의 분위기를 대변한다.

남방에서 초의 기세가 너무나 강해지자 주변의 작은 나라들은 음모를 꾸미며 초왕을 제거할 생각까지 했다.《좌전》에는 이런 기록이 있다. 제 환공이 관중을 등용하기 겨우 몇 해 전인 기원전 689년의 일이다. 초나라 문왕이 신申나라를 치는 길에 등鄧나라에 들렀다. 등나라 기후祁侯는 초왕을 자신의 생질이라고 대접했다. 그러자 등나라의 추생雛甥, 담생聃甥, 양생養甥이 초왕을 죽이자고 간한다.

"등나라를 멸망시킬 이는 반드시 이자입니다. 빨리 도모하지 않는다면 훗날에는 손쓰려야 쓸 수 없습니다. 지금이 적기이옵니다."

그러나 기후는 이 제안을 감히 받아들이지 못한다.

"(이렇게 무도한 일을 하면) 남들이 장차 내가 남긴 것을 먹지 않을 것이다."

"저희 세 사람의 간청을 따르지 않으시면 사직이 무너지고 실로 제사도 지낼 수 없을 텐데, 군주께서 취하실 것이 남겠습니까?"

그러나 기후는 이 제안을 받아들이지 않았고, 과연 초나라는 신나라를 친 후 돌아가는 길에 등나라를 쳤고 10년 후에는 등나라를 멸망시켰다.

등나라의 신하들이 획책하는 방법도 기본적으로 신의가 없지만, 초나라 왕이 취하는 수단도 마찬가지로 신의가 없다. 초나라의 등장은 싸움의 규칙의 변화를 말해준다. 이전부터 중원의 나라들은 초나라를 이질적인 존재로 보았고, 초나라 또한 중원의 나라들을 존중하지 않았다. 그래서 향후 전개되는 초와 중원국가들의 싸움은 중원국가들끼리의 싸움보다 훨씬 잔혹했다.

4. 서방의 진秦이 내실을 다지다 ━━━━━━

당시 서쪽의 진秦은 어떤 상황에 놓여 있었는지 살펴보자. 앞서 말했듯이 진이라는 족속의 정체는 매우 모호하다. 어떤 학자들은 고고학적 성과를 기반으로 진이 융족의 일파가 분명하다고 주장하고, 어떤 학자들은 주로 문헌들에 기반하여 진은 상나라의 속민이었는데 후에 서쪽으로 이동해 왔다고 주장한다.[13] 사실 고고학이 아무리 발달하고 자료가 아무리 더 나온다고 하더라도 이 문제는 쉽게 해결되지는 않을 것이다.

주나라가 강성 융과 깊은 관계를 맺고 있었던 것과 마찬가지로 진나라의 선주민들도 주변 민족들과 수많은 혈연관계를 맺었음이 분명하다. 분명히 융족을 포함하여 수많은 민족들의 피가 섞였을 것이다. 이렇게 복잡하게 섞인 상황에서 전체적으로 초기 진의 문화가 융족의 문화와 비슷하다고 하더라도, 진이 초기에 어떤 족속이었는지는 알 수가 없다. 한국 사람이 중국인과 완전히 다르지만 중국의 글자를 썼듯이, 역사적인 조건에 따라 문화는 충분히 차용된다. 또 혈연과 민족은 개념적으로 다르다. 유목문화에서는 피점령 부족이 점령 부족의 이름을 차용하는 경우가 매우 많다. 비교적 믿을 수 있는 기원전 2세기 이후의 기록들은, "흉노가 강해지자, 제 부족들이 흉노라고 불렀다"거나 "동호 東胡가 강해지자 스스로 동호라고 불렀다"는 기사들이 수없이 많다. 그러니 진인들 스스로 어떤 생각을 했는지 알 수 없는 한 이 문제는 쉽게 풀리지 않을 것이다. 그렇다고 하더라도 문헌과 고고학적 성과를 바탕으로 믿을 수 있는 몇 가지는 추론할 수 있다.

첫째, 춘추시기 이전에 진의 선민들은 주 왕실의 근위병과 비슷한 역할을 했다. 주 왕실은 여러 융족을 견제하기 위해 진족을 활용하고, 이들에게 군대를 주었다. 또 진의 양공은 주가 동쪽으로 쫓겨갈 때 호위병 역할을 했다. 이로 보아 진은 주의 근위대 역할을 했음이 분명하다.

둘째, 춘추 이전의 진은 융의 문화권에 있었으며, 목축경제를 위주로 하는 집단이었다. 남아 있는 진의 유물들은 거의 융의 유물과 흡사하다. 실제로 춘추시대 여타 국가들은 진을 진융秦戎이라고 불렀다(초 지방 고분의 명문에 나오고 《관자》에도 나온다). 《사기》는 또 진의 선조인 중휼 中遹이 융족 서헌胥軒의 아들이라고 못박았다.* 진이 어떤 족속인지는 모른다 해도 당시 사람들이 진을 융족이라고 생각했음이 명백하다. 문 헌과 전승들은 모두 진의 선조들을 말과 가축에 연결시킨다. 심지어 진의 선조가 탕왕을 도와 하나라를 공격할 때 수레를 몰았다고 한다. 물론 그때는 수레가 없었을 가능성이 매우 크지만 이 기사가 시사하는 점은 크다. 진이 수레가 전파된 길과 관련이 있는 민족이라는 이야기 다. 또 이런 기사가 나오는 것은 분명히 진족이 자신들을 말과 연결시 켰기 때문이다. 진의 선조 비자非子가 봉지를 받는 이유도 가축을 잘 키 웠기 때문이다.

셋째, 최소한 주나라의 동천 직전 진은 융적과 자신들의 정체성을 가르기 시작했다. 중원에 중심을 두는 것이 부족의 이익에 도움이 되 리라 생각한 것이다. 결국 진 양공은 융적에 적극적으로 대항하고, 이 대가로 주나라의 봉지를 받는다. 진족이 이렇게 행동한 것은 그들 스 스로 중원문명의 일원이라고 생각했기 때문이다. 또 이들은 주의 옛 땅을 차지하면서 끊임없이 여러 융을 공격한다. 주의 동천 이전에도 진은 융과의 최전선에서 싸웠다. 그들은 융의 땅을 개척하는 임무를

• 신후가 효왕에게 이렇게 간했다.

"옛날 저희 선조가 여산에 살 적에 얻은 딸이 융족 서헌의 처가 되었습니다. 그분은 중휼을 낳았고, 친척 이 된 까닭에 이들이 주에 복속했습니다. 이들이 서수를 지키니 서수가 평안했습니다. 또 제 딸을 대락에 게 시집보내니, 적자 성을 낳았습니다." – 《사기》 〈진본기〉

띠었고, 중원문명을 방어하는 서방 전선이었다. 역사적으로 '야만인'의 피를 받은 사람들이 '문명인'을 위해 같은 '야만인'들을 막는 울타리가 된 적은 많다. 대표적으로 유목민족이었지만 정주화한 후 유목민과 기독교 세력으로부터 이슬람 문명을 보호하는 수호자를 자임한 셀주크 투르크를 들 수 있다. 진의 행동도 이들과 매우 흡사했다.

결론적으로 말하면 진은 융족 속에서 자랐고, 초기에는 목축부족이었다. 그러나 주에 기대어 융을 공격하기 시작하면서 서서히 융과는 다른 정체성을 가지게 되었고, 주가 동쪽으로 쫓겨가자 그 자리를 대신하고 자신들을 융과 완전히 구별시켰다. 그러나 여전히 중원과는 다른 기풍이 있었고, 이 기풍은 전국시대까지 이어져서 진秦과 초, 그리고 중원 5국(제, 연, 한, 위, 조)의 구분이 생긴다.

이제 이 진이라는 족속이 어떻게 성장하는지 《사기》의 내용을 검토하면서 파악해보자. 동쪽에서 제나라의 환공이 등장하기 전까지 진도 열심히 성장했다. 결국 진검승부는 피할 수 없었다. 전설시대는 빼고 《사기》의 기록을 정리하면 다음과 같다.

진의 선조 백예栢翳는 조수를 잘 길들여 순임금에게서 영성嬴姓을 받았다. 그는 아들 둘을 낳았는데, 큰아들은 조속씨鳥俗氏의 선조가 되고 둘째 아들 약목若木은 비씨費氏의 선조가 되었다. 약목의 후손은 대대로 서융지역에 살았는데, 후손 중 조보造父는 주 목왕의 수레를 모는 데 탁월한 재능을 보였다. 그 몇 대 후손이 대락大駱이고, 대락의 아들인 비자非子가 말과 가축 사육에 특출한 재능이 있어서 주의 효왕

孝王이 그를 써서 가축을 기르게 하고, 대락의 후계자로 삼고자 했다.

이 비자라는 사람이 진의 실질적인 조상이다. 기록으로 보아 확실히 진의 조상은 농민이 아니다. 주나라 성립 이후 동쪽의 모든 나라들이 농업으로 나라를 강하게 한다고 했지만 진은 출발부터 이들과는 달랐음을 알 수 있다. 고고학적 자료에 의하면 이들은 말로 제사를 지내는 목축부족이었다. 그런데 주 효왕은 비자를 충복으로 쓰고 싶었다. 그래서 대락의 후계자로 삼으려 하니 신申나라 제후가 가만있지 않았다. 앞서 보았듯이 신후는 자신의 딸을 대락에게 시집보내서 이미 적자를 낳았다. 주나라가 자신의 외손자를 대락 부족의 후계자 자리에서 끌어내리는 것을 참을 수 없었던 것이다. 그래서 신후는 주 효왕에게 엄중한 경고를 보낸다.

그러면 비자는 어떻게 되는가? 효왕은 신후의 경고를 무시하지 못하고 비자를 진秦 땅에 따로 봉하고 진영秦이라고 불렀다. 이 진영의 증손자가 진중秦仲이다. 진중 때부터 진은 융과 실로 피 튀기는 싸움을 벌인다. 진중 자신도 융과 싸움을 하다가 목숨을 잃었다. 진중의 큰아들이 진 장공莊公인데, 주의 선왕은 장공에게 용사 7000명을 주어 서융을 치게 했다. 장공이 군대를 이끌고 서융을 밀어내니 주 왕실은 그에게 견구犬丘의 땅을 주었다. 장공의 아들들도 역시 융과 계속 싸웠다. 큰아들 세보世父는 융의 포로가 되었다가 돌아왔고, 그의 동생 양공襄公은 서융과 신후의 연합군을 맞아 싸웠다.

이렇게 보면 진은 주 왕실의 충실한 근위군이었다. 그러나 그들도 아무 계산이 없지는 않았다. 가라앉는 배라고 보물이 없을 리 없었다. 배가 가라앉기 전에 보물을 챙기려는 것이 진의 전략이었다. 이 전략에 의해 진 양공은 주나라의 동천 때 주 왕실을 위해 싸움으로써 결국 당당히 제후의 자리를 차지했다. 동쪽으로 도망가던 주 평왕은 양공에게 달콤한 약속의 말을 던졌다. "서융이 기산과 풍읍豐邑을 침탈하였다. 진이 서융을 물리친다면 그 땅을 진에게 주겠다."

이 말을 다 믿었던지 양공은 융과의 전투에 나섰다가 기산 아래서 죽었고, 그를 이은 진의 군주들은 닥치는 대로 융과 전투를 벌였다. 주나라 왕실의 군대를 빌려서 융을 치던 진은, 이제 그 밑천을 불려서 주의 옛 땅을 다 차지해가고 있었다. 그들은 땅을 얻는 즉시 현縣을 설치했다. 마침내 주의 왕실이 빠져나간 자리를 메우고 주의 작은 제후국들마저 멸하니 이제 관중은 진의 차지가 되었다. 진이 관중을 평정하던 바로 그때 제 환공은 동쪽에서 패자를 칭했다.

제 환공이 동쪽에서 패자의 질서를 만들어갈 때 진은 오직 내정에만 집중했다. 융과의 싸움은 실패하면 군주가 죽음을 당할 정도로 격렬했고, 주 왕실이 특화시킨 이 무력집단의 투지도 실로 대단했다. 진은 이미 싸움 방면에서는 동방의 큰 나라들과 견주어도 손색이 없었고, 또 융의 문화 덕택으로 동방의 자잘한 예교의 질서에 편입되지 않고 독자적으로 살아갈 기반을 닦고 있었다. 제나라 환공과 관중이 등장하기 전 서방 진의 형세는 이러했다.

5. 태행산 호랑이가 잠을 깨다 ━━━━━━

태행산맥의 골짜기들을 차지하고 있던 진晉의 형세는 어떠했을까?

진의 선조 우虞는 주 무왕의 아들로 당唐(산서성 익성翼城) 땅에 봉해졌다. 원래 우는 대단한 공을 세우지는 않았지만 무왕의 뒤를 잇는 성왕의 형제로 둘은 사이가 좋았던 것 같다. 처음에 봉지로 받을 때 그 땅의 가치는 별로 빛나지 않았다. 그러나 정국이 변함에 따라 태행산맥 골짜기의 땅은 점점 더 명당으로 바뀌었다. 산허리의 넓은 목장과 삼림, 골짜기를 따라 서남에서 황하까지 펼쳐진 평원은 진나라의 경제적 기반이 되었고, 무엇보다도 남북으로 길게 뻗은 태행산맥은 적의 접근을 불허했다. 힘이 없을 때는 한 방향만 막으면 만사가 해결되었고, 힘이 있으면 황하까지 내려갔다.

진이 중원의 정치에 두각을 나타낸 계기는 주 평왕이 동천할 때였다. 당시 진 문후는 정 무공과 함께 왕실을 호위하던 제후국 중 실력이 가장 우세했다. 이 진 문후의 이름은 구仇이고, 동생의 이름은 성사成師다. 이런 이상한 이름은 문후의 아버지 목후穆侯가 태자를 낳았을 때 전쟁에서 패하여 원수를 갚는다는 뜻으로 구라고 지었고, 둘째는 전쟁에서 이겼을 때 낳아 성사로 했다고 한다. 이에 대부 사복師服이 한마디 한다.

> 이상하구나. 대저 이름으로써 의를 규정하고, 의로써 예를 낳으며, 예로써 정치를 체현하고, 그 정치로써 백성들을 바르게 하는 것이다.

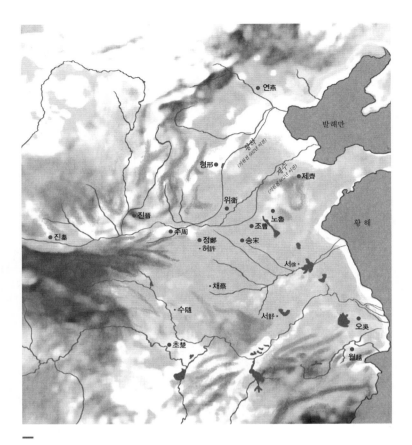

춘추시대 형세도. 점의 크기는 세력의 강약을 나타낸다.

(중략) 이제 우리 군주가 태자의 이름을 구라 하고, 동생을 성사라 한 것은 어지러움이 시작된 징조다.

후에 문후는 동생을 도성 근처의 곡옥曲沃에 봉하고 환숙桓叔이라고 불렀다. 그런데 곡옥의 성읍이 도성인 익성보다 컸고, 환숙은 여기에서 민심을 얻었다. 《사기》에는 "진나라의 백성들이 모두 따랐다"고 적혀 있다. 이에 대부 사복이 이렇게 말했다.

> 내가 듣기로 나라를 세움에 본本은 크고 말末은 작아야 한다. 그래야 나라가 굳건할 수 있다. (중략) 본국이 이미 약해졌으므로 오래갈 수가 있으랴!

이처럼 진에서도 종법제에 의한 봉건질서는 조금씩 균열을 보이기 시작했다. 사복의 예언처럼 이후 곡옥에 있던 환숙의 자손인 무공武公의 세력이 점점 더 커져서 급기야 진의 도읍을 공격했다. 제나라 환공이 패자를 칭하던 바로 그때, 진 무공은 진나라 땅 전체를 병탄하고 스스로 진나라의 군주 행세를 했다. 그래서 앞으로 나오는 진나라의 후손들은 모두 무공의 후손들이다.

무공 스스로 쿠데타로 등장한 만큼 진나라는 힘으로 다른 나라들을 누르려는 본성이 살아 있었다. 또 유명무실하지만 주나라 천자를 끼고 명분을 세우기에도 좋은 위치에 있었다. 관중과 환공의 제나라에 이어 두 번째 패자가 진晉나라에서 나오는 것도 당연한 일이었다. 또 진은 황하를 끼고 서방의 진秦이 동쪽으로 나오는 길을 막고 있어서 중원을 방어하는 역할을 했다. 전국시대가 시작되면서 이 진晉나라가 세 나라(한韓, 위魏, 조趙)로 갈라지자 비로소 서쪽의 진秦은 동쪽으로 치고 나올 수 있었다.

공교롭게도 제 환공이 등장하던 시기 춘추의 4강은 모두 제각각 기본적인 통일국가의 형세를 갖추어가고 있었다. 초는 주나라의 종주권을 공공연히 부정했고, 진秦은 관중에서 융적과의 싸움을 통해 성장하고 있었으며, 진晉도 하나의 덩어리로 뭉쳐졌다. 이제 다음 장부터는 동방에서 춘추시대 첫 번째 패자가 등장하는 것을 목격하게 될 것이다. 기본적으로 제, 초, 진晉, 진秦의 4강 구도에서 다른 국가들은 줄타기를 하거나, 또는 제 나름대로 강자가 되기 위해 힘을 썼다. 드디어 본격적인 춘추시대가 도래한 것이다.

제5장

관중의 출현

1. "관중, 그 사람은⋯⋯"

우리들 이야기의 첫 주인공은 관중이다. 기원전 7세기에 활약한 이 사람은 자신이 살았던 당대부터 지금까지 수많은 사람들의 입에 오르내렸다. 어떤 사람들은 입이 마르도록 칭찬하고 어떤 사람들은 그를 폄하했다. 그러나 관중을 평하는 사람들이 모두 인정하는 것이 있다. 바로 관중이 새로운 패러다임을 제시했다는 것이다. 어떤 사람들은 관중이 만든 패러다임을 배척했고, 어떤 사람들은 인정했다. 그러나 좋든 싫든 분명한 것은 관중이 과거의 패러다임을 바꿨다는 사실이다. 관중이 시도한 것 중 성공한 것은 물론 실패한 것도 모두 혁명적이었다.

　관중은 인간적으로 굉장히 매력적이다. 뻔뻔한가 하면 염치는 있고, 몰아치는가 하면 부드러운 마음도 있다. 자신이 다 안다는 듯이 교만하다가도 자신의 행동을 반성하기도 한다. 춘추시대에 군주를 대신하여 전권을 잡는다는 것은 극도로 위험한 일이라서 그런 사람치고 명을 다한 사람이 없었다. 그러나 처음부터 끝까지 고자세를 유지했던 관중은 천수를 다했다. 또 관중은 2인자들의 꿈이었다. 그러니 제갈량도 스스로를 관중에 비유했는지 모른다. 도대체 관중의 어떤 면이 그런 결과를 가져왔을까?

행동철학 방면에서 관중은 약 300년 후에 등장하는 그리스의 아리스토텔레스와 유사하다. 관중은 아는 것을 실천하지 않으면 그 지식은 완전하지 않다고 생각했다. 관중은 더 나아가 실천하지 못할 일은 말도 하지 않는 것이 좋다고 생각했다. 말과 행동을 부합하게 하는 것이 관중의 철학이었다. 그러나 관중에게는 플라톤의 이데아도 있었다. 다만 이데아가 형이상학에 머무는 것이 아니라 실천을 통해 실현된다고 생각했다.

필자가 관중에 관한 고적을 찬찬히 검토하면서 얻은 결론은 두 가지다. 하나는 관중이 근본적으로 심성이 착한 사람이라는 것이다. 또 하나는 관중이 처음부터 끝까지 '야인野人' 곧 촌놈이라는 사실이다. 순자는 공자의 말을 빌려 관중이 천자를 보필할 교양인이 아니라 예를 모르는(교양이 없는) '야인'이라고 평했다. 관중은 소인이 아니라 야인이다. 고대에서 야인이라는 말의 의미는 도성 밖의 사람, 곧 귀족이 아니라는 뜻도 있다. 그런데 도성에 기반을 두지 않은 인간이 오히려 패업의 드라마를 연출했다. 역시 큰 인물이 되려면 뛰어난 야성을 가져야 하는 것일까? 순자의 의도와는 물론 다르지만, 점차 야성을 잃어가는 현대인이 듣기에 '야인'이라는 말은 꽤 매력적인 말이 아닌가?

잠시 관중 그 사람에 대해 지면을 할애한다. 관중은 럭비공처럼 튀는 엉뚱한 인간이 아니므로, 관중이라는 인간을 이해하면 그의 행동 패턴을 파악할 수 있을 것이다.

공자는 관중을 여러 각도에서 조명했다. 《논어》에 나오는 평을 몇 개 뽑아보자.

> 공자께서 말씀하시길,
>
> "관중은 작은 그릇이다."
>
> 그러자 어떤 이가 물었다.
>
> "관중이 검소하다는 말입니까?"
>
> 말씀하시길,
>
> "관중은 집이 세 채나 있고(삼귀三歸 : 부인이 셋 있고), 거기다 모두 관리인들을 두었는데 어떻게 검소하다고 할 수 있겠는가?"
>
> "그럼 관중이 예를 안다고 할 수 있습니까?"
>
> 공자께서 말씀하셨다.
>
> "나라의 군주라야 나무로 문을 가리는데 관중도 그렇게 했고, 두 군주의 우호를 위해 반점反坫(술 받침대로 제후의 신분을 의미함)을 두는데 관중도 두었다. 관중이 예를 안다고 하면 누가 예를 모르겠는가?"

공자가 보기에 관중은 예를 모르는 사람이다. 그 예란 바로 신하의 예요 주周의 예, 곧 주례다. 역사서에도 관중의 재부가 군주와 맞먹었다고 하니 관중은 검소한 사람도 아니었다. 공자가 보기에 예를 모르는 사람은 큰 그릇이라고 할 수 없다. 도를 아는 사람이라고는 더더욱 말할 수 없다. 여기서 그쳤다면 공자는 평범한 사람이다. 공자의 평가는 다면적이다. 이런 내용도 있다.

자로가 말한다.

"환공이 공자 규를 죽일 때 소홀은 따라 죽었지만 관중은 죽지 않았습니다. 인仁하다고 할 수 없겠지요?"

공자께서 대답하시길,

"환공이 아홉 번이나 제후를 모았는데 힘으로써 하지 않은 것은 다 관중의 힘이다. 누가 그만큼 인하겠느냐, 누가 그럴 수 있겠느냐?"

그러나 자공은 승복할 수 없다.

자공이 말하길,

"관중은 인한 사람이라고 할 수 없겠습니다. 환공이 공자 규糾를 죽일 때 따라 죽지 않았고, 또 그 환공 밑에서 재상을 지냈으니까요."

공자께서 대답하시길,

"관중이 환공을 보좌해서 제후의 우두머리가 되게 하고, 천하를 바로잡아 인민들이 오늘날까지 보존될 수 있었다. 관중이 아니었으면 나는 머리를 풀어헤치고 옷깃을 왼편으로 하는 오랑캐 땅에 살고 있을 것이다. 어찌 한갓 아녀자 같은 절개를 위해 스스로 목을 매어 도랑에 처박히겠느냐."

또 이런 기사가 있다.

관중은 어떤가 하고 물으니 공자께서는,
"그 사람은…… 백씨의 읍 삼백을 병탄하자 백씨는 (읍을 다 뺏겨서) 거
친 밥을 먹으면서도 이가 다 빠질 때까지 (죽을 때까지) 원망하지 않았
다고 하니."

공자가 보는 관중은 어떤 사람인가? 공자는 예를 목적으로 보고 극
히 중시하지만, 관중은 예를 다만 도구로 보았다. 예를 근본으로 하지
않는 사람은 공자가 말하는 진정한 교양인이 될 수 없다. 그러나 관중
은 예에는 엄격하지 않지만 근본적으로 '착하다'[仁]. 공자도 그것을 인
정하고 있다. 공자 스스로 관중이 인하다고 했는데, 공자가 보는 인은
예에 비해 어떤 것일까?

사람이 되어 인하지 (착하지) 않으면 예는 알아 무엇 하며 음악은 알아
무엇 하리요 [人而不仁如禮何 人而不仁如樂何]?   -《논어》〈팔일八佾〉

• 공자 시대에는 인仁은 예와 분명히 구분되는 개념으로 원시적인 맛이 있었지만, 맹자와 순자 시대로 가
  면 예와 인의 구분은 서서히 모호해진다. 예는 더 나아가 법으로 이해되기도 한다. 공자 시대의 원시 유
  가는 인을 '성정의 착함'으로 이해하고 이를 강조한다.

여기서 분명히 인仁이란 '본성이 착하다'는 의미로 쓰였다. 공자가 보기에 관중이란 인간은 예를 모르는 교양이 부족한 사람이지만 기본적으로 착한 사람이다. 그래서 강조한 것이다. '자로야, 자공아, 누가 관중만큼 착할 수 있겠느냐? 꼭 따라 죽어야 하느냐? 꼭 벼슬을 버리고 산에 숨어야 하느냐? 벼슬을 얻어서 일을 하고, 일을 얻으면 바르게 하면 되지 않느냐?' 하고 되묻는 것이다.

공자가 보기에 관중은 '중국'을 지킨 사람이며, 위정자로서는 남을 해쳐도 앙갚음을 당하지 않을 정도로 공정했다. 한마디로 일을 할 줄 아는 사람이었다. 사마천은 《사기》〈관안열전〉에서 이렇게 덧붙였다. "관중의 재산은 공실에 버금갔고 삼귀와 반점을 두었으나 제나라 사람들은 그가 사치스럽다고 생각하지 않았다." 벌을 주어도 받는 사람이 원망하지 않고 재산이 넘쳐도 남이 시기하지 않는 사람, 그런 사람은 도대체 어떤 사람일까? 이제 맹자의 말을 들어보자.

맹자가 보기에도 관중은 역시 작은 그릇이었다. 또 관중은 맹자의 왕도사상에 드리워진 암흑 같은 존재였다. 맹자는 한탄한다. '그 대단한 능력을 두고 왜 왕도를 실천하지 못하고 패도를 실천했던가?' 《맹자》〈공손추公孫丑〉 편은 그런 한탄으로 가득 차 있다.

공손추가 물었다.
"선생님께서 제나라의 정무를 담당하시면 관중과 안영의 공업을 회복할 수 있겠습니까?"
맹자가 대답한다.

"그대는 정말 제나라 사람이로군. 겨우 관중과 안영을 알 뿐이니. 어떤 사람이 증서曾西에게 이렇게 물었네. '자네와 관중을 비교하면 누가 더 현명한가?' 그러자 증서는 기분이 나빠 대답했네. '나를 어떻게 관중 따위와 비교하는가?' 관중은 그토록 임금의 신임을 얻었으며 나라의 정사를 돌봄이 그다지도 오래였는데, 그 공업이란 저렇게 낮지 않으냐."(중략)

"공자께서는 덕이란 파발마보다 더 빨리 퍼져나가는 것이라 하셨다. 지금 만승의 나라(萬乘之國)가 인으로 정치를 행하면, 백성들은 마치 거꾸로 매달아 놓았다가 풀어놓은 듯이 좋아할 것이다."

맹자는 묻는다. 왜 관중은 그런 신임을 받고도 왕도를 행하지 않고 패도를 행했을까? 왕도를 행했으면 오늘날(맹자가 살던 시대)과 같은 전국시대는 도래하지 않았을 것이 아닌가. 그래서 또 말한다.

오패는 삼왕의 죄인이며, 지금의 제후들은 오패의 죄인들이다(五霸者三王之罪人也 今之諸侯五霸之罪人也).

－《맹자》〈고자告子〉

맹자는 위대한 사상가이며 전략가이기에, 전국시대의 비참한 전쟁을 극단적으로 혐오했다. 그러나 맹자는 위대한 역사가는 아니기에 관중이 살았던 시대의 한계를 미처 몰랐다. 그래도 관중은 패자로서 도의가 있었으나, 현재의 제후들은 그마저 없기에 더 한스러울 뿐이다.

맹자에 이어 순자의 평가가 이어진다. 순자는 관중이 나라를 맡을 인물임을 누차례 인정한다. 그러나 순자의 안타까움도 맹자와 마찬가지다. 그는 공자의 말을 빌려서 이렇게 말한다.

> 관중이라는 이는 공을 세우는 데 힘쓰고 인을 행하는 데 힘을 쓰지 않았다. 그는 야인野人이니 천자의 대부가 될 수 없다.
>
> —《순자》〈대략大略〉

순자는 맹자보다 좀 더 역사적으로 분석한다. 그가 '천자의 대부'가 될 수 없다는 것이 핵심이다. 천자의 대부라면 제후들을 다스려 제후들의 힘이 천자를 넘어서지 못하게 해야 한다. 그래야 천자의 지위가 유지된다. 그런 사람은 천자와 제후를 엄격하게 구분하는 주례의 세계를 완전히 받아들여야 한다. 그렇지 않은 사람은 주례 밖의 사람, 곧 '야인'이다. 그래서 관중은 '촌놈'이다.

필자는 관중을 두 가지 관점에서 보겠다고 했다. 하나는 '관중이 착하다[仁]'는 것이고, 하나는 관중이 '야인의 기질을 가지고 있다'(예를 모른다)는 것이다. 유학은 분명히 인본주의적인 학문이라서 사람들의 생명을 보존하는 것을 최우선으로 둔다. 공자야말로 순장이나 사람 제사 등 고대의 비인간적인 관습을 철저하게 부정했으며 인간 중심의 학문을 처음으로 세웠다. 맹자는 더 나아가 민본과 혁명의 사상을 말했고, 순자는 유가에 법가의 사상을 접목하여 유학이 현실정치로 나가는 길을 닦았다. 이 세 사람이 말하는 것은 모두 일리가 있다.

그러나 이 세 사람은 모두 관중에게 빚을 지고 있다. 특히 공자의 사상에는 관중의 사상이 깊이 스며들어 있다. 공자가 말한 "의식이 풍족해야 예를 안다"는 말은 "먹을 것이 있어야 예의염치를 안다"는 관중의 말을 그대로 따온 것이다. 또 맹자가 말한 "관문에서 검사만 하고 세금을 거두지 않고, 시장에서는 단속만 하고 세를 걷지 않으며, 농부에게 조법助法을 적용하고 기타 잡세를 거두지 않으면 경제가 잘될 것이다"라고 한 것이나, 성세에는 "산림과 천택川澤에 백성이 접근하는 것을 막지 않았다"고 피력하는 것이나, "풍년에는 개도 사람이 먹는 것을 먹고, 흉년에는 사람이 죽어 나간다"며 물가정책이 없음을 한탄하는 것 등 보통 유가의 기본적인 경제관으로 알고 있는 말들도 실은 관중의 말을 그대로 따라한 것이다. 맹자가 땅을 딛고 있던 제나라의 경제사상은 거의 모두 관중에서 나왔다. 관중은 중국 최초로 경제학을 정립한 사람이며, 아마도 세계 최초로 재정학의 핵심을 이해한 사람일 것이다. 경제에 관한 한 공자나 맹자, 순자 모두 관중을 따르고 있다.

관중은 야인의 관점에서 세상을 본다. 관중은 백성들이 원하는 것을 가져다주는 것이 정치라고 생각했다. 그리고 그 정치의 핵심은 경제였다. 관중의 사상은 처음부터 끝까지 철저하게 경제학의 입장에 서 있다. 그것도 오늘날의 협소한 경제학이 아니라 방대한 스케일의 정치경제학이다. 관중의 사상은 유학의 사상보다 밑바닥을 훨씬 잘 이해했다. 이제 경제학의 관점에서 관중의 행동이 왜 착한지, 또 왜 그의 야인 근성이 대업을 이루었는지 자세히 살펴볼 것이다. 그리고 서서히 공자, 맹자, 순자가 관중에게 품은 애증을 이해하게 될 것이다.

2. 변방의 사나이들

관중은 지금의 안휘성 영상潁上에서 태어났다. 서주시기 이 지역은 회이淮夷라는 비중국계 민족이 살고 있었다. 그러나 춘추시대로 들어오면서 회이는 점점 더 동쪽으로 밀려나고 그 자리는 약소국인 채蔡나라가 대신했다. 춘추 말기에는 한때 오나라의 판도에 들었다가, 전국시대가 되면 초나라의 영토가 된다. 그러니 결국 제나라 땅은 아니었던 곳이다. 그런데 관중은 어쩌다가 제나라로 흘러들어 갔을까? 영상에는 관중 출생에 관해 이런 설화가 전한다.[14]

관중의 어머니 곡씨는 출가한 지 9년이 되어서도 아이를 갖지 못하다가 간신히 아이를 가졌다. 낳고 나니 말[午]의 해, 말의 달, 말의 일, 말의 시에 태어났다. 그러니 5월 5일 정오가 된다. 귀하게 태어난 아들이니 점쟁이에게 사주를 본 모양이다. 그러자 점쟁이는 "아이가 다섯 개의 오午(말)를 가지고 태어났습니다. 분명 용이 아니면 호랑이로 크게 될 것입니다" 하였다. 그때는 열심히 씨를 뿌릴 때라 아이의 이름을 절기를 따라 '망종芒種'이라 지었다. 망종에는 시끌벅적하고 먹고 마실 것이 풍부하기에 그렇게 이름 지은 것이다.

이웃 포씨네의 포숙鮑叔은 관중보다 두 살 많았는데, 관중과 한 선생 밑에서 공부했다고 한다. 아이가 아명을 뗄 나이가 되자 관중의 부모는 그 선생에게 출생의 내력을 알려주고 이름을 지어달라고 부탁했다. 그러자 선생은 "태어날 때 다섯 개의 오시午時를 품었으니 크게 길합니다. 성이 관管(관장하다)이니 이름을 '종種'('씨 뿌리다.' 중仲과 발음이 같음)이라 하지요. 천하의 씨 뿌리는 백성들을 관장하는 인물이 될 것입니다. 이름은 이오夷吾(다섯 개의 오)로 하지요" 하였다.

물론 설화에 나오는 관중의 이름이나 호에 대한 설명은 크게 믿을 것은 못 된다. 관중은 관씨네 둘째(仲)로 그 이름은 '이오'고, 포숙은 포씨네 셋째(叔)로 그 이름은 '아'라고 보는 것이 상식적이다.

그러나 설화의 나머지 부분은 중요한 함의가 있다. 일반 백성들이 보기에 관중은 먹을 것을 생산하는 사람들을 보살피는 사람이었다. '씨 뿌리는 사람들을 보살피는 사람'이라는 말은 관중의 경제사상이 기본적으로 기층 인민들의 이해에 부합했기 때문에 얻은 명칭이다. 또 이 설화는 농사가 경제를 담당하던 시절 농민들이 관중에 대해 느끼던 태도를 반영한다. 임치臨淄의 관중기념관을 찾아갔을 때 관중의 석상 아래 농민들이 옥수수를 말리고 있었다. 누런 옥수수 알갱이와 곡식을 중시하는 관중의 이미지는 상당히 어울리는 조합이었다.

그다음은 포숙에 대한 설명이다. 사서에 나오듯이 포숙은 어렸을 때부터 관중을 보살폈다. 그러니 설화나 사서의 내용이 모두 포숙도 영상 사람임을 말해준다. 그러면 관중과 포숙은 당연히 동향 사람이다. 《관자》〈대광大匡〉에는 포숙의 출사를 두고 관중과 소홀召忽이 토론하는 장면이 나온다. 그러면 관중과 함께 일을 도모하다 먼저 죽은 소홀도 동향 사람일 가능성이 있다. 그렇다면 관중, 포숙, 소홀 등 일군의 남방 사람들이 어떤 연유로 제나라의 정치 중심부로 들어갔을까? 이 문제는 서서히 밝히기로 하고, 《사기》〈관안열전〉에 나오는 관중의 회고를 통해 청년시절을 돌아보자. 그의 청년시절에는 포숙이 있었다.

임치[臨淄]에 있는 관중기념관 앞의 관중 동상.

일찍이 가난하던 시절, 나는 포숙과 함께 장사[賈]를 했다. 이익을 나눌 때 내가 더 가졌는데 포숙은 나를 욕심쟁이라고 하지 않았다. 내가 가난함을 알았기 때문이다.

관중은 젊어서 가난했다. 관중은 가난을 타개하는 방법으로 상업을 택했다. 고대의 상인[商賈]이란 지금과는 좀 다르다. 상인들은 원래 제사 때 제물로 바치는 희생[犧牲]을 공급하는 것에서 출발했다. 관중과 포숙이 이후에 제나라 공자들의 스승이 되는 것을 보면, 이들은 정부에 물건을 대는 일을 하지 않았나 싶다. 형편이 좀 나은 포숙은 이렇게 관중과 함께 사회생활을 시작했다. 관중은 또 고백한다.

> 내가 일찍이 포숙을 위해 일을 꾸몄는데[謀事] 오히려 상황이 더 옹색
> 하게 되어버렸다. 그러나 포숙이 나를 어리석은 놈이라 하지 않았는
> 데, 형세가 유리하고 불리할 때가 있다는 것을 알았기 때문이다.

대체로 "일을 도모한다[謀事]"는 말은 일반적인 일에는 쓰지 않고 정
치적인 사안에 대해 쓴다. 아마도 관중이 포숙을 정계에 진출시키기
위해 일을 꾸몄다가 오히려 상황이 꼬인 것이다. 이렇게 관중은 포숙
에게 짐을 지고 있다는 마음에 일을 벌였지만 성공하지 못했다. 관중
은 또 어떤 시련을 겪을까?

> 내가 일찍이 세 번 출사해서 세 번 다 주군(군君 혹은 군주)에게 쫓겨났
> 어도 포숙은 나를 못난이라 하지 않았다. 아직 내가 때를 못 만났다고
> 생각했기 때문이다.

세 번이라는 말은 거의 매번이라는 말과 같다. 매번 쫓겨났다는 것
은 무능하다는 뜻인데, 포숙은 이런 관중을 끝까지 믿어주었다. 그런
데 관중은 어쩌다 세 번씩이나 출사하려고 했으나 실패했을까? 이것
은 관중의 출신과 관련이 있다. 춘추 초기 출세를 하려면 출신이 좋아
야 했다. 출신이 좋지 않은 이가 관직에 오르기는 애초에 지난한 일이
었다. 보통 사람이라면 이쯤 되면 모두 포기했을 것이다. 그러나 관중

은 출세를 위해 또 도전한다. 관중은 헝그리 파이터다. 여기까지도 상황은 충분히 나빴다. 그러나 관중의 불우함은 이어진다.

내가 일찍이 세 번 싸워서 세 번 다 달아났지만, 포숙은 나를 겁쟁이라고 하지 않았다. 나에게 늙은 어머니가 있다는 것을 알았기 때문이다.

춘추시대에 전쟁이 일어나 아군이 패할 경우 공과 죄는 이렇게 나눈다. 적과 싸워 죽는 이는 유공자다. 퇴각하더라도 가장 후위에서 퇴각하는 사람은 공이 없어도 부끄러운 일은 아니다. 그래서 《논어》에서 공자는 맹지반孟之反이 가장 늦게 퇴각하는 것을 보고, "맹지반은 의로운 사람이구나" 하고 칭찬한 것이다. 반면 선두에서 달아나는 사람은 죄인이다. 그러니 관중은 죄인이다. 관중은 전쟁에서 용맹을 과시하다가 죽는 것을 어리석다고 생각했을 수도 있다. 그래도 포숙은 이를 다 이해했다고 한다.

장사에도 큰 재미를 보지 못하고, 모사에도 실패하고, 출사에도 실패하고, 전투에도 실패한 경험이 바로 관중을 사람들의 어려움을 아는 정치인으로 만들었다. 관중이 보기에 백성들이 못사는 것은 개인의 잘못이 아니었다. 그리고 실력 있는 사람이라도 등용되지 못하는 현실을 체험했다. 또 전투에서 도망가는 것도 전투 외적인 이유가 있음을 알았다. 관중의 사상은 이렇게 천천히 생겨났다. '물자의 유통을 방해하지 않으면 어떻게 상업이 흥하지 않겠는가? 가까운 사람이라고 하여 쓰지 않고 오직 공이 있는 사람을 쓴다면 어떻게 인재가 버려지겠는가? 전쟁에서 죽은 사람의 뒤를 봐준다면 어떻게 용기를 발휘하지 않겠는가?' 사람의 마음이란 다 비슷해서 모두 부귀와 안락을 원하는데, 그것을 채워주지 못하면서 다그치기만 하면 누가 반감을 갖지 않겠는가? 그래서 관중의 기본 사상은 욕구를 채워주라는 것이었다. '한정된 생산물을 독점하기 위해서 보통 사람들의 욕구를 눌러라'가 당시의 주류였다면, '보통 사람들의 욕구를 채우기 위해 생산물을 늘려라'가 바로 관중의 생각이었다. 관중은 이렇듯 밑바닥에서 출발한 경제학자였다.

자, 이제 다시 한번 생각해보자. 도대체 제나라 군주는 관중, 포숙에게 어떤 역할을 기대했을까? 이들의 정체는 무엇일까?《관자》〈대광〉에 이런 중요한 대화가 나온다. 글자를 하나하나 잘 뜯어서 보아야 이해가 된다.

제나라 희공僖公은 공자 제아諸兒, 규糾, 소백小白을 낳았다. 희공은 포숙에게 소백의 스승이 되라[傅] 하였으나, 포숙은 병을 핑계로 사양했다. 관중과 소홀이 찾아가서 물었다.

"어쩐 일로 나가지 않는 거요?"

포숙이 대답하길,

"옛말에 '아들을 아는 이는 아비만 한 이가 없고, 신하를 아는 이는 군주만 한 이가 없다'고 했네. 지금 군주가 내가 못났다는 것을 알고도, 천한 신하인 나로 하여금 소백의 스승이 되라 하네. 이는 나를 내치는 것일세."

소홀이 말하길,

"그대는 끝까지 사양하시게. 내가 목숨을 걸고 자네를 보증하리니, 반드시 면할 수 있을 걸세."

포숙이 답한다.

"그대가 그렇게 해준다면, 못 면할 리가 있겠는가?"

그러나 관중은 다르게 말한다.

"그럴 수 없네. 사직과 종묘를 지키는 일은 사양할 수도 없고, 쉴 수도 없네. 장차 누가 나라를 다스릴지는 아직 모르네. 그대는 출사를 하시게."

이에 소홀이 또 말한다.

"안 되네. 제나라에서 우리 세 사람은 비유하자면 솥의 세 발과 같은데, 하나만 없어도 설 수가 없네〔吾三人者之于齊國也 譬之猶鼎之有足也 去一焉 則必不立矣〕."

《관자》는 사실을 기록한 부분에서는 역사서로서 가치가 크지만, 논설들은 여러 사람이 함께 작성한 것이라 일관성이 적다. 이 대화 부분은 첨삭이 많이 되었겠지만 사실을 기록한 것으로 신빙성이 상당히 높다. 또 〈대광〉에 이어지는 〈소광小匡〉의 서술은 《국어》와 많이 겹치는데, 이로 보아 〈대광〉도 분명히 어떤 기록을 근거로 했을 것이다. 이 대화가 사실이라면 우리는 매우 많은 정보를 얻게 된다. 곧 포숙, 관중, 소홀은 제나라 군주에게 등용된 통치 전문가 집단으로, 모두 먼 변방에서 온 한 무리의 집단이다. 추리를 해보자.

소백의 아버지 희공은 기원전 698년 사망한다. 그러므로 이 대화는 최소한 기원전 698년 전에 있었던 이야기다. 관중이 정사를 맡기 시작한 해는 기원전 685년이므로 관중은 희공이 사망하기 전에 이미 제나라에 들어와 있었고, 동향 사람인 포숙은 그때 말단이나마 관직을 차지하고 있었다. 공자들의 스승은 아무나 되는 것이 아니므로 포숙은 상당한 지식을 갖춘 사람임이 분명하다. 이어지는 대화에 따르면 그때 이미 관중과 소홀은 공자 규를 받들고 있었다. 정리하면 관중과 포숙은 오래전에 제나라에 들어와 큰 벼슬은 못 하고 조정 근처에 있었다. 그런데 희공이 포숙을 크게 보고 소백의 스승 자리를 준 것이다. 그러나 포숙은 막내인 소백이 희공을 승계하지 못할 것 같고, 또 소홀과 관중이 공자 규를 모시고 있으므로 셋의 사이가 갈라질까 봐 자리를 사양한 것이다.

그러자 소홀은 '제나라에서 세 사람 중 한 명만 없어도 자립할 수 없으므로 포숙이 소백을 섬겨서는 안 된다'고 한다. 그렇다면 관중과 포숙이 동향이면 소홀도 동향 사람일 가능성이 크다. 그러니 한 명만 없어도 다 위기에 처한다고 생각한 것이다. 그렇지 않다고 하더라도 소홀은 이방인인 관중과 포숙의 긴밀한 협력자다. 곧 이들은 운명공동체였다.

이제 상황은 명백하다. 당시 제나라의 거성巨姓은 고씨高氏와 국씨國氏였다. 당시 상경의 지위를 차지한 이런 거성귀족들의 권한은 실로 대단했다. 관중, 포숙, 그 후의 습붕隰朋 등 제 환공을 패자로 올린 신하들은 모두 거성귀족이 아니다. 정황으로 보아 희공은 관중으로 대표되는

객인 집단을 직계 신하로 키운 것이다. 뒤를 이은 환공도 관중으로 대표되는 실력파 인재 집단을 전적으로 신뢰하고, 거성귀족들 대신 통치를 전담하게 한다. 기록상으로 보면 관중의 출현은 주나라 신분질서의 와해를 알리는 첫 징조였다. 또 관중의 출현은 공자로 대표되는 제자백가의 실력파 유랑자들의 출현을 예고하는 것이었다.

관중은 굴러온 돌이었기에 기반이 없었다. 또 관중은 명문거족 출신이 아니기에 줄타기도 할 수 없었다. 관중, 포숙, 소홀은 의리와 실력으로 뭉친 선비 집단이었고, 이들은 오직 공과에 의한 작위를 주장함으로써 좀 더 진일보한 세대를 열고자 했다. 물론 관중 사후 제나라는 다시 거성귀족들이 차지하게 되지만 관중의 시도는 춘추시대 첫 번째 관료제 혁명이라고 해도 과언이 아니다. 관중의 정책들은 실로 다양하고, 그의 말과 행동은 개성이 넘친다. 그러나 관중을 생각할 때는 부귀한 말년만을 생각해서는 안 된다. 오직 실력을 믿고 떠돌던 청년기와 권력투쟁의 와중에서 현실정치의 살벌함을 피부로 실감하던 장년기에 바로 관중이 형성되었기 때문이다.

거족이 아닌 관중의 가문은 관중이 죽자 바로 권력에서 멀어졌지만 관중이 남긴 유산은 지대했다. 이후 춘추시기 여러 군주들은 출신과 관계없이 관중 같은 실력파 인재를 찾기 시작했다. 가장 대표적인 예가 노예 신분에서 일거에 재상으로 등용된 진秦나라의 백리해百里奚다.

맹자의 말대로 관중은 왕도의 구현자가 아니다. 그러나 관중이야말로 향후 출현하는 제국들의 이론적인 기초를 놓았으며, 커다란 망치로 신분제의 머리를 두드렸다. 철저한 신분제를 주장하는 주례가 오히려 인간의 목숨에 대한 존중 정신의 발로였던 것과 마찬가지로 인간의 피를 요구하는 부국강병의 경쟁이 신분으로부터의 인간의 해방을 재촉한 것이다.

제6장

관중 출현 이전
제나라의 정치

1. 강태공의 영광이 후퇴하다

사마천은 이렇게 읊었다.

> 나는 제나라를 유람한 적이 있다. 태산에서 낭야산琅邪山까지, 북쪽으
> 로는 바다에 닿을 때까지 기름진 땅이 2000리나 이어졌다. 그곳 사람
> 들은 활달하고 드러내지 않은 지혜가 많은데 이는 그들의 천성이다.
> 태공의 성스러움으로 건국의 기초를 놓았고, 환공의 성대함으로 선
> 정을 닦아 제후를 모이게 하고 그 우두머리를 칭했으니, 이 또한 당연
> 한 일이 아닌가? 양양하구나! 진실로 대국의 풍모인저.

필자도 오래전부터 제나라 땅을 유람했다. 열차를 타고 지평선이 보
이는 태산 북쪽의 평원을 달릴 때 서쪽으로 지는 노을을 보면 영락없
는 바다의 일출이다. 간데없이 넓기만 한 평원에 태산이 우뚝 서 있어

임치의 강태공 묘.

국호 '제齊'의 어원이 적힌 판.(임치제문화박물관 소장)

임치의 강태공 동상. 강태공은 제나라 건국의 기초
를 닦았다.

제나라가 뼈대가 약한 나라가 아님을 보여주고, 태산의 송림은 푸르다 못해 검어 제나라의 풍요를 상징한다. 임치臨淄에 있는 강태공과 관중의 묘에는 혁명적인 재상들의 기상이 숨어 있어서, 후대에 왜 이 땅에서 그토록 쟁쟁한 일세의 재상들이 나왔는지 짐작할 수 있었다. 5호16국시대 '용맹하며, 의로웠고, 또 고고했던' 전진前秦의 재상 왕맹王猛은 제나라 땅을 넘어 화북 전체를 통일했으니 그는 과연 강태공의 풍모를 닮았다. 나아갈 때와 들어갈 때를 알고, 한번 판단하면 반드시 성취하고 말았던 당 태종의 오른팔 방현령房玄齡은 과연 관중의 후손이라 할 만하다. 제나라 땅은 훌륭한 재상들을 배출하는 터전이었다.

"성인이 나라를 세울 때는 반드시 기울어지지 않은 땅에 자리를 잡고, 땅은 기름지고 좌우로 물이 호수처럼 두르고 있으며, 배수구로 물이 잘 빠져 큰 강으로 흘러들어 가는 곳에 도읍을 둔다"고 했다.《관자》〈탁지度地〉 태산의 웅장함과 평원의 광대함 위에 제나라 수도가 있다. 남쪽으로는 태산의 끝자락이 남긴 언덕들을 두고, 북쪽으로는 바다까지 이어지는 평원을 둔 곳에 임치가 있다. 치하淄河와 오하烏河 두 물줄기는 성을 감싸고 돌아가고, 대도가 동서로 뻗어 평원의 물자들을 실어 날랐다. 이곳이 바로 춘추전국시대 가장 많은 인구가 살았던 도성이다. 흙을 돌처럼 다져 만든 성벽과 거대한 배수로를 보며 제나라의 부유함을 짐작하지 못할 사람이 어디 있겠는가? 임치고성 안 안자晏子의 묘는 살아생전 안자의 모습처럼 단정하고, 순마갱에 누워 있는 수백 필의 말은 당장이라도 일어나 소리를 지를 것 같다. 이 땅에서 병법의 대가 손무孫武가 태어나고, 천변만화의 지략을 펼치던 손빈孫臏이 활약한 것도 역시 당연한 일이리라. 분명히 제나라는 기세가 있는 땅에 섰다.

그러나 강태공의 영광은 그리 오래가지 못했다. 사방을 평정할 권리를 부여받은 '위대한' 강태공의 후예들은 변변치 못했다. 강태공의 위망이 너무 컸던 것일까? 생존을 위해 감투정신으로 무장한 진秦, 중원의 강국으로 도약하기 위해 몸살을 앓던 진晉, 급격히 동진하며 중원을 제패할 웅지를 품은 초의 군주들은 하나같이 웅걸들이었다. 부자는 몰락해도 3대는 간다지만 어쩐지 제나라의 혼란상은 깊어만 갔다. 문제는 중심에 있었다.

강태공의 고손자인 애공哀公 불신不辰은 참으로 어처구니없는 운명을 맞았다. 같은 산동지방에 있던 기紀나라 군주가 주의 이왕夷王에게 애공을 참소한 것이다. 기나라는 강성 제후국이다. 같은 강성이 강성을 참소하다니, 좋지 않은 친척은 먼 이웃보다도 못하다는 말이 사실인가 보다. 무슨 잘못을 저질렀는지는 기록에 나오지 않는다. 당시 이왕은 제후들에 의해 왕위에 올려진 자로 그다지 대단한 인물은 아니었다. 그런데도 애공은 이왕에 의해 솥에 삶겨 죽는 형을 당했다. 《사기》는 좀 순화해서 "주(왕)가 애공을 삶아 죽였다[周烹哀公]"고 기록했지만, 《죽서기년》은 "왕이 제후들을 불러놓고 애공을 솥에 넣어 삶았다[王致諸侯 烹齊哀公于鼎]"고 그 치욕적인 순간을 구체적으로 기록했다. 주나라가 태공의 손자에게 어떻게 이런 형벌을 내릴 수 있는가? 제나라 사람들은 이 치욕을 잊지 못했다.

그 후에도 제나라 공실의 난맥은 좀처럼 잡히지 않았다. 어지럽지만

임치고성 배수로. 춘추전국시대 최대의 도시 임치의 규모를 엿볼 수 있다.

임치고성 성벽. 판축이 얇고 정교하다.

임치고성 안에 있는 순마갱. 이곳에 누워 있는 수백 필의 말들에게서 당장이라도 일어나 소리를 지를 듯 당찬 기세가 느껴진다.

난맥을 한번 짚어보자. 애공이 죽고 호공胡公이 서자, 동복형제 산山이 호공을 죽이고 헌공獻公이 섰다. 그러나 헌공도 오래 집권하지 못하고 죽고, 아들 무공武公이 즉위했다. 무공이 즉위 26년 만에 죽자 그 아들 이 이어 여공厲公이 되었다. 그런데 이 여공은 포악해서 사람들이 호공 의 아들을 옹립하려 했다. 이 때문에 싸움이 벌어져서 혼전 중에 여공 도 죽고 호공의 아들도 죽었다. 어쩔 수 없이 여공의 아들을 세우니 이 가 문공文公이다. 문공은 아버지 여공을 죽인 이들 70명을 몰살했다.

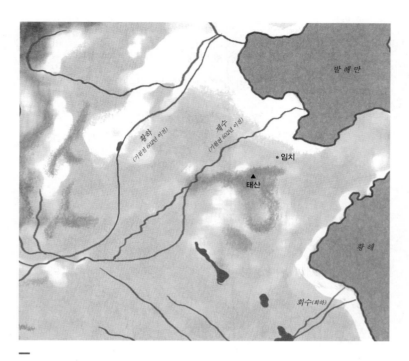

임치 지형도. 북으로는 제수가, 남으로는 태산이 막고 있고, 손을 뻗으면 발해만이다.

이처럼 일일이 기억하기도 어려울 정도로 제나라 공실의 정치는 어지러웠다. 그러던 차에 제나라는 다시 안정을 구가할 기회를 얻는다. 문공의 아들 장공莊公이 무려 64년간이나 집권했기 때문이다. 실력 있는 군주가 장수하면 나라는 안정된다. 장공은 무사히 아들 희공僖公에게 자리를 넘겼다. 이렇게 계승 문제로 인한 공실의 분열은 대체로 일단락되는 듯했다.

제나라는 당시 급변하는 국제정세 속에서 제법 위치를 잡아가고 있었다. 희공이 재위하던 기원전 8세기 말에는 정나라의 장공莊公이 중원의 정국을 주도하고 있었다. 정나라는 큰 나라는 아니지만 종주국 주나라와 지근거리에 있으면서 주나라의 이름을 빌려 다른 나라들을 제압하는 정치력을 가지고 있었다. 당시 정나라는 앙숙인 송나라를 제어하기 위해 제나라의 힘이 필요했다. 이른바 춘추 초기의 원교근공 정책이었다. 이에 제나라는 신중하게 대응했다.

기원전 707년 정나라 장공의 전횡을 못마땅하게 생각한 주 환왕은 채, 위, 진陳의 군사를 이끌고 정나라를 치지만 부상만 당하고 물러난다. 이리하여 근근이 유지되던 주 왕실의 권위는 땅바닥까지 떨어지고 만다. 이때도 제나라는 섣불리 나서지 않았다. 이렇게 정나라와 제나라의 밀월은 한동안 유지되었다.

그러나 이 일이 있은 지 불과 몇 해 후 정나라의 장공이 죽고 말았다. 무려 44년 동안 중원 정치를 주무르던 이 '작은 나라의 큰 군주'가 죽자 주변 나라들의 묵은 원한이 들불처럼 일어났다. 급기야 정나라를 둘러싼 작은 나라들은 모두 정나라를 이반했고, 이 틈에 초나라는 무섭게 동북으로 치고 올라왔다.

당시 동방의 대국이던 제나라를 둘러싼 상황은 이랬다. 이제 중원(주 왕실 부근)의 정치를 좌지우지할 사람이 없어졌다. 그리고 초나라는 중원 약소국들의 방어망을 뚫고 계속 동북으로 올라왔다. 초나라는 매우 이질적인 나라였으므로 중원 각국들은 초나라에 대항할 '큰형님'이 필요했다. 그러니 은근히 제나라가 그 역할을 해주기를 바랐다. 그러나 그 역할을 해낼 희공도 나이가 들어 죽고 말았다. 그런데 정세의 변화를 목도하던 희공은 혜안이 있었던지 한 가지 중요한 조치를 취해놓았다. 자리를 잘 지키지 못할 것 같은 큰아들이 염려되어 포숙, 소홀을 포함한 '관중 집단'에게 둘째와 막내아들을 맡겨놓은 것이다.

정나라 장공이 죽은 후 몇 해 되지 않아 제나라 희공도 운명했다. 이제 그 아들 양공襄公이 정상궤도에 오른 제나라의 정치를 바르게 하는 일만 남았다. 그러나 믿었던 이 사람이야말로 희대의 패륜아이자 무능한 자였다. 희공이 정세 파악에 출중한 관중에게 둘째 아들을 맡기고, 정의롭고 강직한 포숙에게 셋째 아들을 맡긴 것은 이런 상황을 예측했기 때문일까?

《좌전》에는 양공이 집권하자 포숙은 희공의 막내아들 소백을 데리고 난리를 피해 동남쪽 거莒나라로 달아나면서, "지금 군주는 백성 다스림이 방자하다. 장차 난이 일어날 것이다" 했다고 쓰여 있다. 반면 관중과 소홀은 양공을 폐하려는 쿠데타가 발생하자 서남쪽 노나라로 달아났다. 이렇게 보면 포숙의 선견지명은 대단하다. 그러나《사기》는 시간의 선후를 따지지 않고 이들이 미리 난을 피해 달아났다고만 기록했다.

그렇다면 도대체 양공은 어떤 사람일까? 양공에게는 할아버지 장공과 아버지 희공이 오랫동안 집권하면서 회복해놓은 국력이 오히려 독이 되었다. 날카로운 검을 뛰어난 위사衛士가 가지면 사람을 안전하게 보호하지만, 불한당이 가지면 사람을 해치는 이치다. 비극의 싹은 안팎에서 동시에 자라고 있었다.

양공 즉위 2년, 제나라 군대는 노나라와 국경 분쟁을 벌였다. 제나라 군대가 먼저 침입했지만 약한 노나라는 수동적으로 대응할 수밖에 없었다. 춘추시대에 제후국들끼리 싸우는 일은 흔했지만, 싸움은 여러 가지 도덕적인 외피를 쓰고 있었다. 그 외피를 잘 활용해야 동맹을 끌어들이고 실익을 얻을 수 있었다. 그러자면 외면적으로 상대보다 더 도덕적이라는 것을 과시해야 했다. 제나라 양공이 노나라 군주보다 더 도덕적이라면 이런 분쟁은 큰 문제 없이 마무리되었을 것이다. 그러나 양공은 그렇게 도덕적인 사람이 아니었다. 그는 성정이 포학하고 정욕을 이기지 못하는 사람이었다.

2. 패륜의 종말

노나라의 환공은 제나라의 공녀를 부인으로 맞았는데 그 여인은 오라비인 양공과 애초에 특이한 관계를 맺고 있었다. 그녀의 이름은 문강文姜이다. 노나라 환공 18년, 제나라 양공 4년, 환공이 처남인 양공을 찾았다. 약한 제후가 강한 제후를 찾는 일은 일종의 외교적인 수단이었다. 그런데 노나라 환공이 부인 강씨를 대동하려고 했다. 아마 강씨가 가고 싶어 했을 것이다. 그러자 노나라의 신수申繻가 간언했다.

> 여자에게는 남편이 있는 시집이 있고, 남자에게는 부인이 기다리는 집이 있습니다〔女有家男有室〕. 서로 문란하게 하지 않는 것을 예의가 있다고 합니다. 이를 바꾸면 반드시 낭패를 당합니다.

《좌전》의 문장은 행간의 의미가 무척 풍부하다. 신수가 왜 이렇게 간곡히 간했을까?《사기》에는 이들 양공과 문강 남매가 원래 사통하는 사이였다고 못박았다. 그러면 신수라고 짐작하지 못했을 리가 없다. 그래서 사달을 막기 위해 데려가지 말라고 했으나, 문강은 결국 환공과 함께 제나라로 떠난다. 환공도 사태 파악을 하지 못하는 사람인 모양이다. 문강은 제나라에 도착하자 이내 오빠와 통정했다. 이 남매가 얼마나 공공연히 정을 나누었는지, 결국 환공도 알게 되었다. 힘없는 나라의 군주란 이럴 때 비참해진다. 특히나 상대는 호시탐탐 노나라를 노리는 양공이 아닌가? 환공은 약한 나라의 군주로서 어쩔 수 없이 그저 아내의 행실을 꾸짖을 수밖에 없었다. 그러자 문강은 오빠이자 연인인 양공에게 달려가 이 사실을 고자질한다.

보통 사람이라면 이때 부끄러워하고 사죄했을 것이다. 그러나 이 두 남녀는 보통 사람이 아니라 극히 사악한 자들이었다. 문강과 양공은 아예 환공을 죽여 입막음하려 했다. 그들의 수단은 악랄하고 교활했다. 이른바 완전범죄를 노린 것이다. 양공은 잔치를 베풀어 환공을 술에 취하게 한 후, 힘이 장사인 공자 팽생彭生에게 환공을 안아 수레에 태우는 척하면서 뼈를 부러뜨리게 했다. 팽생은 엄청난 역사力士인지라 환공은 소리도 내지 못하고 그 자리에서 죽었다. 얼마나 억울했겠는가? 그러나 노나라의 역사책인《좌전》은 감히 군주가 타살당했다는 흉한 말을 그대로 쓰지 못하고 그냥 수레 안에서 돌아가셨다고 썼다. 노나라 사람들 처지에서는 참으로 황당한 일이었다. 힘이 없어 항의하지도 못하고 할 수 없이 희생양을 찾았다. 그래서 말했다.

우리 작은 노나라의 군주께서는 제나라 군주의 위세가 두려워 감히 편안히 계시지도 못하시다가, 이렇게 내방하여 옛 우호를 닦으셨습니다. 예를 다하였으나 이제 돌아갈 곳도 없게 되었습니다. 제후들 보기도 민망하니, 청컨대 팽생을 죽여주시기 바랍니다.

그래서 양공은 애꿎은 팽생을 죽여 액땜을 했다. 팽생인들 무슨 죄가 있을까? 그래서 옛 선인들이 말한 것이다. 악한 자와 가까이하면 스스로도 몸을 망치게 된다. 악한 자는 원래 의리가 없기 때문이다.

노나라에서는 새 군주 장공莊公이 즉위했다. 노나라 사람들은 군주를 죽음에 이르게 한 문강을 용서할 마음이 없었다. 문강은 압박을 피해 제나라로 피신한다. 이제 노나라와 제나라는 사실상 원수가 되었다. 그러나 당시 제나라의 힘을 무시할 수는 없었다. 주나라 왕실의 왕녀가 제나라로 시집갔고, 제 양공 7년(기원전 691)에 양공은 노나라 군사를 끌어들여 위衛나라를 쳤다. 같은 해 기紀나라 군주의 동생이 기나라 땅을 떼어서 복속해 왔고, 2년 후 기나라 군주는 제나라에 복종한 동생에게 땅을 모두 내어주고 나라를 떠났다. 조상 대에 제나라 애공을 참소한 기나라로서는, 이제 강대한 제나라를 맞아 항복이 아니면 살아갈 길이 없었다. 이렇게 동방의 여러 나라들은 제나라의 무력을 두려워하기 시작했다. 한편 양공은 밖으로 힘을 쓰면서 문강과 계속 정을 나누었다. 군소 제후국의 처지에서 제나라의 군주는 제어할 수 없는 힘 센 망나니였다.

그러나 양공은 결국 비참한 말로를 맞게 된다. 말로를 맞는 그해에 양공은 노나라를 끌어들여 성郕나라를 공격했다. 성나라는 노나라 곡부曲阜의 바로 위쪽에 있는데 그런 나라를 치면서 노나라를 이용하니 이용당하는 처지에서는 얼마나 얄밉겠는가? 결국 성나라가 제나라에 항복하자 노나라 장공의 형제 중경보仲慶父가 이 기회에 멀리 나온 제나라 군사를 치자고 권했다. 장공은 참고 말한다.

> 안 되오. 내가 실로 부덕해서 그렇지, 제나라 병사들이야 무슨 죄가 있겠소. 죄는 나한테 있소. 《상서》에 이르길 '고요皐陶가 덕을 열심히 퍼뜨렸다. 덕이 있으면 항복한다' 했으니, 덕을 닦으면서 때를 기다립시다.

노나라 장공의 처지에서는 아버지를 죽인 원수가 뻔뻔스럽게 일이 있을 때마다 군사를 빌리고 사역을 시키는데도 참을 수밖에 없었다. 이 대화를 보면 노나라 장공은 제나라 양공이 얼마 못 갈 거라고 예측했음을 알 수 있다.

제 양공은 척을 진 사람이 무척 많았다. 원래 신의를 모르는 인간이란 적이 많은 법이다. 우선 사촌인 공손무지公孫無知와 사이가 좋지 않았다. 양공의 아버지 희공은 조카인 무지를 아껴서 태자와 동등하게 대우했는데, 이를 못마땅하게 여긴 양공은 즉위한 후 곧 무지의 대우를 깎아내렸다. 이로 인해 무지는 양공에게 앙심을 품게 되었다. 그리고 또 양공에게 앙심을 품은 사람이 있었다. 그들은 국경 수비를 위해 파견된 연칭連稱과 관지보管至父였다. 원래 양공은 이들에게 만 1년이 지나면 교대해주겠다고 했으나 1년이 지나자 말을 바꾸고 교대할 군사를 보내지 않았다.

이제 사달이 벌어지고 있었다. 양공을 죽이고 자리를 이을 공실의 자손 무지가 있고, 또 군대를 거느리고 있는 장수들이 도성 근교에 있으니 판은 다 짜인 셈이었다. 마침 연칭의 사촌 누이가 궁에 있었으나 군주의 총애를 받지 못했다. 그래서 연칭이 미끼를 들고 그녀를 회유했다.

"양공의 동태를 잘 살펴라. 싸움에서 이기면 너를 정부인으로 앉히겠다."

가장 오래된 기록인 《좌전》에는 좀 황당한 이야기가 실려 있다.

> 겨울에 양공이 사냥을 나갔다. 사냥하는 중에 커다란 멧돼지가 나타나자 시종이 "공자 팽생입니다"라고 했다. 양공은 화가 나서, "팽생 따위가 감히 나타나?" 하고는 화살을 날렸다. 그러자 이 돼지가 사람처럼 일어나 울부짖었다. 겁에 질린 양공은 수레에서 떨어져 발을 다치고 신을 잃었다.

물론 이 이야기는 황당하지만 약간 재구성하면 사실일 가능성도 있다. 사냥 정보는 연칭의 사촌 누이가 연칭에게 알려주었을 것이고, 연칭과 무지 등은 이 기회에 일을 꾸몄을 것이다. 그러니 멧돼지 가죽 따위를 뒤집어쓰고 겁을 준 것이다.

어쨌든 양공은 이때까지는 무사히 넘겼다. 이자는 잔혹한 사람이다.

신을 잃었다고 시종 비費'를 문책했지만 찾지 못했다. 그러자 양공은 비를 피가 날 때까지 채찍으로 때렸다. 《사기》는 구체적으로 300대라고 말한다. 연칭, 무지 등은 양공이 다쳤다는 소식을 듣고 당장 궁으로 들이쳤다. 그러다가 시종 비와 마주쳤다. 비는 비록 양공의 시종에 불과했지만 불가사의하게 인품이 고귀한 사람이었다. 그는 양공을 살릴 요량으로 재빨리 기지를 내어 말한다.

"이렇게 소란을 떨다가는 궁으로 들어가기 힘듭니다."

비는 양공에게 맞은 등의 상처를 보여주고 사람들을 궁 밖에서 기다리게 하고 먼저 궁으로 들어갔다. 그러고는 재빨리 양공을 문틈에 숨긴 뒤 시종들을 데리고 연칭 일당에게 반격을 가했다. 그러나 중과부적이었다. 기록은 당시의 상황을 처절하게 전해준다. 비는 대문 안에서 죽었고, 석지네 분여네 하는 이름의 시종들이 계단 아래에서 죽었고, 맹양이라는 사람은 양공 대신 침대에 누워 있다가 죽었다. 맹양을 본 연칭 등은 그가 양공이 아님을 알고는 양공을 찾다가 기어이 문 밖으로 삐져나온 양공의 발을 보게 되었다. 양공은 이렇게 적에게 잡혀 죽었다. 이렇게 시종의 이름과 죽은 위치까지 전함으로써 《좌전》은 극도의 정밀함을 과시한다. 《좌전》은 계급사회의 산물이지만 의리에 관한 한 사람에 차등을 두지 않는다. 이것이 《좌전》의 진정한 힘이다. 악인을 지키다가 죽은 시종들은 이렇게 《좌전》을 통해 이름을 찾았다.

• 《사기》에는 이름이 '불茀'로 되어 있고, 《관자》는 《좌전》과 같이 '비'로 되어 있다. 앞으로 이런 경우는 꽤 있을 테지만 모두 밝히지는 않고, 주로 연대가 더 앞서는 자료를 따른다.

이렇게 패륜아는 죽었고 이제 드디어 환공과 관중이 등장할 차례가
되었다.

제7장

관중이
등용되다

• • •

포숙은 무지가 쿠데타를 일으키기 전에 이미 소백을 데리고 달아났다. 난리가 터지자 관중은 어떤 생각을 했을까? 이런 난리에 가만히 있다가는 목숨을 부지하기 어렵다. 일단 몸을 피하고 봐야 한다. 어디로 피할 것인가? 잘못 달아나면 늑대 굴을 벗어나 호랑이 굴로 들어간다. 재빨리, 정확하게 결정해야 한다.

이 순간 관중의 선택은 노나라였다. 노나라 장공은 제 양공과 한 하늘 아래 살 수 없는 원수다. 그렇다면 노나라로 달아나서 노나라의 힘을 업고 재기할 수 있다. 승부수를 던져야 한다. 과연 관중은 승부수를 던졌다. 공자 규를 모시고 관중과 소홀은 뒤도 돌아보지 않고 노나라로 달렸다. 그사이에 무지는 스스로 제나라의 군주가 되었다.

큰아들이 죽었으니, 이제 제나라의 적손은 둘째인 규였다. 노나라는 규를 받아들여서 손해볼 것이 없었다. 이럴 때 한 번 도와주어 제나라의 손아귀에서 벗어나 장래를 도모할 수 있다면 수지맞는 일이었다. 예상대로 노나라는 관중 일행을 반겼다. 그렇게 관중은 탈출에 성공했다.

이후 이야기는 박진감 있게 흘러가는데, 관련 자료마다 내용이 조금씩 다르다. 《좌전》《국어》《사기》《관자》가 비슷한 듯하면서도 미묘한 차이를 가지고 이 사건을 서술하는데 모두 장단점이 있다. 《좌전》은 간결하고, 《사기》는 정확하며, 《국어》는 함축적이고, 《관자》는 극적이다. 이 네 책을 하나로 모아서 이야기를 개연성 있게 재구성해보자.

1. 관중의 거사가 실패하다 ━━━━━

무지가 양공의 자리를 이었지만 혼란은 그치지 않았다. 이 무지라는
사람도 원수가 꽤 있었던 것 같다. 봄에 도성 서쪽의 옹림雍林으로 놀러
갔다가 그곳 사람들에게 살해당하고 말았다. 겨울에 쿠데타를 일으키
고 이듬해 봄에 죽었으니 군주 노릇도 제대로 못 해먹은 것이다. 죽인
사람은 옹름雍廩이라 한다. '옹림'과 '옹름'의 '옹'은 모두 지역을 가리키
는 말인데 당시 도성의 서문을 옹문이라 불렀고, 름은 창고(혹은 창고지
지)를 뜻하니 서문 부근의 창고를 관리하는 사람으로 추측된다. 그곳
사람들은 무지와 오랜 원한이 있었다고 한다. 그 원한이 무엇인지는
사서에 나오지 않는다. 다만 무지가 양공을 죽이는 과정을 보면 그다
지 인정이 있는 인간은 아니었던 것 같다. 일단 무지를 죽이고 나서 옹

름은 제나라 대부들에게 이렇게 고한다. 책임을 빨리 떠넘기지 않으면 물론 자신이 위험하다.

> 무지가 양공을 살해하고 제 마음대로 자리에 올랐기에, 신은 삼가 주살하였습니다. 오직 대부들께서 공자들 중에 마땅한 이를 다시 세우시면 저희는 명을 따르겠습니다.

당시 제나라의 대부 중 실권자는 고씨와 국씨로, 그 대표자는 고혜高傒와 국의중國懿仲이었다. 소백은 어려서부터 고혜와 연결되어 있었다. 그런 연고로 고혜와 국의중은 거나라에 가 있던 공자 소백을 부르기로 결심했다. 그들은 서둘러 소백을 불렀는데, 이렇게 되면 서열상 우위에 있는 공자 규는 어떻게 되는가? 닭 쫓던 개 신세가 될 수 있다.

소백이 자리를 잡으면 만사가 끝이다. 관중은 조바심이 나서 참을 수 없었다. 소백이 자리에 앉으면 노나라도 친노親魯 제후齊侯를 세울 절호의 기회를 놓치는 것이다. 그래서 제나라 내부의 호응이 있던 소백은 거나라에서 열심히 수레를 달리고, 규의 노나라 용병들도 제나라를 향해 달렸다. 일단 먼저 도착하는 사람이 유리했다. 관중은 규를 노나라로 달리게 하는 한편 자신은 다른 길로 달려 소백의 귀로를 차단하려고 생각했다. 일단 일을 시작하면 만전을 기하는 것이 관중의 성격이다. 거나라에서 제나라로 통하는 길에 매복하고 있던 관중은 소백을 향해 화살을 날렸다. 화살은 명중했다. 소백은 쓰러졌고 관중은 쾌재를 불렀다. 이제 자신이 모시는 공자 규가 제나라로 들어가 군주의

전국시대의 허리띠 고리.

자리를 차지하기만 하면 되었다.

그러나 이를 어쩌랴. 화살은 허리띠를 맞혔을 뿐이다. 너무 극적이라서 믿기도 황당하지만, 이 일화가 사실이라면 이 쓸모없이 거추장스러워 보이는 춘추시대의 청동 장식물이 역사를 바꾼 것이다.

불의의 습격을 받은 소백은 재빨리 쓰러져 죽은 척하고는 수레에 장막을 치고 곧장 제나라로 달렸다. 관중도 소백을 죽였다는 전갈을 노나라에 보냈다. 그런데 노나라는 일이 다 된 줄 오판하고 서두르지 않았다. 그때 이미 소백은 제나라에 도착했고, 고혜와 국의중이 그를 맞아 옹립하니 이 사람이 훗날 춘추시대 첫 번째 패자가 되는 환공이다.

뒤늦게 도착한 규는 제나라 군대에 막혀 발길을 돌릴 수밖에 없었다. 노나라 장공으로서는 한탄할 노릇이었고, 공자 규와 관중도 땅을 치고 후회했다. 그러나 관중같이 매사에 주도적인 인물이 여기서 멈출리가 없다. 빨리 손을 쓰지 않으면 환공이 순서로 보아 자기보다 앞서는 규를 그대로 둘 리가 만무했다. 그해 가을 관중과 노나라 장공은 다시 군사를 일으켰다. 아직 어수선한 제나라를 공격하여 규를 옹립하려는 심사였다. 그러나 제나라는 이미 만반의 준비를 하고 있었다. 큰 제나라가 일단 준비를 하면 작은 노나라가 당해내기는 어려웠다. 결과는 대패였다. 싸움이 얼마나 심했는지 노나라 장공은 수레도 잃어버리고 겨우 역에 배치한 수레를 타고 달아났다. 이렇게 관중은 두 번이나 패했다. 제 환공이 성인군자가 아닌 이상 관중은 소환되어 죽을 것이 자명했다.

2. 포숙이 관중을 살리다 ━━━━━━━━━

처음에 환공은 공자 규와 관중, 소홀을 모두 죽이려고 했다. 그러자 포숙이 급히 간한다.

> "죽여서는 안 됩니다. 관중과 소홀을 얻어야만 사직을 안정시킬 수 있습니다."
> 환공이 대답한다.
> "관중과 소홀은 나의 원수입니다. 게다가 관중은 나에게 화살을 날린 자가 아닙니까?"
> 그러자 포숙이 말한다.
> "그때 관중은 자신의 주군을 위해 온 힘을 다한 것뿐입니다. 공께서 그의 죄를 사해주시면 그는 이전 주군에게 그랬듯이 공께 똑같이 충

성을 다할 것입니다."

포숙은 이어서 말한다.

"신은 주군의 그저 용렬한 신하일 뿐입니다. 주군께서 제게 은혜를 베푸셔서 추위와 굶주림을 면하게 한 것도 신에게는 크나큰 은혜이옵니다. 기어이 나라를 안정시키려 하신다면, 이는 제가 할 수 있는 일이 아닙니다. 나라를 다스릴 수 있는 자는 관이오입니다.

제가 관이오에게 미치지 못하는 것이 다섯 가지 있습니다. 널리 인민에게 은혜를 베풀고 그들을 위무하는 일에 저는 그만 못합니다. 나라를 다스림에 근본을 잃지 않는 일에 저는 그만 못합니다. 충성된 마음과 신의로써 백성들과 맺을 수 있는 점에서 저는 그만 못합니다. 예의를 제정해서 천하의 규범으로 삼도록 하는 면에서 저는 그만 못합니다. 군대를 이끌고 북채를 잡고, 백성들이 모두 용기를 얻도록 하는 점에서 저는 그만 못합니다."

환공은 배포가 무척 큰 인물이다. 일단 포숙의 말을 곰곰이 생각한다. 포숙이 연이어 간한다.

"공께서 장차 제나라를 다스리시려 한다면 저와 고혜면 충분할 것입니다. 그러나 만약 패자가 되려 하신다면 관이오를 잡아야 합니다. 그가 있는 나라가 위세를 떨칠 것입니다."

간절한 포숙의 말에 환공이 마음을 고쳐먹고 다시 묻는다.

"좋습니다. 그러나 과연 데려올 수 있을까요?"

"노나라에게 관중을 보내라고 하십시오."

"노나라 시백施伯은 권모가 있는 자인데, 관중을 보내라고 하면 보내겠소? 우리가 관중을 쓰려 한다는 것을 알면 틀림없이 보내지 않을 텐데요."

그러자 포숙이 나섰다.

"제가 직접 가서 처리하겠습니다."

이리하여 포숙은 군사를 이끌고 노나라로 들어갔다. 전투에서 패한 노나라 장공은 어찌할 줄 몰랐다. 꼼짝없이 제나라의 핍박을 받을 수밖에 없었다. 포숙이 장공에게 말한다.

우리 군주에게 죄를 지은 자들이 노나라에 있사옵니다. 규는 저희 군주의 친형제이니 차마 손수 처리하지 못하겠습니다. 그는 공께서 처리해주시기 바랍니다. 그리고 관중은 저희 군주의 원수이오니 제가 데리고 가서 처치하겠습니다.

패한 마당이지만 노나라로서는 이 위협에 어찌 대응할지 몰랐다. 그래서 장공이 대신 시백에게 물으니 그는 이렇게 대답한다.

저들은 관중을 죽이려는 것이 아닙니다. 데리고 가서 정치를 맡길 속셈입니다. 관중은 천하의 인재인데, 그가 거하는 나라는 반드시 천하를 마음대로 할 것입니다. 관중이 제나라로 가서 정치를 하면 두고두고 노나라의 우환이 됩니다. 우리가 쓸 수 없다면 죽인 후 시체를 돌려주시지요.

시백은 과연 노나라 최고의 모신다웠다. 관중의 망명에서부터 규를 옹립하기 위한 일사불란한 결정들을 보고 관중의 인물됨을 이미 파악한 것이다. 또 포숙은 관중의 절친한 지기가 아닌가? 이제 포숙과 시백의 머리싸움은 시작되었다. 장공은 시백의 의견을 받아들였다. 그러나 장공이 관중을 죽이려는 찰나에 포숙이 이를 간파했다. 포숙 같은 의리의 사나이가 관직을 버릴지언정 친구의 죽음을 방치할 리가 없다. 포숙이 황급히 장공을 찾아보고 말한다.

저희 군주는 몸소 관중을 죽이려 합니다. 살려서 데려가 군신들 앞에서 죽이지 못한다면, 저희들의 청은 달성되지 못한 것입니다. 청컨대 살려서 주십시오.

이제는 장공도 더 손을 쓸 수 없게 되었다. 장공은 그예 공자 규를 죽이고 관중과 소홀은 생포해서 포숙에게 넘겼다.

《관자》에는 관중과 소홀의 극적인 대화가 기록되어 있다. 관중이 소홀에게 말한다.

"자네, 두려운가?"
"어찌 두렵겠는가? 이미 마음을 먹었소이다. 우리가 제나라로 들어

가면 제나라 군주는 그대에게는 정권을 맡길 것이며, 나는 그 옆에서 돕게 할 것이오. 그러나 주인을 죽게 한 자가 또 남의 쓰임을 받는다면, 이는 나를 두 번 욕보이는 일이외다. 그대는 살아서 신하 노릇을 하고, 나는 죽어서 신하 노릇을 하겠소이다. 나 소홀은 만승의 정치(천자의 정치 : 천자의 신하와 같은 절의)를 알고 죽으니 우리 주군 규는 자신을 위해 따라 죽은 신하가 있었다고 할 것이고, 그대가 살아서 군주를 제후들의 패자로 올리면 우리 주군 규에게는 살아서 이름을 날리는 신하도 있다는 소리를 들을 것이외다. 그대는 그저 노력하시게. 삶과 죽음은 모두 정해진 바가 있소이다."

소홀은 그렇게 말하고는 자결하고 만다.

처음에 자기, 포숙, 관중은 솥의 발과 같아서 한 명이라도 빠지면 엎어진다고 한 사람이 소홀이었다. 이들 셋은 모두 타지에서 흘러들어온 사람들이었다. 형제보다 더한 사이였다. 관중은 이별을 고하는 친구를 바라봐야 했다. 살아남은 관중은 순순히 오라를 받았다. 관중도 포숙이 자신을 죽이지 않으리라 짐작했다. 그러나 소홀의 죽음은 그의 마음에 영원한 짐이 되었다. 그래서 스스로 고백한 것이다.

공자 규가 죽자 소홀은 따라 죽었는데 나는 구금되는 몸이 되었다. 사람들은 나를 치욕도 모르는 자라고 욕했지만 포숙만은 나를 욕하지 않았다. 내가 작은 절개를 위해 죽는 것보다 공명이 밝혀지지 않는 것을 걱정하는 줄 알았기 때문이다.

다시 말하지만 관중은 촌놈이다. 관중은 애초에 주나라 신하의 법도에 따라 죽을 마음이 없었다. 사람들은 이런 촌놈식의 실사구시를 비웃었지만 관중은 그들의 평가에 휘둘리지 않았다. 포숙이 있지 않은가? 진심이 있을 때 아무도 몰라주면 남자는 억울하다. 그러나 세상에 자신의 마음을 알아주는 사람이 한 명만 있으면 외로움 속에서도 재기할 수 있다.

관중을 묶은 포숙은 길게 곡을 했다. 마치 친구를 차마 죽이지 못하겠다는 연극을 벌인 것이다. 그러나 끌려오는 길에 포숙은 관중의 오라를 풀었다. 이제 친구는 살았다. 그리고 뜻을 펼 날만 남았다.

3. 환공이 삼흔삼욕하다 ▬▬▬▬▬

제나라에 도착하니 환공은 관중을 영접하기 위해 세 번 몸을 씻고, 세 번 향에 몸을 쬔 후였다. 이른바 삼흔삼욕三釁三浴이라는 고사성어가 여기서 나왔다. 환공은 도대체 무엇을 믿고 이런 예를 행했던가? 강태공을 얻으려는 문왕의 마음이 이러했을까? 아니면 환공은 제갈량을 얻기 위해 삼고초려하는 유비의 마음을 가지고 있었을까? 큰 물이 없으면 용은 개미떼도 이기지 못하고, 알아주지 않으면 인재는 없는 것이나 마찬가지다. 큰 인재는 반드시 알아보는 사람이 있어야 세상으로 나온다. 관중에게는 포숙이 있었다.

포숙은 환공에게 매우 대담한 제안을 한다.

"관중은 고혜보다 정치를 더 잘합니다. 재상으로 삼아야 합니다."

그러자 환공은 곰곰이 생각한 후 그 말을 따랐다.

이 기록은 짧지만 이 말 속에 많은 의미들이 함축되어 있다. 고혜는 환공을 이 자리에 올린 사람이고, 나라의 큰 가문 출신이다. 함부로 건드릴 수 없는 거물이다. 알다시피 환공이 그렇게 강했다고 해도 나라를 국씨, 고씨 들과 같이 다스렸음은 엄연한 사실이다. 그런데 고혜를 밀어내고 죄수에 불과한 관중을 어찌 쓴단 말인가?

당시의 상황에서 생각해보면, 관중을 등용한다는 것은 난리를 부를 수 있는 엄중한 일이었다. 그러나 환공이나 포숙이나 다 만만치 않은 사람들이다. 포숙이 말했듯이 단지 제나라를 다스리려면 포숙이나 고혜면 족하다. 귀족들과의 관계를 원만히 하고 적절히 균형을 취하는 정책을 쓰면 된다. 그러나 패자가 되려면 어떻게 해야 하는가? 패자는 한마디로 국제질서에서 맹주 역할을 해야 한다. 주 왕실의 권위는 날로 떨어졌고 초나라는 공공연히 작은 나라들을 겸병하고 있는데, 이런 상황에서 제나라는 빨리 출발해야 했다. 그러자면 공실이 강해야 한다. 전국시대에 이르면 모든 나라가 귀족들을 누르고 공실(왕실)을 강하게 하는 정책을 취한다. 포숙은 전국시대의 개혁가들보다 훨씬 이전에 사태의 본질을 간파했다. 대성 귀족을 견제하고 공실을 강하게 하려면 관중을 등용해야 한다. 또 국내정치에서 공실과 경쟁관계에 있는 힘 있는 대부들을 중용해서는 국제사회에서 군주의 권위가 살아나지 않는다.

포숙의 통찰은 실로 뛰어나다. 향후 전국시대의 진秦나라는 집요하게 제후와 신하(대부) 사이를 이간질하여 상대 제후국의 권력이 집중되는 것을 방해했다. 포숙은 지금 군대를 이끌고 있다. 군대를 이끌고 노나라로 들어가 관중을 데리고 왔으니 이 기세를 타서 관중을 중심에 앉혀야 한다. 그러지 않으면 심지어 자신도 위험해질 수 있다.

그러면 환공은 어떤 사람인가? 환공은 술을 좋아했다. 여자도 좋아했고, 사냥과 음악도 좋아했다. 극히 다혈질에다 이름 내는 것도 좋아했다. 한마디로 실속이 있는 사람이 아니었다. 그런데도 그는 대단한 잠재력이 있었다. 그 잠재력의 실체는 무엇일까?

전통적으로 동양에서는 군주와 신하의 재능을 나눈다. 신하는 군주의 재능을 가질 수가 없으며, 또 군주는 신하의 재능을 다 가질 필요가 없다. 군주는 신하를 알아보는 능력이 있으면 그만이다. 그 나머지 일들은 신하들이 한다. 군주는 신하들이 최선을 다해서 달릴 수 있는 조건을 만들어주면 된다. 큰 인재와 작은 인재를 구분할 능력이 있으면 어떤 조직이든 다스릴 수 있다. 술을 좋아해도 술의 폐해를 알고 있으면 인재를 쓸 수 있다. 다혈질이라도 남이 제어하는 것을 받아들일 수 있으면 된다. 자신은 허명을 쫓더라도 실속 있는 사람을 옆에 두면 된다. 제나라 환공이 바로 그런 사람이었다.

환공은 사람을 신뢰할 줄 알았다. 환공은 포숙의 인간됨을 이미 잘 알고 있다. 관중은 포숙이 없으면 애초에 등장하지 않았다. 생사고락을 같이하여 포숙의 인간됨을 잘 알고 있는 환공은 포숙의 말이라면 믿지 않을 수 없다. 그런데 포숙이 관중은 천하의 인재이고, 또 관중을 얻으면 천하의 제후들을 다스릴 수 있다고 하지 않는가? 큰 지도자라면 이런 상황에서 승부수를 던질 수 있는 직관이 있어야 한다. '좋다. 관중을 쓰자.' 이리하여 관중은 사형수에서 일약 재상으로 발돋움한다. 그렇다면 과연 기반 없는 '촌놈' 관중의 마음속에는 천하를 경략할 어떤 대안이 있었을까?

제8장

거대한 방략*

: 경제 입국

...

이렇게 관중은 환공 앞에 섰다. 환공은 목마른 사람이 물을 원하듯이 그의 대답을 들으려고 했다.

숨을 돌려 원론적인 이야기를 해보자. 수많은 사람들이 '성공한' 삶을 원한다. 성공하기 위해서 어떤 방법을 써야 하는지 궁금해 안달한다. 많은 사람들이 리더가 되고 싶어 한다. 또 그 길을 알고 싶어 한다. 그런 방법, 그런 길이 과연 어디에 있을까? 그래서 사람들은 관중의 말을 듣는다.

크게 봐서 관중의 말을 듣는 방법은 두 가지가 있다. 하나는 역사적인 문맥 속에서 그가 한 말의 참뜻을 이해하는 것이다. 또 하나는 똑같은 인간으로서 그의 삶의 방식을 듣는 것이다. 관중의 말 또한 이 두 가지를 강조하고 있다.

역사적인 맥락으로 관중의 말을 이해하는 것은 필자가 도울 수 있다. 그러나 그의 삶의 방식을 알고 싶다면 독자들은 환공이 되어야 한다. 관중이 위대한 인재라고 하더라도 환공이 알아주지 않았다면 역사에 등장하지 못했을 것이다. 오직 환공만이 관중을 쓸 수 있었다. 스스로 환공이 되려고 노력하지 않고서 관중의 말을 듣는 것은 그저 지식을 쌓는 행동일 뿐이다. 위대한 달리기 선수에게 "달리기를 잘하기 위해서는 어떻게 해야 합니까?"라고 물으면 대부분 "일단 달리세요" 하고 대답할 것이다.

관중이 제시하는 방략을 읽으면서 사람들은 의아해한다. 모두 우리가 생각할 수 있는 것이 아닌가? 그의 언설에는 전략가 손빈孫臏의 기발함도 없고, 맹자의 우아함과 화려함도 없다. 투박하면서도 실질적이다.

부처님이 처음 깨달음을 얻었을 때 법문을 들으러 사람들이 모여들었다. 깨달은 사람의 온화한 표정에는 인생의 정답이 들어 있을 것 같았다. 분명히 무슨 기발한 방법이 있을 것이라 생각했다. 그러나 그 길은 기발한 것이 아니었고, 매우 상식적인 것이었다. 그는 말한다.

"그대들이여, 쾌락에 집착하지도 말고 고행에도 집착하지 마라. 다만 여덟 가지의 바른 길[八正道]을 가라."

부처님은 특이한 길(극단의 길)을 가라고 하지 않는다. 가운데로 난 넓고 바른 길을 가라고 하는 것이다. 관중이 말하는 것도 그런 식이다. 그러나 관중과 환공의 첫 대화는 역사적으로 대단히 큰 의미가 있다. 춘추시대를 이전 시기와는 질적으로 다른 사회로 이끌어가는 신호탄이었다. 흔히 중국사에서 관중은 철저한 계산으로 패자의 공업을 달성한 사람으로 인식되지만, 사실 관중이야말로 참으로 인정이 많은 사나이였다. 관중은 사회 전체의 그림을 그릴 줄 아는 정치가인 동시에 법학자였고, 궁극적으로 그는 경제학자였다. 《국어》의 기록을 중심으로 그들의 대화를 들어보자. 이를 통해 아마도 관중에 대해 또 다른 느낌을 갖게 될 것이다.

- 이 부분은 《국어》와 《관자》 《주례》를 주요 참고서적으로 하고, 여타 제자백가들의 서적으로 보충했다. 《국어》는 서술의 신빙성이 매우 높은 자료로, 《좌전》과 함께 춘추시대를 조망하는 2대 사료로 꼽힌다. 문제는 《관자》와 《주례》다. 《관자》는 분명히 전국시대에 여러 사람의 공동 저작이기 때문에 어떤 것이 진정 관중의 말인지 구분하기 어렵다. 이 방대한 책의 서술 내용은 모순적이기까지 하다. 이 책에서 관중이 한 말을 구분해내는 것은 사실 고역이었다. 필자는 관중 '그 사람'을 살려내고 싶었다. 그래서 《관자》를 인용할 때는 관중의 실제 행동과 부합하는 내용, 또 《국어》나 여타 죽간 등의 자료들에서 확인할 수 있는 자료들을 먼저 썼다. 이 판별작업은 《관자신탐》의 도움을 많이 받았다.
  고힐강顧頡剛이 지적했듯이 《주례》도 제나라에서 나왔을 가능성이 농후하다. 분명히 《주례》는 한대에 출현했지만 완전히 황당한 책은 아니다. 금문에 나오는 주나라 관직과 《주례》의 관직명은 대체로 부합한다. 《주례》가 주나라 시절의 사서는 아니더라도 주나라에 대해 상당히 조예가 있는 사람의 저술임은 명백하다. 《주례》는 공룡의 발자국이고, 우리는 그 발자국을 통해 공룡의 무게와 모양을 유추해보아야 한다. '발자국이 깊으면 무거운 놈이고, 발톱이 길면 육식하는 놈이다' 등의 거친 추론밖에 할 수 없지만 무게, 식성 등의 핵심적인 것들은 다 추려낼 수 있다.

1. 관중이 인치와 법치의 근본을 말하다 ━━━━━━

성격이 급한 환공은 목욕재계하고 관중을 모신 후 당장 치국 방략을
물었다.

> 선군 양공은 높은 대를 쌓고는 자신이 대단히 높은 척했고, 마음대로
> 사냥질을 하면서 국정은 돌보지 않았습니다. 성인들을 낮게 보고 선
> 비들을 모욕하면서, 섬기는 것은 오직 여자였소이다. 구비九妃, 육빈
> 六嬪에다 첩이 수백이요, 음식은 꼭 좋은 곡식에 고기만 먹고, 옷은 꼭
> 수놓은 것만 입었지요. 병사들은 헐벗고 굶주리고, 첩들이 쓰고 남은
> 것이나 기다렸지요. 전차는 놀이용 수레가 해어지면 그걸 썼습니다.
> 헤헤거리며 면전에서 웃음 치는 자들은 등용되었고, 지혜 있는 인재

들은 뒤로 밀려났지요. 이런 까닭에 국가의 형편은 나날이 펴질 수가 없었습니다. 급기야 이제 종묘와 사직에 제사도 올리지 못할 형편이 되었으니, 감히 묻노니 어쩌 하면 좋겠습니까?

역시 환공은 단도직입적이다. 대뜸 이렇게 묻는다. '나라가 망하게 되었습니다. 어떻게 모면할 수 있을까요?' 당시 환공의 심정은 절박했다. 난리를 거쳐 자리에 올랐으나 나라의 운명은 보장할 수 없었다. 그리고 그 말은 솔직했다. 환공은 없어도 있는 척 있어도 없는 척하면서 능구렁이같이 뱃속에 음모를 잔뜩 숨기고 있는 지도자가 아니었다. 그런 것을 정치라고 생각하는 이들은 환공을 찬찬히 살펴보아야 한다. 그러자 관중도 솔직히 대답한다.

> 예전 우리 선왕이신 소왕과 목왕께서 문왕과 무왕의 오랜 공적을 본받으시어 이름을 이루었습니다. 백성들 중에 나이 든 이들을 불러, 백성들 중에 도를 아는 자들을 비교하여 추천하게 합니다. 또한 법을 관문에 내걸어 백성들의 기강으로 삼고, 법과 방편이 서로 호응하게 해야 합니다. 핵심적인 것을 먼저 바로잡고 세부적인 것으로 나아가며, 상을 주어 분발하게 하고 벌을 주어 바로잡아야 합니다. 중요한 것과 부차적인 것의 순서를 명확히 하여, 이로써 백성들의 기강을 삼습니다.

관중이 말하는 것은 두 가지다. 먼저 널리 인재를 천거하게 해서 쓴다. 정치의 근본을 밝힌 것이다. 그리고 법을 명확하게 하여 백성들에게 행위의 준칙을 명백히 밝힌다. 관중이 후세 사람들에 의해 법가의 태두로 숭앙받게 되는 이유가 바로 여기에 있다. 그러나 관중의 사상은 전국시대의 옹색한 법가와는 확연히 달랐다. 관중은 기본적으로 인치를 주장하고, 백성들에게는 행위의 준칙을 명백하게 알려주기만 하면 된다고 말한다. 이것을《관자》는 "하면 반드시 죽음을 당할 길과, 하면 반드시 이익을 얻는 길을 명백히 알려준다"고 표현한다. 관중은 준칙을 명백히 알려주는 것이 통치의 기본이라고 말한다. 그러자면 개혁은 물론 위에서 시작되어야 한다. 관중은 이어서 각론으로 들어간다.

2. 백성들의 생업 기반을 잡아주다

관중의 통치는 기본적으로 경제학적인 기반을 가지고 있다. 이것이 기존의 정치가들과 관중을 가르는 핵심적인 차이다. 좋은 구경을 하려면 최소한 멍석은 깔아주어야 한다는 말이 있다. 관중은 통치의 기초는 사람들에게 생업의 기초를 잡아주는 것이라고 말한다. 백성들이 자신의 생업을 찾은 후에야 비로소 정책을 시행할 수도 있고 책임을 물을 수도 있다는 것이다.

환공이 또 묻는다.

"그러자면 어떻게 해야 할까요?"

이제부터 관중의 경제학자로서의 면모가 가감 없이 발휘된다. 관중이 대답한다.

옛날 성스러운 왕들이 천하를 다스릴 때는 국도를 셋으로 나누고 지방을 다섯으로 나누어 백성들의 주거를 정해주고, 그들이 자신의 사업을 이루도록 하며, 죽으면 그 무덤을 만들어준 후에야 육병六柄*을 조심해서 사용했습니다.

당시는 중앙과 지방이 완전히 분리된 체제였다. 당시 국國이란 제후가 거주하는 곳으로 거기에는 군인[士]과 상인, 장인 들이 모여 살았다. 엄밀히 말해서 통치권자들(제후, 경, 대부, 사)이 한곳에 모여 살았고, 그들 귀족들의 생활을 뒷받침하고 국가의 기물을 만들고 유통시키는 장인과 상인들이 함께 살았던 곳이다. 당시 실질적인 생산자인 농민들은 군역의 의무가 없었다. 그들은 국가에 일정한 곡식만 납부하면 되었다. 춘추시대의 국가체제는 백성 모두에게 통치권이 미치는 전국시대형 국가와는 달랐다.

《국어》에 나오는 이 대화는 간결하면서도 우아하다. 후대에 나온 《관자》등의 문장들은 정확하지 않을 뿐 아니라 순서를 함부로 바꾸어 환공과 관중을 경망스러운 사람으로 만들어버렸다.《국어》에 의하면 환공은 이렇게 묻는다. "그럼 어찌하면 백성들이 사업을 이루게 할 수 있습니까?" 환공은 분명히 백성들이 사업을 이루는 것을 먼저 말하고 있다. 그러나《관자》〈소광〉 편에서 환공은 먼저 "그럼 육병이란 무엇

---

* 《관자》에 따르면 육병이란 살殺, 생生, 빈貧, 부富, 귀貴, 천賤, 곧 죽이든지 살리든지, 재산을 뺏든지 주든지, 지위를 귀하게 하든지 천하게 하든지 하는 법적인 통치 수단을 말한다.

입니까?"하고 묻는다. 천하의 제후가 여섯 가지 수단을 모를 리도 없거니와, 천하의 인재를 두고 먼저 통치의 말단인 법적 수단을 묻는 모양이 좀스럽다. 필자는 환공이 그렇게 물었을 리가 없다고 본다. 그리고 그 후의 문장들도《국어》의 것이 훨씬 역사적인 사실에 부합하기 때문에 여기서는《국어》를 따른다. 백성들의 사업을 이루기 위한 방편으로 관중은 거주 구역을 확정하자고 한다. 분업체제를 만들자는 것이다.

> 사민四民(사농공상士農工商)을 뒤섞여 살게 해서는 안 됩니다. 뒤섞여 살면 황망한 말이 많아지고, 일을 함부로 바꾸게 됩니다.

여기서 사士란 귀족이기도 하지만 그들의 주된 역할은 군사다. 고대에는 동서양을 막론하고 군인이 바로 귀족이었다. 그리스나 로마도 마찬가지다. 그들은 가장 어려운 전쟁을 담당하고 있으므로 귀한 것이 당연하다고 생각했다.

환공이 이어서 묻는다.

"그럼 사, 농, 공, 상의 거처를 어떻게 하면 좋겠습니까?"

이제 관중의 산업이론이 등장한다. 각 산업을 특화하자는 것이다. 이것은《주례》의 신분질서와는 미묘한 차이가 있다. 오히려 애덤 스미스의《국부론》에 등장하는 유명한 분업이론과 더 닮았다. 그러나 오히려 스미스의 분업이론보다 원론적으로 더 완결성이 크다.

옛날 성왕께서는 사인士人에게는 한적하고 편안한 곳에 거처를 잡아주었고, 공인들은 관부에 거처하게 했고, 상인들은 도회지의 시장 근처(市井)에 자리를 잡아주었고, 농민들은 전야에 거처하게 했습니다. 사인이 한적하고 편안한 곳에 함께 거주하게 되면 아비들끼리는 의를 이야기하고, 아들들끼리는 효를 이야기하고, 군주를 섬기는 자는 공경을 이야기하고, 어린 자는 윗사람을 대접하는 것을 이야기합니다. 어려서부터 이를 익히면 마음이 안정되어 다른 일을 보고도 쉽게 옮겨가지 않습니다. 이렇게 하면 굳이 부형이 엄격히 가르치지 않아도 자제는 저절로 배움을 이루고, 고생스럽게 공부하지 않아도 실력을 갖추게 됩니다. 대체로 이렇게 하면 사인의 자제는 항상 사인이 되는 것입니다.

당장 이렇게 물어볼 수 있다. 사인이란 귀족인데 무슨 딴생각을 한단 말인가? 사인이 공인이나 농부가 될 수도 있단 말인가? 그럴 가능성은 크지 않다. 그러나 관중이 한때 상업에 종사했다는 것을 기억해야 한다. 또 귀족들이 지방에 채읍采邑을 가지면서 토지를 점점 확대하고 있는 상황도 예의주시해야 한다. 청동기 명문銘文에 의하면 서주시기에 이미 토지가 공공연히 거래되었으니 춘추시기의 상황은 더 심했을 것이다. 귀족들이 국토를 방위하는 일 대신 지방의 토지 개발에 열을 올린다면 국가는 약해진다. 이들이 재산을 증식하는 데 집중해서 본업인 국방을 등한시할 수 있기 때문이다. 또 그들이 경제적인 이득을 얻으려고 상업에 뛰어들거나 도읍을 떠날 가능성은 충분히 있다. 관중은 이를 두려워한 것이다. 관중은 똑같은 투로 이야기한다.

> 공인들을 한곳에 거주하게 하면, 이들은 네 계절의 상황을 살펴서 노동력의 쓰임을 계산하고, 물건의 쓰임을 요량하고 자재를 비교하고 협동하면서 아침저녁으로 이 일에 매달리어 사방에 물건을 퍼뜨립니다. 이런 일로써 자제들을 가르칩니다. 그들은 서로 의견을 나누면서 일하고, 서로 자신의 재능을 보여주고 그 기술을 비교합니다. 어려서부터 이렇게 하면 마음이 안정되어 다른 일을 하러 함부로 옮겨가지 않습니다. 이렇게 하면 공인의 자제들은 계속 공인이 되는 것입니다.

글에서 보듯이 춘추시대의 공인들은 상나라 시대의 노예 같은 사람은 아니다. 노예라면 인신의 자유가 없는데 어떻게 다른 일을 감히 생각할 수 있겠는가? 당시에 이미 공인 계급은 노예 신분을 벗어난 생산자였다. 관중이 통치하던 시대에서 불과 200년 후 묵자墨子라는 걸출한 사상가가 등장하는데 그 사람은 목수였다. 공인 신분은 세습되는 경우가 많았으니 그의 혈통은 분명히 공인과 관련이 있을 것이다.

그래서 관중이 말하는 것은 노예들의 통제가 아니다. 관중은 생산을 늘리기 위해 오늘날의 클러스터 정책을 제시했다. 지식노동자나 군인들은 그들끼리 경쟁하게 해서 지식과 투지를 기르고, 기술자들은 기술을 교류하게 해서 생산력을 높이자는 것이다. 스스로 자신들의 일에 만족한다면 딴생각을 하지 않는다는 것이다. 이것은 전국시대에 등장하는 상앙商鞅 등 법가들의 생각과는 차원이 다르다. 상앙 등은 백성의 욕망을 억눌러야 나라가 부강해진다고 주장한다. 그러나 관중은 백성이 만족해야 나라가 강해진다고 주장한다.

관중은 이제 상업을 이야기한다. 그 요지는 공인들의 경우와 같다. 상인들을 시정에 모여 살게 하면, 그들은 사계절의 수요를 파악하여 물건을 퍼뜨리고, 자제들에게 가격과 장사의 이치를 가르쳐 자식들도 그 일을 하게 된다는 것이다.

관중은 마지막으로 농업을 이야기한다. 관중은 농민들의 노동을 극히 존중했다.

농민들을 한곳에 모여 살게 하면, 이들은 사계절에 맞게 할 일을 계획해서 쟁기·낫·호미를 다루게 됩니다. 대한이 지나면 밭의 풀을 제거하고, 땅 갈 때를 기다립니다. 땅을 갈 때가 되면 땅을 깊이 뒤엎고 비를 기다립니다. 봄비가 내리면 온갖 농기구를 끼고 나가서 아침부터 저녁까지 열심히 밭에서 일합니다. 웃통을 벗고 삿갓을 쓰고, 온몸이 젖고 발은 진흙투성이가 됩니다. 햇빛에 머리카락과 얼굴이 까맣게 타도 열심히 손발을 움직여 밭에서 일합니다. 어려서부터 이렇게 하면 마음이 안정되어 억지로 가르치지 않아도 능숙해지고, 농부의 아들은 또 농부가 되어 도성 근처로 얼쩡거리지 않습니다. 이 중에 우수한 사람은 능히 사인(군인, 선비)이 될 수 있는데, 이들은 참으로 믿을 만합니다[其秀民之能爲士者 必足賴也]. 지방을 관장하는 관리가 이런 사람을 보고도 보고하지 않으면 그는 오형五刑에 처해야 합니다.

이제 관중의 의도를 알 수 있다. 관중은 마치 문학작품처럼 묘사하듯 농부들의 고된 노동을 칭찬하고, 이들 중에 능력 있는 사람을 뽑으면 참으로 믿을 수 있다고 말한다. 이들은 전야에서 뼈가 굵은 사람들이기 때문에 순박하다. 사실 관중이 원하는 인재가 이런 사람들이다.

관중의 말은 이슬람의 대역사가 이븐 할둔의 의견과 흡사하다. 할둔은 주장한다. "전야민은 도회민보다 선량하다. 그리고 전야민은 도회민보다 더 용감하다." 관중도 원래 야인이기 때문에 그는 국도 밖에 살고 있는 사람들의 품성을 높게 산다. 할둔은 무함마드의 말을 인용하여 말한다. "모든 아기는 자연상태로 태어난다. 그를 유대인으로, 기독교도로 혹은 불신자로 만드는 것은 그의 부모다."[15] 관중도 그렇게 말한다. 강한 전야민의 전통을 가진 농민들을 보호하고 그중에서 우수한 사람을 뽑아 쓰면 국가를 흥하게 할 수 있다. 관중이 보기에 귀족은 타고나지 않는다. 춘추시대에 농부 중에서 인재를 가려 쓰겠다고 생각한 사람 중에서 기록상으로는 관중이 분명히 첫 번째다. 관중은 사람은 사회적인 요소에 의해 결정된다고 본 가장 선구적인 통치자였다.

관중이 강령을 제시한 경제이론은 이후에 무궁무진하게 가지를 뻗어 전개된다. 그 결실이 바로《관자》〈경중輕重〉편이다. 〈경중〉은 물론 실제 관중의 말이 아니지만, 관중의 말에서 파생된 것이다. 기존의 위정자들의 경제이론이란 고작 농사를 지을 때를 뺏지 않아서 곡물 생산량을 늘린다는 것이 전부였다. 그러나 관중은 분업과 클러스터를 통해 지식(사), 농업(농), 공업(공), 상업(상)의 생산성을 동시에 늘리자고 주장한다. 농업을 위주로 하되 공업과 상업도 국가의 근간이 된다는 것이다. 경제이론의 일대 전환이다. 그 이면에는 관중식의 '노동가치이론'이 있다. 관중은 노동생산성을 국력의 척도로 보았다. 농업을 위주로 하되 공업과 상업을 천시하지 않는 것이 관중의 이론이다. 공업은 생산성을 발달시키는 도구였으며, 상업은 물가를 조절하는 도구였다.

1990년대 아시아의 위협론이 대두되던 때 노벨 경제학상 수상자인 폴 크루그먼은 미국을 옹호하며 경제력의 유일한 척도는 노동생산성이라고 단적으로 말했다. 노동생산성이 늘어나지 않는 상황에서 경제의 성장은 허상이라는 것이다. 관중의 이야기도 비슷하다. 사인, 상인, 공인, 농민은 자연적인 조건을 넘어 노동생산성을 늘릴 수 있다. 관중이 제시하는 방법은 분업과 클러스터다. 《사기》 〈화식열전〉에 "제나라의 방직기술이 매우 뛰어나서 전국에 관, 띠, 의복 등을 공급한다"는 기록이 있다. 제나라 여공들의 노동생산성이 전국에서 가장 뛰어났다는 것이다. 관중이 말하는 부국의 기술은 바로 노동생산성을 높이는 것이었다.

관중의 분업이론이 애덤 스미스보다 더 완결성이 크다고 말하는 이유는 이렇다. 애덤 스미스에 의하면 분업은 생산량을 늘리기는 하지만 생산자를 병들게 한다. 예를 들어 바늘을 생산할 때 하루 종일 바늘을 갈기만 하는 사람은 계속되는 반복 동작으로 신체를 상하게 된다. 특히 나이가 어린 사람이 장시간 이런 노동을 하면 피해가 크다. 현대의 분업이 갖는 치명적인 약점이다.

그러나 관중이 제시하는 분업은 다르다. 예를 들어 공인은 어려서부터 공정의 처음부터 끝까지를 다 익힌다. 그래서 그는 '마음이 안정되어' 공업이 제일 좋은 것이라고 생각한다. 이른바 천직이다. 왜 그는 다른 일을 하지 않는가? 공업이 제일 편하고 좋기 때문이다. 매일 바늘을 가는 산업사회의 노동자와는 다르다. 시대적인 한계 때문이기는 하지만 관중이 생산자가 생산을 '편안한' 것으로 받아들이게 하는 것이 분업의 관건이라고 본 것은 탁월한 견해다. 중국 최초의 경제학자가 제시하는 최초의 이론은 현대의 이론들과 비교해보아도 그렇게 녹록지 않다.

관중은 국력의 핵심은 경제이고, 관리의 핵심은 책임이라고 보았다. 이어서 관중은 도성을 21개의 향으로 나누자고 제안하고, 환공은 흔쾌히 승낙한다. 관중은 이에 21개의 향을 만들었는데, 그중 15개 향은 사인들의 향이고 6개 향은 공인과 상인의 향이 되었다. 환공이 5개의 사인 향을 다스리고, 국의중과 고혜가 각각 5개의 사인 향을 다스리게 했다. 나라를 세 부분으로 나누어 관리를 두는 제도를 만들었는데, 이 세 관료가 국정, 공업, 상업을 관장하게 했다. 신하들을 주관하는 이로 삼재三宰가 있었고, 공인들을 관장하는 이로 삼족三族, 시장을 관리하는 이로 삼향三鄕, 천택을 관리하는 이로 삼우三虞, 산림을 관리하는 이로 삼형三衡을 두었다.

관중이 지금 하고자 하는 일은 책임과 권한을 분명히 하는 것이다. 책임과 권한이 분명하면 실적에 따른 관리가 가능하다. 중앙의 사인들을 15개로 나누고 이를 다시 군주와 두 경卿이 함께 나누어 관장하게 하는 것도 모두 직할지를 분명하게 하는 작업이었다. 군주와 좌우의 경이 이끄는 사인들이 바로 삼군三軍이 된다. 이들은 작전 시에 자신의 부대를 책임진다. 공인과 상인, 그리고 국가의 재산인 천택과 임야를 관장하는 이도 마찬가지다. 이렇게 책임과 권한이 분명한 중앙관제가 마련되었다.

3. 행정과 군사편제를 결합시키다

관중은 또 행정체제와 군사편제를 결합하여 행정력의 낭비를 줄이고 시너지를 극대화하려고 했다.

먼저 군제를 보자. 춘추시대의 전쟁은 기본적으로 전차전이었다. 전차전은 세 개의 군단이 담당한다. 군주가 다스리는 중군과 경이 다스리는 좌우군이다. 쌍방은 3 대 3으로 전형을 정비하고 상대의 약한 부분이 어디인지 먼저 견줘본다. 정나라 장공이 주나라 천자의 연합군과 싸울 때 오합지졸인 진陳나라군으로 채워진 좌군을 먼저 공격해서 승리한 것에서 그 예를 볼 수 있다. 삼군의 책임자를 명확하게 해두면 전투 시 책임을 명백하게 할 수 있다. 관중이 말하는 것은 삼군의 통치권과 일상의 정치를 결합하는 것이다. 행정과 군사를 결합한 이 체제는 향후 2500년 동안 변하지 않는 중국 행정·군사 조직의 핵심이 되었다. 이것은 중국식 시너지 극대화 정책이었다.

관중은 이리하여 전국에 3군을 두었다. 환공이 중군을 다스리고, 국씨와 고씨가 좌우군을 맡았다. 군사들은 5가家를 1궤軌로 하고, 10궤를 1리里로 하고, 4리를 1련連이라 하고, 10연을 1향鄕이라 했다. 그러면 한 가구에서 장정 한 명을 차출하면 한 개의 향에 '5×10×4×10=2000', 군인 2000명을 확보하게 된다. 각 군에 다섯 개의 향이 있으므로 각 군은 모두 1만 명으로 편제되었다.

군제는 오伍, 소계小戒, 졸卒, 려旅로 편성했는데 행정조직과 같이 만들었다. 5인을 1오라 하고, 1리 50인을 소계라 하고, 1련 200인을 1졸로 하고, 1향 2000인을 1려로 편성했다. 이것이 다섯 개가 모이면 하나의 군단이 되는 것이다. 관중은 이렇게 말한다.

봄 사냥과 가을 사냥에 군사훈련을 합니다. 행정조직 속에 군사조직이 있고, 사냥 활동 속에 훈련이 있는 것입니다. 하나의 오에 속한 사람들은 제사를 지내면 같이 음복하고, 상사가 있으면 같이 슬퍼하고, 천재지변이 있으면 협력하여 어려움을 견딥니다. 이들은 이렇게 친하게 지내며 어려서부터 같이 크고 대대로 함께 생활하게 됩니다. 이들은 가족과 같으니 전쟁을 할 때는 밤이나 낮이나 얼굴과 목소리를 서로 알아보아 동요하지 않고, 나아갈 때는 서로 마음을 함께하고, 죽을 때는 서로 슬퍼합니다. 이런 까닭에 이들은 지킬 때는 힘을 합쳐서 강고하고, 싸움이 벌어지면 다 같이 용맹합니다.

군주가 이런 군사 3만을 갖추어 이들을 데리고 천하를 주름잡고 무도한 자를 주륙하고 주나라 왕실의 병풍이 된다면, 천하의 큰 나라의 군주들이라도 막아설 이들이 없을 것입니다.

관중의 말에서 전차전의 기본 편제인 3군을 확인할 수 있다. 《주례》

임치의 고차박물관에 전시된 전차전을 묘사한 그림.

〈하관사마夏官司馬〉 부분은 과장되었고, 또 위에서 말한 관중의 말보다
더 후대에 쓰인 것이 확실하지만 참고할 만하다.《주례》에 의하면 천자
는 6군을 거느리고, 큰 제후국은 3군을 거느리고, 작은 제후국은 2군
이나 1군을 거느린다. 1군은 1만 2500명으로 구성된다. 물론 서주시
대에도 주나라 천자가 6군의 대병력을 거느렸을 리는 없다. 말했듯이
1가에서 1명을 차출한다고 하면 주나라 도성 부근에 최소한 군인 가
구만 6만 가家가 있어야 하는데, 1가의 인구를 5명만 잡아도 30만 명
이 된다. 당시 30만 명의 사인이 도성 주위에 밀집되어 있을 수는 없다. 기
록에 의하면 전국시대 최대의 도시는 제나라의 임치인데 6만 5000명
이 거주했다고 한다. 천자가 6군을 거느렸다는 것은 천자와 제후의 연
합군을 말하거나, 혹은 과장이 분명하다. 필자가 보기에《주례》의 내용

이《국어》에서 관중이 말하는 내용과 극히 유사한 것으로 보아《주례》의 내용은 관중이 만든 제나라의 군사체제를 근거로 쓰였을 가능성이 크다. 제나라는 주나라의 제도를 구체화했고, 또 그 제도를 퍼뜨렸다. 종합하자면 3군 체제를 행정단위와 제대로 결합한 사람이 바로 관중이다.

관중이 말하는 군인은 모두 이웃으로 구성된다. 관중은 군사 간의 사기와 친밀도가 강병의 요체라고 말한다. 앞서 언급한 이븐 할둔은 관중과 똑같은 이야기를 한다. "연대의식으로 뭉친 군대는 강하다." 관중이 말하는 것이 바로 이 연대의식이다.

관중의 주장은 다른 나라에서 그대로 차용되었다. 춘추 두 번째 패자인 진晉은 한술 더 떠서 관중이 죽던 그때 국인뿐만 아니라 야인들로도 부대를 편성했다. 또 전국시대의 개혁가들은 관중의 제도를 약간 수정하여 징병 대상을 아예 전국적으로 확대한다. 이리하여 도성뿐만 아니라 전국의 장정들이 군인이 되는 전국시대가 도래하게 된 것이다.

관중의 이 실질적인 제도는 패도의 기반이었고 그 파급력은 매우 컸다. 맹자를 비롯한 후대 유학자들이 통탄하는 것이 바로 이 점이다. 관중이 피비린내 나는 전국시대의 실마리를 제공했다는 것이다. 그들의 주장도 일리는 있다. 실로 관중의 개혁은 다이너마이트 같은 것이었다. 관중은 존왕양이를 실천하고 제나라를 중심으로 하는 안정적인 국제질서를 만들려고 했지만 이후의 전국시대는 그렇게 되지 않았다. 전쟁은 점점 격렬해졌고, 안정은 장마철에 언뜻언뜻 비치는 햇살만큼 짧았다. 그러나 다이너마이트를 만들었다고 노벨을 탓할 수 없듯이, 전쟁의 실마리를 남겼다고 관중만 비난할 수는 없는 일이다.

관중이 보기에 군사와 행정을 분리하는 것은 낭비였다. 사냥이 곧 전술훈련이고, 행정관리조직이 곧 군사편제였다. 이웃이 한 소대에서 근무하고, 촌장이 소대장이었다. 비용은 절약되고 효율은 극대화되었다.

4. 관중 사상의 핵심

지방의 통치에 들어가기 전에 《관자》〈목민牧民〉을 통해 관중 사상의 요체를 살펴보자. 관중이 말하는 치국의 기본은 각자의 자리를 먼저 잡아주어서 각 분야의 생산을 독려해야 한다는 것이다. 그 핵심은 백성들이 일단 자신의 삶에 풍족감을 느끼게 하는 것이다. 〈목민〉의 핵심은 사순四順, 곧 '네 개의 따라야 할 강령'이다. 이 부분은 관중의 사상과 일치하는 대목으로 일부 학자들은 관중 자신의 논설이라고 생각한다. 〈목민〉은 이렇게 시작한다.

창고가 가득 차면 예절을 알게 되고, 입고 먹는 것이 족하면 영욕을 알게 된다.

무슨 말인가? 경제 문제가 치국의 근본이라는 것이다. 가난한 사람들은 다스릴 수 없다. 먹고사는 것이 문제일 때 다른 이야기를 들을 겨를이 없다. 위정자의 기본은 최소한 백성을 잘 먹고 잘살게 하는 것이다. 이 사고는 사순으로 이어진다.

> 백성들이란 근심과 고생을 싫어하니, 나는(군주는) 그들을 즐겁게 해줘야 한다.
> 백성들이란 가난과 비천함을 싫어하니, 나는 그들을 부유하고 귀하게 해줘야 한다.
> 백성들이란 위험에 떨어지는 것을 싫어하니, 나는 그들을 안전하게 보존해야 한다.
> 백성들이란 자신이 죽고 후대가 끊어지는 것을 싫어하니, 나는 그들이 수명을 누리고 후대를 잇도록 화육해야 한다.

사실 이것이 관중 사상의 요체다. 관중이 사농공상에게 어떻게 자리를 마련해주어야 하는지를 말한 내용과 일맥상통한다. 농, 공, 상 등 생산하는 사람들은 모두 재물이 넉넉하기를 원하고, 함부로 동원되는 수고를 면하기를 원한다. 또 사인은 가망 없는 전쟁의 나락으로 떨어지기를 원하지 않는다. 사람인 이상 모두 자신을 보존하려는 욕구가 있다. 관중은 군주란 이런 욕구를 채워준 후에야 자신의 의지를 관철할 수 있다고 말한다. 관중의 의견은 오늘날의 민주주의에는 미치지 못하지만 매우 실질적인 민본주의 사상이라 할 수 있다.

앞서 관중이 착한 사람이라고 말했다. 특히 백성이 스스로 만족하게 하는 것이 군주의 책임이라고 말한 단락은 매우 실질적이어서 오히려 후대 유가들의 휘황한 말보다 설득력이 있다. 맹자가 "안정된 재산이 없으면 안정된 마음도 없다"고 한 말도 관중을 따른 것이지만, 그 구체적인 방법 면에서는 오히려 관중보다 멀리 퇴보했다. 관중은 각 계층이 자신의 이윤을 추구할 길을 열어주어야 하고 또 신분의 이동까지 긍정하지만, 맹자는 경제 문제도 사대부들의 자세 하나로 해결할 수 있다는 식으로 말하기 때문이다. 그래서 공자나 맹자가 모두 "정치를 잘하면 되지 사대부가 어떻게 농사를 배우겠는가"라고 되물은 것이다. 오히려 제나라의 한 학파인 묵자 집단이 관중의 사상을 계승해서 역으로 "위정자들은 장사치만도 못하다. 장사치들은 한 푼의 돈이라도 벌려고 최선을 다하지만, 사대부들은 정치를 잘하려고 노력하지 않는다"고 비난했다. 아무튼 유가나 묵가 모두 관중의 경제사상의 영향을 깊게 받은 것이 분명하다.

관중은 생산력을 발전시키기 위한 구체적인 방안을 가지고 있었다. 《국어》에 이런 기록이 남아 있다. 죄를 지은 사람들에게 물건으로 속죄하게 하면서 물건의 품질을 향상시킬 방안을 말한다.

> 좋은 금속〔美金〕*(양질의 청동)으로는 검과 극戟을 만들어 개나 말로 예리함을 시험하고, 나쁜 금속〔惡金〕(불순물이 많은 청동)으로는 호미 등의 농기구를 만들어 땅을 가는 데 시험하십시오.

- 곽말약은 《중국고대사회》에서 좋은 금속을 청동으로 이해했다.

관중은 땅을 가는 도구의 품질을 개선시키자고 말한다. 좋은 생산도구를 만들면 생산량이 늘어난다. 생산도구의 품질개선에 대한 방안도 아마 관중이 처음으로 제시했을 것이다.

또 관중은 이윤동기를 긍정하고 신분의 이동까지 인정한다. 상인들은 이익을 위해 움직이니 이익의 길을 열어주고, 농민들 중에 뛰어난 사람은 크게 써야 한다고 말한다. 공자와 순자는 "관중은 촌놈[野人]이다"라고 했는데, 관중은 오히려 촌놈은 매우 믿을 만하다고 말하는 것이다. 관중의 이 방략은 이념적으로는 노예제도를 완전히 부정하는 것이다. 춘추전국시대의 가장 큰 발전이자 그 선진성의 척도는 바로 이 노예제도의 해체다. 노예제도의 해체는 생산성의 극적인 발전을 뜻했다.

앞서 말했듯이 관중의 군사행정제도는 향후 진晉나라로 계승되는데 이들은 아예 야인(농민)들로 부대를 만들었다. 다른 나라들도 물론 시간의 편차를 두고 이 제도를 따랐다. 관중이 농민들 중 뛰어난 이를 등용해 쓰고 또 이어서 여러 나라의 농민들이 귀족들의 전유물인 전투를 수행하는데 어떻게 과거의 신분제가 유지될 수 있겠는가?

알다시피 관중이 죽고 약 100년 후 페르시아가 등장하여 서아시아 전역을 통치했다. 페르시아의 키루스 왕은 노예제를 금한다는 선언문을 만들었다. 그런 정도의 선진적인 사상을 가진 민족이 그토록 단시간에 가장 적은 피를 흘리고 그렇게 큰 제국을 세운 것은 오히려 당연했다. 마찬가지로 관중의 혁신적인 사고를 받아들인 제나라가 춘추시대 첫 번째 패자가 된 것은 당연한 일이다.

5. 지방조직을 완비하다

중앙이 군사조직이라면 지방은 생산조직이다. 반복해서 말하지만 제나라가 첫 번째 패자가 된 이유는 기본적으로 관중의 경제개혁 때문이다. 제나라는 산동의 평지와 바다를 개간하고 생산활동을 장려함으로써 당시 가장 부유한 국가가 되었다. 그 재화는 군대를 키울 수 있는 물적 기반이 되었고, 이 부유한 패자가 퍼뜨리는 재화는 주변 제후국들의 관심을 끌기에 충분했다. 환공의 제나라가 향후 춘추시대의 외교질서를 만들고 유지하게 한 힘은 바로 경제력이었다.

이제 관중의 지방체제 개혁을 살펴보자. 역시 관중의 제안은 특이한 것이 아니다. '바르고[正] 명백하게[明]' 제도를 정하여 생산자들의 생산의지를 북돋는다. 그 후에는 생산자들의 행동을 방해하지 않는 것이 요지다. 이제 그들을 대화를 들어보자.

환공이 묻는다.

"오비五鄙(다섯 개의 지방)는 어떻게 다스려야 할까요?"

관중이 대답한다.

"땅의 등급에 따라 차등을 두어 세금을 거두면 농민[民]들은 옮겨 다니지 않을 것입니다.

오래된 이들을 내치지 않으면 백성들은 간사한 생각을 하지 않을 것입니다.

산택의 산물을 거둘 때면 임의로 하지 않고 시기에 맞추어 취하면 농민들은 이를 탐하지 않을 것입니다.

평지, 구릉과 정전井田은 고랑을 균등하게(분명하게) 한다면 농민들은 억울한 감정을 품지 않을 것입니다.

농민들이 일할 시간을 뺏지 않으면 백성百姓들은 부유해질 것입니다.

희생으로 쓰려고 가축들을 뺏지 않으면 소와 양이 번성할 것입니다."

관중의 말은 명백하며 모두 실현 가능한 방안이다. 관중의 화법은 명료하다. "~하면(하지 않으면), ~하게 된다"는 것이다. 중간에 복잡한 추론은 없고, 모두 명확한 원인과 결과로 되어 있다. 이것이 관중이다. 관중은 실질을 숭상한다. 관중이 숭상하는 실질은 바로 백성들의 삶이었다. 백성들의 생활문제가 해결되어야 정치가 실현될 수 있다고 한다. 그 방안들은 고문헌에 나오는 것들 중 가장 구체적이다.

관중은 말한다. 경지 구분을 명확히 해서 출발점을 명확히 한다. 주나라 시절과 춘추 전기의 정전제井田制는 여덟 가구가 작은 생산단위가 되어서 협력 생산하는 체제다. 토지를 우물 '정井' 자로 구획하고 여덟 가구가 한 구획을 차지한다. 나머지 남는 한 구획은 공전이라고 해서 조세용 토지였다. 이 제도가 얼마나 광범위하게 시행되었는지는 의문이지만 최소한 경기지방에서는 시행된 것 같다. 그러나 평지가 아니면 토지 구획이 쉽지 않고 토지의 등급도 여러 가지인지라 정전제는 다른 제도로 서서히 수정되고, 전국시대가 되면 정전은 와해되어 지세地稅로 전환된다. 관중이 활약한 시기는 그 중간일 것이다. 정전을 시행하기 어려운 지역은 일부 조세로 하고, 정전을 시행하기 쉬운 지역은 공전을 경작하게 했을 것이다. 공전에서 나는 것만 바치게 되면 사람들은 공전을 소홀히 할 테니 사실상 공전은 주되 일정한 양의 조세를 거두었을 수도 있다. 그래서 관중은 억울한 일이 없도록 정전의 구획을 명확히 하고, 토질에 따라 차등을 두어 거두자고 말하는 것이다.

출발점을 고르게 하고 산출량에 맞게 거두어들인다. 그러면 출발이 나빴다고 억울하게 생각하는 사람들이 없을 것이다. 《국어》에 나오는 이 구절 역시 문헌상에 최초로 등장하는 구체적인 전제田制와 조세제도의 개혁이다. 관중은 말한다. 경제가 발전하기 위해서는 소유권을 확실하게 해주어야 한다. 정전을 바르게 한다는 것은 토지의 소유권을 명확하게 한다는 말이다.

그다음은 어떻게 해야 하는가? 생산을 장려해야 한다. 관중이 생각하기에 모든 사람들은 잘 먹고 잘살고자 한다. 위정자의 역할은 그 열망을 꺾지 않는 것이다. 관중은 대중의 잠재력을 믿었다. 위로부터의 개혁으로도 충분히 농업생산을 늘릴 수 있다는 것이 관중의 생각이다. 1979년 이른바 개혁개방 선언 후 등소평이 시행한 정책은 관중이 한 것과 대동소이하다. 소유권을 명확히 해주면 사람들은 열심히 생산한다는 것이다.

관중은 말한다. 당시 국가의 재산인 산과 강, 호수에서 나는 자원은 때에 맞추어 적당량을 거둬들인다. 그러면 농민들은 국가와 경쟁하지 않을 것이다. 국가가 나무를 모두 베어가면 농민들은 국가가 가져가기 전에 나무를 모두 베어버린다. 그러면 산과 들이 헐벗게 된다. 호수의 물고기는 눈이 가는 그물로 모두 건져버리고 키울 생각을 하지 않는다. 이렇게 되면 국가는 가난해진다. 관중은 철저하게 인간의 보편적인 욕망에 따르는 정치를 구상했다. 국가가 다 가져가면서 농민들에게 나무를 키우라고 하면 도벌을 막을 수 없다. 모든 이치가 마찬가지다. 관중의 국가경영은 철저하게 실질적이다. 소와 양을 잘 키워 새끼를 낳을 때가 되면 제사용 희생으로 끌고 간다. 그러면 누가 소와 양을 열심히 키우겠는가? 앞에서 상나라의 귀족들이 들판에서 소와 양을 키우는 민족들의 재산을 약탈하는 것을 보았다. 그리고 수천 마리의 희생을 허비하는 것을 보았다. 관중이 보기에 이런 나라는 장구히 보존될 수 없다. 국가가 함부로 희생을 쓰지 않으면 목축업은 자연스럽게 발전한다.

관중의 사상은 얼마나 실리적이며 과감한가. 열심히 희생을 드려서 조정의 안녕을 비는 것보다, 희생을 보호하여 농민들의 삶을 안정시키는 것이 조정에 더 도움이 된다는 것이 관중의 생각이다. 이상 모든 내용이 중국사에서 최초로 등장하는 경제에 관한 구체적인 논설이며, 아마도 세계에서도 첫 번째 두 번째를 다투는 논설이다. 관중은 생산력 발전의 구속요인들을 모두 없애라고 요구한다.

고대 전제정치의 목적은 기본적으로 대대손손 부귀를 누리자는 것이다. 그러자면 성을 쌓아야 하고, 궁정을 크게 지어 권위를 높이고, 공실의 창고에 재물을 채워넣어야 한다. 그러나 관중은 말한다. 열심히 성을 쌓고 권위를 높이고 공실의 창고를 채우는 것보다 더 좋은 방법이 있으니, 바로 백성들이 열심히 생산하게 하는 것이다. 백성들이 생산한 부가 어디로 가겠는가? 살기 좋은 나라를 만들면 그 나라로 사람들이 몰려들 것이고, 그러면 나라가 부유해진다. 나라의 사람들이 만족하면 공실은 안정된다. 군이 농민들의 노동력을 과도하게 쓸 필요가 없는 것이다. 그래서 관중은 백성들의 시간을 뺏지 말라고 한다.

그래도 누군가 쿠데타를 일으키는 것이 두렵다고? 그러면 스스로 오래된 사람들을 존경하면 된다. 모든 사람이 그런 기풍 속에서 산다면, 함부로 쿠데타를 일으키는 사람들은 설 땅이 없을 것이다. 이것이 관중이 공실을 안정시키는 방법이었다. 관중의 방법은 향후 2000년이 훨씬 넘는 동안 여러 가지 변주를 울리며 중국사에서 위세를 떨친다.

환공이 다시 물었다.

"농민들의 거처는 어떻게 정합니까?"

관중이 대답한다.

"30가로 한 읍邑을 만들고 유사有司를 둡니다. 10읍을 한 졸卒로 해서 졸수卒帥를 둡니다. 10졸을 한 향鄕으로 하고 향수鄕帥를 둡니다. 3향을 하나의 현縣으로 하고 현수縣帥를 둡니다. 10현을 한 속屬으로 하고 대부를 우두머리로 삼으십시오. 그러면 전국이 5속이 되고 5명의 대부가 다스립니다. 또 한 속에 정正을 한 명씩 두어서 정치가 어떻게 시행되는지 듣게(감찰하게) 합니다. 그러면 정正은 속의 정치를 감찰하고, 속의 대부(牧)는 현의 정치를 감찰하고, 현수는 향의 정치를 감찰하게 합니다."

환공은 대답한다.

"아, 그렇게 각자 맡은 곳을 다스리도록 하면, 방종하고 태만하여 명령을 듣지 않는 일은 없겠습니다.”

지금 관중이 말하는 것은 책임정치다. 각자 맡은 일이 명확해지면
상을 줄 수도 있고 책임을 물을 수도 있다. 관중의 제도는 전국으로 퍼
지고 인근 나라들로 퍼져서 자리를 잡는다. 관중은 그동안 정치의 중
심에서 멀어져 있던 지방을 국가권력 안으로 끌어들이려 한다. 그는
지방을 개발하여 행정체제를 수립하려는 것이다. 《관자》〈권수權修〉에
“개발되지 않은 땅은 내 땅이 아니며, 다스리지 못하는 백성은 내 백성
이 아니다” 하는 것이 바로 이 말이다.

《국어》에 나오는 관중의 표현에 따라 당시 제나라의 규모를 간략히
살펴보자. 한 속은 총 9만 가구로 구성된다. 9만 가구로 된 속이 5개이
니 총 45만 가구가 된다. 한 가구의 인구를 최소 5명, 최대 10명으로
보면 당시 제나라 지방의 인구는 약 250만 명 이상이다. 실제 인구는
그보다 많았겠지만, 최소한 행정조직의 통제를 받는 가구가 45만이면
실로 대단한 규모라 할 수 있다. 참고로 삼국시대의 촉나라 멸망 당시
위나라에서 가져간 호구가 28만이라고 한다. 물론 실제 인구는 그보
다 훨씬 많았겠지만 조세를 거두는 인구는 그 정도였다. 현재도 산동
성은 인구 1억으로 중국에서 인구가 가장 많은 성이다. 제나라는 산동
성의 일부만 차지하고 있었지만 호구 45만은 과장이나 축소는 아닌
듯하다. 관중이 실제로 이 45만 가구의 생산력을 활용할 수 있고 이들
을 통치할 수 있었다면 과연 무적이라고 할 수 있다. 관중은 이 계획을
실천에 옮기고, 결국 환공을 춘추 최초의 패자로 올린다.

이제 관중의 거대한 기획을 대충 파악할 수 있다. 3만의 병력(사인)을 강한 사기로 결집시키고, 그보다 약간 적은 숫자의 장인들과 상인들이 공업과 유통을 담당한다. 이들의 가족과 노비들까지 합하면 수십만 명이 국도를 둘러싸고 있다. 이들은 제나라의 물리적인 힘이다. 그 힘을 받치는 것이 지방의 45만 가구 농민들이다. 45만 가구를 실제로 통치할 수 있다면 천하를 주름잡을 수 있다.

후대의 법가 사상가들은 이들 농민들을 강력한 수탈체제의 대상으로만 삼았다. 변법을 통해 강력해진 진秦나라가 이런 수탈을 기반으로 전국을 통일했지만, 진나라는 성취와 동시에 몰락했다. 바로 관중의 방법은 있었지만 그의 철학이 없었던 것이다. 관중은 지배층의 욕망을 억누르자고 했고, 후대의 법가 사상가들은 피지배층의 욕망을 억누르자고 했다. 그것이 결정적인 차이였다. 관중은 전야에 있는 45만 가구의 중요성을 가장 먼저 강렬하게 인식했다.

관중은 제나라 생산체제의 기틀을 잡았다. 이어 다음 장에서는 관중의 정치와 경제에 대한 정책이 어떻게 만들어지고 시행되었는지 살펴볼 것이다.

제9장

책임정치와
시장경제

••••

관중은 제나라의 생산체제를 만들었다. 그다음 행보는 무엇인가?

앞에서 관중이 착했다고 말했다. 관중이 인민들의 삶을 개선하는 것을 정치의 근본으로 삼았기 때문이다. 하지만 이번에는 관중이 매우 엄격했다고 말할 것이다. 사실 관중은 대단히 엄격했다. 관중은 관리들의 임무를 명확히 해주었다. 임무가 명확해지면 공과 과가 명백히 드러난다. 관중은 공과에 대해서 반드시 책임을 물었다. 이른바 책임정치다. 그러나 관중은 관리할 수 있는 영역은 엄격히 관리했지만, 관리할 수 없는 영역은 자율에 맡겼다. 특히 관리의 영역 밖에 있는 시장경제 영역을 인정하고, 그 질서가 깨어지지 않도록 감시만 했다.

사실 이 점이 관중의 강점이다. 관중은 엄격하게 관리하지만 동시에 자율을 존중한다. 관리와 자율이 조화를 이루도록 하는 것이 관중이 말하는 정치의 요체다. 많은 리더들이 자율과 관리의 조화를 표방한다. 그러나 그렇게 실행할 수 있는 사람은 많지 않다. 그것은 리더들도 기본적으로 감성의 지배를 받는 사람이기 때문이다. 사람의 행동은 관성이 있다. 그래서 관리를 중시하는 사람은 관리를 최고의 미덕으로 삼아 자유로운 상황을 불안해하고, 자율을 강조하는 사람은 뒤로 문제가 있어도 관리를 답답해한다.

관중은 관리를 꼭 해야 하는 영역만 관리했다. 그리고 관리가 필요한 영역에서도 반드시 관리할 수 있는 대상만 관리했다. 그리고 나머지는 자율에 맡겼다. 관중의 이론은 오늘날의 행정학과 재정학의 전제들과도 일치한다. 오히려 오늘날보다 더 나은 점이 있다. 관중은 행정과 재정, 정치를 전체로 파악했기 때문에 오늘날의 시시콜콜한 이론들보다 훨씬 포괄적이다.

1. 관중이 책임정치를 실시하다 ━━━━━━

관중이 보기에 관료들은 공과 과에 대한 책임을 져야 한다. 관중은 관료의 책임을 크게 두 가지로 보았다. 바로 사람농사와 곡식농사를 잘하는 것이다. 관중은 사람농사, 곧 인재 양성을 관리의 책임으로 보았다. 인재를 국가의 요체로 보았다는 점이 관중과 제 환공이 다른 주자들보다 먼저 출발할 수 있었던 핵심 요인이다. 관중 자신 또한 야인이었다. 제나라의 수십만 호 중에 얼마나 많은 인재들이 있겠는가? 관중은 이런 인재들을 써야 한다고 생각했다.

앞서 관중은 국도를 21개 향으로 나누었다. 정월 초하루 향대부들이 조회에 나왔다. 환공은 그들에게 이렇게 요청한다. 환공의 말은 곧 관중의 말이다.

그대들의 향에 집에서는 학문에 힘쓰고 부모에게 효도하고 지혜로우면서도 본성이 착하여 마을에 소문이 난 이들이 있으면 보고하시오. 그런 이들이 있는데도 보고하지 않는다면 이는 밝은[明]* 사람을 버리는 것이니 오형으로 처리할 것이오.

앞에서 환공이 관중에게 천하의 대법을 물으니 관중은 '백성들의 업을 성취시켜주라'고 말했다. 그런 후에야 법을 쓸 수 있다는 것이다. 그들의 말은 원대하며 요체를 꿰고 있다. 그리고 이번에는 관리의 제1 책임으로 인재 천거를 들고 있다. 이들 둘의 대화는 항상 큰 것에서 작은 것으로, 원대한 것에서 구체적인 것으로 옮겨간다. 그래서 실질적이지만 아름답다. 환공은 이들의 보고를 다 듣고 다음 사항으로 넘어간다.

그대들 향에 주먹이 날래고 팔다리의 힘이 남보다 뛰어난 사람들이 있으면 고하시오. 그런 사람이 있으되 보고하지 않으면 이는 굳센〔賢〕**(현명한) 이를 버리는 것이니 이는 오형에 해당하오.

환공은 이번에도 천거한 사람들을 다 검토했다. 환공은 먼저 도덕적으로 뛰어난 사람을 천거한 다음에 용맹한 사람을 천거하라고 한다.

• '밝은[明]' 사람이란 지적이며 도덕적인 사람을 말한다.

•• 현〔賢〕'은 현명하다는 뜻이나, 힘이 센 사람을 현명하다고 번역하기는 어색하다. 현은 '臤'과 통하니 문맥에 따라 '굳세다'로 번역했다.

관중은 순서를 함부로 흔들지 않는다. 이것이 그의 방식이다. 경망스러운 군주가 먼저 힘 있는 사람을 천거하라고 말했다면 당장 관중에게 비판받았을 것이다. 그리고 환공은 공이 있는 사람들에 대한 보고를 받았다. 관중은 능력이 있는 사람들을 찾아서 면접을 보고 등용했다. 또 공을 이룬 관리들도 면접한 후 승진시켰다.

관중이 정치를 맡고 오직 공과 실력에 의해 사람들을 등용한다는 평이 나자 모두 실력과 공을 다투었다. 이렇게 된 것은 바로 관리들의 책임을 명백히 해주었기 때문에 가능했다. 관할 구역의 사람을 천거해서 공을 이루면 천거한 사람의 명망이 올라간다. 그러니 모두 열심히 인재 발굴에 앞장선 것이다.

국씨와 고씨는 자신들의 향에 대해 책임을 졌고, 환공은 자신의 직할지에 대해 책임을 졌다. 국씨가 천거한 사람과 고씨가 천거한 사람들의 공업이 선명하게 드러났으니 이들은 선의의 경쟁을 하게 되었다.

《관자》〈입정立政〉은 국가를 다스리는 근본을 세 가지로 정리했다. 모두 인재에 관한 것이다.

> 군주가 살펴야 할 것은 세 가지다. 하나는 덕이 그 사람의 지위와 맞는지 살피는 것이다. 둘은 공이 녹봉과 맞는지 살피는 것이다. 마지막으로 능력이 그 자리에 맞는지 살펴야 한다.

이 말은 다른 문헌에 나오는 말들과 완전히 일치하므로 관중 자신의 말이 분명해 보인다. 관중은 이렇게 말한다. 지위와 실력이 일치하는가? 지위에 비해 실력이 좋지 않으면 자리를 내놓아야 한다. 실력이 출중하나 지위가 낮으면 승진해야 한다. 이것이 관중의 원칙이다. 공개적으로 추천하게 하지 않으면 매관매직이 성행하고, 또 가까운 사람들만 불러온다. 그래서 관중은 공이 없으면 친척도 쓰지 말아야 한다고 말한다. 관중의 원칙은 엄격하다. 《관자》〈사칭四稱〉에서 관자는 "어리석은 군주는 좋은 신하를 쓰지 않고, 사악한 신하는 총애를 빙자하여 권력을 팔아먹는다"고 말한다. 관중이 보기에 군주의 역할은 인재를 쓰는 것밖에 없다. 인재를 정확히 쓰려면 업적과 능력에 상관없이 특정인을 편애해서는 안 된다. 한 사람을 이유 없이 총애하면 100명의 사람이 멀어진다는 것이 관중의 생각이다.

관중이 조회에서 사람을 명명백백하게 천거하게 했다는 것은 시사하는 점이 크다. 관중은 특이한 지혜도 많았지만 공개적인 것을 선호했다. 공개적인 자리에서 행한 것은 공적인 약속이 된다. 관중은 몰래 술자리에서 자신이 좋아하는 사람을 천거하지 않는다. 공개는 인사의 기본이다. 공자가 관중에게 해를 입은 사람도 그를 원망하지 않았다고 한 말은 바로 이런 이유 때문이다. 관중은 광장을 선호했다. 밝은 광장에서 거론되고 처리되는 일에는 의심이 생기지 않는다. 관중이 정치의 근본을 수백만 농민의 삶으로 본 것도 마찬가지다. 제나라에는 실력이 있으면 등용된다. 관중을 보라. 그도 외국인이지 않은가?

이제 환공은 지방의 관리들을 불렀다. 앞서 보았듯이 지방은 다섯 부분으로 나뉘었다. 환공은 지방의 5속 대부 중에서 업적이 낮은 사람을 뽑아서 견책한다. 견책당하는 처지에서는 식은땀이 흐른다.

토지를 등급별로 공평하게 나누고 또 인민들을 똑같이 나누었는데 어떻게 그대의 실적만 유독 빈약한가? 교화가 제대로 되지 못하면 다스림이 미치지 못하오[教不善則政不治]. 한 번까지는 너그러이 봐주겠으나 세 번째는 용서하지 않을 것이오.

토지를 정비하고 전국을 다섯 개로 나누었는데 유독 한 곳의 성적이 낮다는 것은 행정의 실패라고 말한다. 관중이 의도한 것이 바로 이것이다. 견책을 하되 합당한 근거가 있어야 한다는 것이다. '토지와 인민이 다 똑같은데 유독 수확이 적다면 그대의 잘못이 아니오?' 하고 묻는데 할 말이 있겠는가? 그런데 한두 번은 용납이 된다고 말한다. 왜냐하면 지방을 다스리는 대부의 역할이 교화[教]이기 때문이다. 관중이 일반 백성들을 다스리는 방법은 교화다. 교화는 시간이 걸린다. 관중은 관리들을 문책하지만 백성들을 문책하지는 않는다. 이것이 핵심이다.
환공은 다시 지방의 인재에 대해 똑같이 묻는다.

그대들의 관할지에 의롭고 학문을 좋아하며 부모에게 효도하고 총명하면서도 어진 사람이 있다면 보고하시오. 있어도 보고하지 않으면 오형 감이오. 그리고 용력이 남보다 뛰어난 사람이 있소? 있어도 보고하지 않으면 역시 오형 감이오.

환공은 지금 국가의 근간인 농업생산에 실패한 대부는 세 번 잘못해야 벌을 주겠다고 하면서 인재를 천거하지 못하면 바로 극형을 가하겠다고 한다. 물론 이 말은 실제로 당장 벌을 주겠다는 것이 아니라 자신은 인재를 가장 중시한다는 뜻일 것이다. 세금은 덜 걷어도 기회를 주지만 인재를 천거하지 못하면 바로 면책한다는 것은 당시로서는 획기적인 발상이었다.

그러자 제나라의 지방민 중에 실력이 있는 사람들은 모두 발탁되었고, 죄가 있는 사람은 바로 벌을 받았다. 이런 상황에서 선비들이 제나라로 몰리고 농민들도 제나라의 통치를 받겠다고 하는 것은 당연했다. 이리하여 제나라의 인구는 날로 늘어났다. 맹자가 인의를 펼치는 군주 아래로는 아이가 부모를 찾듯이 백성이 모일 것이라고 한 선례가 여기 있었던 것이다. 물론 관중이 인의의 정치만 한 것은 아니다. 그러나 인구 확보 경쟁에서 성공한 것은 사실이다. 기록은 사람들이 제나라로 물밀듯이 밀려들어 갔다고 전해준다. 훗날 청 태종이 땅을 얻는 것은 기쁘지 않고, 오직 그 백성을 얻어야 기쁘다고 한 말과 비슷하다. 관중은 청 태종처럼 정복가는 아니었지만 백성을 얻는 경쟁의 중요성을 알고 실천한 지도자였다.

관중은 엄격히 관리한다. 그러나 관리하기 전에 기준을 제시한다. 그리고 관중식 관리의 중심은 인재였다. 관중은 신하였지만 군주의 자질이 있었다.

266

2. 시장은 자율에 맡긴다 ━━━━━━━━

관리가 넘치면 활력이 없어진다. 활력이 없어지면 생산이 지체된다. 특히 자유로운 거래를 중시하는 상업은 그 속성상 관리하려는 순간 끊임없는 기형이 생긴다. 과거 아무리 큰 정치권력도 거래의 자율성을 완전히 죽일 수는 없었다. 중국사에서 자율과 관리의 경계선에 있는 전형적인 사람들은 변경 상인들이었다. 그 어떤 왕조도 이들에 대한 관리를 포기하지 않았지만, 어떤 왕조도 성공하지 못했다. 이들이 전통사회에서 가장 자율적인 인간들이었기 때문이고, 근본적으로 이윤을 따라 움직이는 모험가들이었기 때문이다. 역대 중국 왕조들은 이들과의 '투쟁'을 통해 재정학을 정립해갔다.

한 가지 품목을 예로 들어보자. 전통적으로 중국 왕조들의 수입품 중 제일 중요한 것이 말이다. 말이 있어야 전쟁을 수행할 수 있었다. 그러나 말은 내지에서 생산할 수 없었다. 말은 적수인 유목민족들에게서 구입해야 했다. 처음에는 싸움을 해보았다. 한 무제가 그런 사람이다. 그러나 싸움에서 죽는 말이 뺏는 말보다 더 많았다. 주객이 전도되어 말을 얻다가 사람이 죽을 판이었다. 그래서 공교역을 생각했다. 비단을 가지고 말을 사는 것이다. 그런데 들어오는 말들이 말라깽이거나 하자가 있는 것들이었다. 이런 말은 전투에 사용할 수가 없었다. 그래서 상인들을 동원했다. 좋은 말을 들여오면 국가에서 돈을 주는 방식이었다. 처음에는 좋은 말이 들어왔다. 그러나 곧 상인들도 말라깽이 말을 비싼 값에 사서는 정부에 되팔았다. 그들로서는 정부에 비싸게 팔기만 하면 그만이었다.

그런데 당장 말 살 돈이 없게 되자 정부는 이런 방법을 고안했다. 상인들에게 돈을 주는 대신 유목민들이 필요로 하는 차[茶]를 판매할 권한을 주었다. 이것이 흔히 알고 있는 차마무역이다. 이렇듯 시행착오는 끊임없이 계속되었지만 근본적인 문제는 해결되지 않았다. 왜 그럴까? 상인들의 이윤동기를 국가가 관리하는 것은 불가능했기 때문이다. 또 말을 공급하는 유목민들의 독점력이 없어지지 않았기 때문이다. 그들은 일종의 외국 상인이다. 이렇게 시장을 통제하는 것은 과거에도 지극히 어려운 일이었다.

그리고 통제가 심해지면 극단적인 경우에는 밀수가 성행한다. 밀수는 필연적으로 관리들을 부패시킨다. 상품의 유통을 통제하면 가격이 높아지고, 가격이 높아지면 밀수가 성행한다. 밀수를 위해 세관의 관리들과 상인들이 결탁한다. 명나라나 청나라 시절에 해상무역을 금하니 급기야는 해적들이 생겼다. 위험한 만큼 이윤도 컸다. 이렇게 상업은 통제하기가 무척 힘든 영역이었다.

유학자들을 포함한 고대의 학자들은 흔히 상업을 말업末業이라고 이야기한다. 국가의 근간은 곡식이기 때문에 농업을 근본으로 해야 한다고 주장한다. 그들은 상업에 종사하는 사람이 많아지면 농업이 쇠퇴하고, 농업이 쇠퇴하면 나라가 망한다고 보았다. 풍년과 흉년이 빈번히 교차하던 시절, 비축한 식량이 없으면 대규모 참사가 벌어졌다. 어떻게 보면 고대인들의 이런 상상은 당연하다. 그래서 농업인구의 비율을 높이려고 갖은 방법을 다 고안했다. 그러나 지식인들 중심의 이 사고는 중요한 사실을 몰래 숨기고 있다.

시장에 상품이 곡물과 비곡물 두 가지만 존재한다고 생각해보자. 이 지식인들이 생산하는 상품은 비곡물이다. 그중에는 국가의 통제를 받는 공업제품도 있다. 곡물의 생산량이 늘어나면 곡물의 가격이 하락한다. 그러면 비곡물을 생산하는 사람들의 노동가치는 올라간다. 한마디로 대다수가 농민이 되고 농업 생산품의 가격이 하락하면, 지식인들의 생산품 가격이 올라간다. 그 상품 중에는 통치술도 들어 있다.

사실 상업의 발생은 철저하게 시장의 힘에 의해 작동한다. 근래까지 전통적인 농업사회에는 숙황熟荒이라는 풍년기근이 있었다. 대풍이 들면 곡가가 엄청나게 낮아진다. 밥만 먹고 살 수는 없고, 또 남는 곡식을 저장해도 썩으니까 농민들은 낮은 가격에라도 곡물을 판다. 그 곡물의 가격이 터무니없이 낮아지면 옷가지 하나 사기 위해 나머지 곡물도 다 팔아야 한다. 그러다 이듬해 흉년이라도 들면 대기근이 발생하는 것이다. 다음《관자》〈국축國蓄〉에 묘사된 상황은 아마도 불과 얼마 후인 전국시대의 상황일 것이다. 농민은 풍년이 들어도 괴롭다.

풍년이 들면 곡식을 시장에 내놓아도 (너무 흔해서) 팔리지 않고, 개나 돼지가 사람이 먹는 것을 먹는다. 흉년을 만나면 돈 열 뭉치로 쌀 한 되 살까 말까 하게 되어 백성들은 굶주린다. 이것이 어떻게 토양의 힘이 부족하고 백성(농민)의 노력이 부족해서이겠는가? 지난날 풍년일 때는 곡가가 싸서 개돼지가 먹어버렸기에 이듬해에는 사람이 먹을 것도 부족한 것이다.

이것이 바로 숙황을 묘사한 것이다. 농업만으로 기근을 면할 수 없다는 것은 당시에도 명백했다. 농민들이 상업으로 전환하는 이유는 상업이 농업보다 더 나은 생활을 보장했기 때문이다. 농업이 불안정하기 때문에 상업으로 전환하는 상황에서, 상업 때문에 농업이 침해받는다고 주장하는 것은 순서가 전도되었다. 그럼에도 고대의 정권들은 모두 상업을 억누르려고 했다. 상인이 생산자라는 것을 모르고 상인은 싸게 사서 비싸게 파는 탐욕스러운 사람들이라고 생각했기 때문이다.

그렇다면 관중은 상업에 대해 어떤 생각을 가지고 있었을까?《관자》의 자료들은 심하게 충돌한다. 어떤 때는 상업을 억눌러야 한다고 말하고, 어떤 때는 심지어 사치품을 유통시켜야 한다고 말한다. 그 이유는 이 책이 여러 사람의 손에 의해 쓰였기 때문이다. 자료적인 가치가 높은 부분은 역시 고적을 그대로 인용한 부분이 많은 〈대광〉 이하의 장과 아홉 장의 경經 부분이다. 그러나 〈경중〉 각 편들에도 관중의 생각들이 녹아 들어가 있다. 〈대광〉, 《국어》와 《사기》에는 대체로 비슷한 내용들이 기록되어 있다. 관중은 매우 실리적인 사람이다. 앞서 말의 무역에서 보았듯이 상업은 국가의 재정과 연결되어 있었다. 관중은 현대국가의 행위와 매우 비슷한 대안을 제시한다. '국가는 상업의 보호자인 동시에 커다란 상인이다.' 일단 대체로 일치하는 세 기록을 살펴보자.

제나라의 어염(물고기와 소금)을 동래에서 유통시키고 관문을 통과하는 물품은 검사하기만 하고 세금을 걷지 않아서 제후들이 이익을 얻도록 했다. 제후들은 크게 칭찬했다.   -《국어》〈제어〉

물가를 조절하고〔輕重〕어염을 유통시키고 가난한 자들을 구제했다.

-《사기》〈제태공세가〉

환공 즉위 19년, 관문과 시장의 징세를 완화하여 50분의 1을 걷었다.

-《관자》〈대광〉

이 기록을 보아서는 관중이 중상주의자인지, 어염을 전매했는지는 아직 알 수가 없다. 다만《사기》의 내용은 분명《관자》를 보고 정리한 것 같다. 똑같은 용어를 쓰기 때문이다. 이제《국어》의 중요한 기록을 하나 더 보태어보자. 앞 장에서 관중이 상인들을 모여 살게 하면서 서술한 대목을 꼼꼼히, 약간 의역해서 살펴보자.

대저 상인들을 한곳에 모여 살게 하면 이렇게 됩니다. 그들은 사계절에 따른 상품의 수요를 예측한 후〔察其四時〕, 그 동네의 공급 상황을 보고는〔監其鄕之資〕시장의 가격을 알아냅니다. 그러고는 물건을 메고, 지고, 안고, 우차에 싣고, 마차에 싣고(온갖 운송방법을 동원하여) 사방을 돌아다니며 어느 지역에 남는 것을 가져다 없는 곳에다 팔고, 싸게 사서는 비싸게 팝니다. 아침저녁으로 이렇게 일을 하고 그 자식들을 독려합니다. 서로 이익을 말하고, 영리를 보여주며, 상품을 늘어놓아 가격을 이해하게 합니다. 이렇게 하면 상인의 자식들은 또 상인이 됩니다.

자, 이제 관중의 의도는 드러났다. 관중이 보기에 상인들의 역할은 한 지방에서 넘치는 것을 다른 지방에 공급하는 것이다. 기본적으로 국가가 곡물을 사들이고 방출하며 곡가를 조절하는 것과 똑같은 것이다. 또 상인들은 이익이 있는 곳이면 어디든지 돌아다니는 존재라고 말한다. 관중은 전문적인 상인의 역할을 긍정한다.

이제 다른 기록들도 이해가 된다. 관중은 제나라 내부의 상업을 긍정할 뿐만 아니라 국제무역도 긍정한다. 관중은 제나라의 부를 가지고 제후들을 통제하려고 한다. 그래서 관세를 받지 않는다. 그러나《관자》에 환공 19년 시장세와 관세를 줄였다는 구체적인 기록이 나오는 것을 보면 사실은 적지만 관세를 받기는 한 듯하다. 관중은 상업활동에 지장을 주지 않는 범주에서 재정을 확보하려 했다.

어염을 독점했다는 판단은 분명히 과도한 추측이지만, 어염 상인들은 제나라 수도의 향에 모여 사는 사람들이므로 그 재화는 물론 제나라의 수도에 집중되었다고 볼 수 있다. 전국시대에 이르면 이 상인들의 힘이 너무 커져서 왕권이 위협받을 정도였다. 그래서 전국시대의 기록으로 보이는《관자》〈경중〉편에는 만금을 굴리는 상인들의 힘을 제어하자, 상인들에게서 공납을 받자, 어염을 독점하자 등의 주장이 나온다. 그러나 관중 시절에 국도에 중심을 둔 상인들은 공실을 위협할 정도로 성장하지는 못했을 것이다. 상인이 거금을 모으기 위해서는 화폐경제가 극도로 발전해야 하는데, 그런 시기는 아직 도래하지 않았다.

관중이 보기에 상인들의 활동은 국부에도 도움이 되었다. 또 이들을 공인과 같은 전문직 종사자로 보았다. 그리고 사실상 통제할 방법도 없었다. 그래서 관중의 목표는 상인들 스스로 재생산이 가능하도록 하는 것이었다. 관중은 반복해서 말한다. "지탱할 수 없는 일은 하지 말고, 실행할 수 없는 일은 하지 않는다[不處不可久 不行不可復]." 상업을 통제하려는 노력은 사실상 실행할 수 없는 목표와 같다. 관중은 일을 할 때 항상 공개적인 것을 강조했는데 실행할 수 없는 일을 선포하면 어떻게 되는가? 그것은 거짓말이 된다. 관중은 거짓말을 하는 사람이 아니었다. 관중이 유달리 결벽해서가 아니라 거짓말은 통치의 근간을 흔들기 때문이다.

3. 국가는 조직을 갖춘 생산자다

관중과 그를 이은 후대의 경제학자들은 재정학을 어떻게 파악했는지 살펴보자.

관자학파가 보기에 국가는 커다란 상인[大商]이다. 《관자》〈경중〉과 관련된 각 편들의 핵심은 국가의 재정을 시장의 힘에 의해 관리하는 것이다. 관중은 상인들이 이 일을 한다고 했다. 그러나 국가가 큰 상인이 될 수도 있다. 《관자》는 관중의 사상을 더 발전시켰다. 비록 《관자》는 전국시대의 기록이지만 관중의 사고와 일치한다. 일단 국가는 "10년 치 양식을 저축해두어야 한다."(《관자》〈국축國蓄〉) 재난에 대비할 양식을 갖추는 것이 국가의 기본적인 역할이라는 주장인데, 이는 세계 최초의 복지국가 이론이다. 그 방법은 풍년 때 곡가가 떨어지면 국가가 화폐로 구입하고, 흉년 때 곡가가 비싸지면 곡물을 방출하여 화폐를 쌓는다. 싸게 사서 비싸게 팔기 때문에 국가는 이익이 난다. 그 이익으로 모든 위험에 대비할 수 있다. 흉년을 구제할 수도 있고, 전쟁에 대비할 수도 있다. 재정이 탄탄해지는 것이다. 시장의 방법으로 물가와 유통 문제를 해결한다는 이론은 《국어》에 나오는 관중의 말이 최초일 것이다. 그리고 그 이론에 기반하여 재정학을 완성한 것이《관자》라는 책이다.

국가의 역할은 기근이나 숙황이 발생하지 않게 하는 것이다. 전국시대 이전의 기록들이 부족하기 때문에 관중이 상인들을 통해 물가를 조절하려 했다는 것만을 알 수 있다. 그러나 관중은 국가의 역할을 곡물을 잘 비축하는 것으로 보았기 때문에《관자》에 나오는 국가의 역할이 관중의 사고에서 파생되었다고 보아도 무방하다.《관자》에 나오는 국가는 거대한 상인이다. 국가는 곡물, 소금, 철 등을 가지고 재정정책을 써서 이익을 얻는 동시에 물가를 조절한다. 국가는 큰 상인이지만 경제 전체의 이익을 고려하는 상인이다.

두 번째로 관중은 국가를 조직적인 자원개발자로 보았다. 관자학파는 관중의 사상을 더 발전시켜 국가를 거대한 개발자로 파악했다. 관자학파의 주장이 관중의 주장은 아니지만 관중에서 연원했음은 분명하다. 관중이 "동래의 염철을 제후국들에게 제공했다"는《국어》의 기록은《관자》로 가면 염철을 이용한 재정 확보로 나가고, 상홍양桑弘羊 등 한대의 재정학자들은 모두 이를 읽어서 그 유명한 '염철론鹽鐵論'이 탄생했다. 국가는 일반 상인들과 달리 거대한 조직을 가지고 있기 때문에 대규모 개발을 행할 수 있다. 《관자》의 여러 부분에 "개발되지 않은 토지는 나의 토지가 아니다"라는 말이 나온다. 국가가 가진 무기는 소금, 철, 곡식이었다.

《관자》〈해왕海王〉 편에 다음과 같은 환공과 관중의 대화가 있다.

> "건물에 세금을 매기려 하는데 어떻습니까?"
>
> "그럼 집을 헐게 됩니다."
>
> "나무에 세금을 징수하면요?"
>
> "나무를 베겠지요."
>
> "가축들에 징수하면요?"
>
> "새끼들을 죽일 겁니다."
>
> "인두세를 징수하려는데 이는 어떨까요?"
>
> "아이를 낳지 않아 인구가 줄어들 것입니다."
>
> "그렇다면 저는 어떻게 나라를 위할 수 있을까요?"(어떻게 재정을 확보할까요?)
>
> "오직 산과 바다를 관리하는 것이 가능합니다."

위의 대화는 기본적으로 "백성들은 뺏는 것을 싫어한다"는 관중의 말에서 파생된 것이다. 관자학파는 백성들의 재산에 세금을 무는 것보다 차라리 국가가 자원을 개발하여 재정을 확보하자고 말한다. 산을 관리한다는 것은 철을 독점한다는 것이고, 바다를 관리한다는 것은 소금을 독점한다는 것이다. 고대의 정권들은 금속을 독점했다. 철(관중 시대에는 구리)이야 당시에는 국가가 아니면 대규모 개발이 불가능하므로 자연적으로 독점이 되었겠지만, 관중이 소금을 독점했는지는 알 수가 없다. 그러나 관중이 소금을 각 제후국에 유통시킴으로써 신망을 얻었음은 분명하다. 그러니 관중 시절에 국가 스스로 소금 개발에 뛰어들었을 가능성은 크다. 이 모든 것이 사실이 아니라고 하더라도 후에 관중을 따르는 무리가 관중 사상에 영향을 받아 국가를 거대한 개발자로 변모시킨 것은 사실이다.

어느 날 알려지지 않은 사료가 나와서 관중 이전에도 풍부한 경제사상이 있었다고 밝혀지지 않는 이상, 관중이 중국 경제사상의 문을 열었음을 부정하지는 못할 것이다.

이제 관중은 이러한 기본정책들을 가지고 험난한 국제무대로 나간다. 국제무대에서 우리는 정치가 관중의 새로운 모습들을 보게 될 것이다.

제10장

신뢰정치의
기반을 세우다

．．．

앞에서 경제학자로서의 관중의 면모를 살펴보았다. 정치가로서 관중의 특징을 한마디로 표현하면 신뢰와 정공법이다. 관중은 자신이 한 말을 어기거나 슬그머니 뒤통수치는 행동을 하지 않는다. 관중은 방략을 갖춘 사람이지만 저급한 술수는 쓰지 않는다.

1. 법을 구부리지 않는다

중국의 사서를 읽다 보면 매우 재미있는 글자가 등장한다. 바로 '기㨀'라는 글자인데, 원래 짐승의 '뒷다리를 잡아당기다'라는 뜻이다. 특히 《자치통감》에는 이 글자가 자주 등장하는데 작전에서는 '기습한다'는 뜻이 있고, 정치적으로는 '몰래 뒤통수를 친다, 숨어 있다가 뒤에서 잡아당긴다'는 뜻이 있다. 우리말에서 '뒤통수를 친다'는 표현과 아주 닮았다.

또 관중을 말할 때 반드시 언급해야 하는 글자로 '법法'이 있다.《설문》에는 '법은 물처럼 공평하다[平之如水]'고 풀이해놓았는데, 어쨌든 법은 물의 속성과 관련이 있다. 또 물이 변함없이 낮은 곳으로 흐르는 것을 보고 '변함없는 원리'라는 뜻이 생겼을 것이다.

정치를 하는 사람들이 백옥처럼 희기는 참 어렵다. 정치란 근본적으로 갈등을 조절하는 것인데, 백옥처럼 흰 사람은 조금이라도 더러운 사람을 용납하지 못한다. 이러면 갈등을 조절하기 어렵다. 그래서 관중이 임종 시에 후계자로 포숙은 안 된다고 한 것이다. 포숙은 악한 사람을 지나치게 미워하기 때문에 정치를 할 수 없다는 이유였다.

정치인은 성인군자가 아니기 때문에 약점이 있다. 그 약점을 가지고 뒤에서 공격하는 것을 바로 기擶라고 한다. 그 수단이 바로 법法이다! 마음에 들지 않는 사람이 있으면 법률로 옭아매어서 정치적인 생명을 끝내버리는 일은 고대사에서는 너무나 많았고 지금도 비일비재하다. 유방을 도와 한나라를 세운 장군 주발周勃도 모함을 받아 옥에 갇혀서 "내가 한때 100만 대군을 이끌었지만 옥리 하나의 위력이 이렇게 큰지는 이제야 알았다"고 했다. 일단 법에 걸리면 인정사정이 없다. 법이란 권력의 수단인지라 타락하기 시작하면 천하에 무시무시한 괴물이 된다. 명나라 때 형법을 집행하던 특무들의 잔인함은 도저히 서면으로 기록하기 어려울 정도였다. 작정하고 법으로 옭아매려고 하면 누가 당하겠는가?

그러나 관중이 법으로 정치를 한다고 말할 때 법은 법을 이용하여 뒤통수를 친다는 말이 아니다. 관중은 법을 관문에 걸어둔다고 했다. 누구나 볼 수 있는 곳에 둔다는 말이다. 관중이 보기에 그 법은 누구나 알아보기 쉬워야 한다. 법을 몰라서 잘못을 저질렀다면 이는 법의 잘못이지 사람의 잘못이 아니다. 관중의 정치는 명명백백하다. 심지어 무력을 쓸 때도 정당한 구실을 반드시 찾는다. 그런데 법을 집행하면서 명백하지 않다면 그를 법가라고 할 수 없다. 예나 지금이나 법가를 자칭하는 많은 사람들이 권력과 결탁하여 법을 구부려 뒤통수를 치는 경우가 많다. 정면에서 대결하지 않고 뒷다리를 잡기 시작하면 법에 의한 명명백백한 정치는 불가능하다. 다음의 이야기는 《자치통감》에 나오는 '법은 큰 물과 같다'는 말과 '법을 구부려 기탈하다'는 이야기를 묶어 만든 우화다.

장강에 용이 한 마리 살고 있었는데 이름을 법法이라 했다. 천둥이 치면 100리 밖에서도 울음소리가 들리니 사람들은 무서워서 감히 가까이 가지 못했지만, 정작 장강은 멀리 있고 용은 물 밖으로 나온 적이 없었기에 그 용에게 다친 사람은 없었다.

강남의 소택지에 좋은 귤밭이 있었다. 그런데 그 귤밭 안에는 웅덩이가 있고, 그 안에는 기搞라는 물뱀이 살고 있었다. 웅덩이 속에 들어 있다가 무시로 나오니 사람들은 귤을 따 먹을 수 없었다. 외뿔소나 곰이 지나가면 이 뱀은 감히 움직이지 않았지만 사람이나 토끼가 보이면 갑자기 달려들었다.

왜 강한 용에게 다치는 사람은 없는데 하찮은 뱀에게는 다치는가? 법룡이 그렇게 힘이 세지만 사람들이 무서워하지 않는 까닭은 무엇인가? 그 이유는 건드리지 않으면 해치지 않기 때문이다. 법룡이 장강에 그토록 오랫동안 있었지만 다친 사람이 없는 까닭은 무엇인가? 이는 어린아이라도 장강이 어디 있는지 알기 때문이다. 그런데 기는 볼품없는 물뱀이지만 사람들이 왜 그렇게 두려워하는가? 근처만 잘못 지나도 쉽게 해치기 때문이다. 사람들이 자주 다치는 이유는 무엇인가? 바로 이 뱀이 숨어 있기 때문이다.

관중이 뛰어난 정치가라는 것은 기본에 충실하기 때문이다. 관중은 절대로 뒷다리를 잡아당기지 않는다. 힘을 이용해 뒤에서 보복하는 권력은 물뱀과 같은 존재다. 그런 법도 물뱀과 같은 법이다. 관중이 보기에 법은 어린아이가 보아도 알 수 있어야 한다. 법은 물과 같아서 거꾸로 흘러서는 안 된다. 법은 장강과 같아서 무섭지만 피할 수 있어야 한다. 그래서 관중은 "범하면 반드시 죽는 일을 명백히 밝혀놓는다[明必死之路]"고 말하는 것이다. 지금 관중이 말하는 것은 신뢰다. 법이 뒤통수를 치지 않는다는 것은 법은 믿을 수 있다는 뜻이다. 때로는 불리한 상황이 닥쳐도 관중은 지키지 못할 말은 하지 않는다. 이제 국제정치의 첫 무대에서 관중이 어떻게 행동했는지 살펴보자.

2. 제 환공 즉위 전후의 정세와 외교전략 ━━━━━

관중이 집권했을 때(기원전 685) 국제정세는 급격히 변하고 있었다. 먼저 제, 초, 진晉, 진秦의 4강 구도는 더욱 뚜렷해졌다. 앞서 말했듯이 진晉은 두 개의 세력으로 나뉘어 있었다. 익성翼城에 있는 진후는 사실상 곡옥曲沃에 웅거하고 있던 무공의 꼭두각시였다. 무공은 군주를 마음대로 바꾸었다. 처음 무공은 군사권을 가지고 있으면서도 형식적으로는 진의 공실을 옹호했다. 하지만 시간이 흘러 세력이 더욱 커지자 결국 마음을 바꿨다. 무공 38년(기원전 678), 주 왕실은 무공을 공식적으로 진후晉侯로 인정했다. 그때야 진은 1군 1만 명을 갖추게 된다. 그로부터 약 20년이 지나서 헌공獻公 시절에 진은 2군을 갖추게 된다. 제나라는 관중을 등용하면서 3군을 갖추었다. 그러니 실력 면에서 진은 아직제를 직접 상대할 수 없었다.

더 서쪽의 진秦은 아직 베일에 싸여 있었지만, 최소한 군사적으로는 제와 맞먹는 수준에 달한 듯하다. 진의 싸움 스타일은 동방과 확연히 달랐다. 그들은 이민족들과의 전투에 익숙했다. 주가 동쪽으로 가자 빈 땅은 누구든지 먼저 차지하면 주인이 되었다. 진秦 무공은 즉위 초년에 남쪽의 융족인 팽희씨彭戲氏를 공격했다. 그리고 관중과 환공이 등장할 즈음에는 서쪽 감숙성의 융적들을 공격해서 밀어냈다. 또 진이 중원으로 가는 길을 막고 있던 소괵小虢도 멸망시켰다. 제나라 환공이 패자를 칭하던 바로 그때 무공이 죽었는데, 순장한 사람이 66명이라고 한다. 또 무공의 뒤를 이은 덕공德公은 처음 천지에 제사를 올리면서 희생으로 소, 양, 돼지를 각각 300마리씩 썼다고 한다. 이미 중원에서는 사라지고 있던 순장 관습이 진에서 여전히 시행되던 것으로 보아도 이들은 주례의 영향 밖에 있는 세력이었다. 또 순장자가 무려 66명이고, 희생을 수백 마리씩 쓴다는 것은 진나라 군주의 위력이 막강했음을 보여준다. 이들은 지리적인 이점을 가지고 조용히 힘을 키워나갔다. 이처럼 서방의 진秦과 북쪽의 진晉은 멀리 떨어져 제나라와 부딪칠 이유가 없었다.

문제는 초나라였다. 초나라가 계속 북동진하면 결국 제나라와 만날 수밖에 없었다. 그러나 이들은 아직 서로 잘 몰랐다. 특히 초나라의 정체는 여전히 베일에 싸여 있었다. 동물적인 감각이 있는 환공이나 신중한 관중은 초나라를 예의 주시하되 직접 대결은 피하고 싶었다. 한때 강대한 주나라의 군사로도 이기지 못한 것이 초나라가 아닌가? 상대편 초나라가 바라는 것은 확실히 중원이었다. 북방과는 확연히 구분되는 남방의 문명은 대단한 활력을 가지고 있었다. 그러나 중원의 강자들과의 교류는 적었다. 양자는 서로 위협을 느끼고 있었다. 이들이 공동으로 취한 정책은 완충지대에 있는 약소국들을 끌어들이거나 병탄하는 것이었다. 초는 일단 가까이 있는 작은 나라들을 병탄하며 서서히 북진했다. 이렇게 환공이 즉위한 후 국제정세는 급변하고 있었다.

환공과 관중은 춘추세계의 패업을 꿈꾸었다. 그렇다면 패자로서 그들의 외교전략은 무엇이었을까? 먼저 제나라의 서북쪽을 보자. 태행산맥 동록의 적족狄族은 동진하며 위衛나라를 노렸다. 제나라 입장에서 위나라는 울타리였다. 위나라가 없으면 적족이 동진할 것이고, 그러면 제나라는 중원국가들보다 훨씬 강한 적과 마주쳐야 한다. 관중은 위, 형, 연 등 제나라의 서쪽과 북쪽에서 적족의 남동진을 막는 세력들을 매우 중시했다. 제나라의 입장에서 이들은 꼭 보존해야 할 국가였다.

그렇다면 서쪽과 남쪽에 있는 나라들은 어떻게 하는가? 병탄하지 못한다면 자기편으로 끌어들여야 했다. 제나라는 과연 누구를 표적으로 삼을까? 노나라였다. 관중은 노나라를 남방 진출의 거점으로 삼아야 한다고 단도직입적으로 말한다. 기록에 환공과 관중의 대화가 남아있다.

"남쪽을 정벌하려면 어디를 거점으로 삼아야 할까요?"
"노나라를 거점으로 삼아야 합니다."

지리적인 위치를 보아도 노나라가 적격이다. 그리고 노나라와 환공은 구원舊怨이 있었다. 노나라를 길들여 위성국으로 삼으면 초나라를 막는 방패가 된다. 관중이 먼저 싸움을 걸었다.

3. 노나라의 조귀가 싸움의 이치를 말하다 ━━━━━━

노나라 입장에서는 기가 찰 노릇이었다. 환공이야 노나라가 원수라지만 이미 공자 규를 죽이고 관중과 소홀을 데려가지 않았나. 더 괘씸한 것은 관중이었다. 노나라에 기대어 제나라와 싸우자고 한 적이 엊그제인데 이제는 제나라 군대를 이끌고 노나라로 들어오다니. 노나라 장공은 발끈해서 한판 싸우겠다고 별렀다.

그러나 노나라에 인재가 없는 것이 아니었다. 백성 중에 조귀曹劌라는 지사가 있었다. 조귀가 감히 장공을 알현하겠다고 요청했다. 조귀는 성안에 살고 있기는 하나 높은 관리는 아니었던 것 같다. 그러니 같은 향의 친구가 핀잔을 준다.

"고기 드시는 분들(높은 사람들)이 도모하는 일일세. 자네가 어찌 나서는가?"

조귀는 이렇게 대답한다.

"고기 먹은 사람들이란 고집이 너무 세[肉食者鄙]. 멀리 바라보는 안목이 없다네."

그러고는 기어이 장공을 알현했다. 조귀는 대뜸 말한다.

"뭘 가지고 맞서 싸우려는 것입니까?"

웬 별 볼 일 없는 백성이 이렇게 물으니 장공은 황당하다. 그들의 대화는 숨 막히게 이어진다.

"먹고 입는 것이 좋은 것이 있으면 나는 나 혼자 차지하지 않고 꼭 사람들에게 나누어 주었소."

"그것은 조그만 은혜일 뿐이고 여러 사람에게 두루 미치지 못했습니다. 사람들이 따르지 않을 것입니다."

"제사에 희생과 옥백을 올릴 때 나는 감히 부풀려 말하지 않고 신에게 신의를 다했소."

"그거야 작은 신의일 뿐이고 큰 신뢰는 못 되옵니다. 신께서는 복을 내리지 않을 것입니다."

'이거 완전히 벽창호로세.' 장공은 이어서 말한다.

"크고 작은 옥사야 다 살피지 못했지만, 반드시 마음을 다해서 판단했소."

이제서야 조귀는 만족했다.

"그것이 바로 진실한 마음입니다. 한판 싸울 수 있겠습니다."

이렇게 말하고는 종군을 요청했다. 장공은 조귀를 자신의 전차에 태웠다. 보통내기가 아님을 짐작한 것이다. 양군은 장작長勺이라는 곳에서 대치했다. 춘추시기 노나라와 제나라의 싸움은 다분히 관습의 영향을 받았다. 강태공의 후손은 주공의 후손을 완전히 멸할 생각이 없었다. 주 왕실의 방계 자손들 중 가장 이름이 높았던 노나라를 멸망시키고 패자의 지위에 오르기는 힘들었다. 그것이 춘추시대를 특징짓는 싸움의 규칙이었다. 주 왕실의 울타리가 되기에는 너무 미미한 나라들이나 이성 제후국들은 병합해도 문제가 되지 않지만, 노나라 같은 희성의 큰 나라를 건드리면 주나라가 반드시 개입할 것이고 제나라는 국제적으로 고립될 것이 명백했다. 처음부터 환공의 목적은 노나라를 길들이려는 것이었다. 노나라가 항복하면 바로 끝날 싸움이었다. 그러니 군대의 사기가 높았다고 볼 수는 없었다. 그러나 조귀는 생각이 달랐다.

제나라 군대가 독전의 북을 한 번 울렸다. 그러자 장공이 나가려고 했다. 조귀가 말렸다.

"아직 안 됩니다."

두 번째 북이 울릴 때도 말렸다.

그러다가 세 번째 북이 울리자 조귀는 전차를 내달렸다. 응전을 하지 않던 노나라가 갑자기 달려들자 방심한 제나라 군사들은 전열을 가다듬지 못하고 패하고 말았다. 쥐가 갑자기 달려들자 고양이가 겁을 먹는 형세였다. 신이 난 장공이 계속 몰아치려고 하자 조귀는 나아가려는 장공을 일단 말리고는 적의 전차가 도망가면서 남긴 바퀴자국을 살폈다. 바퀴자국은 우왕좌왕, 질서가 없었다. 그러니 복병이 있을 염려는 없었다. 이에 조귀는 안심하고 제나라 군대를 몰아쳐 대승을 거뒀다. 이것이 장작지전長勻之戰이다.

이 싸움에 환공이나 관중이 나섰다면 노나라의 역사책인《좌전》은 반드시 기록했을 텐데 기록이 없는 것으로 보아 이들은 실제 전투에 참여하지는 않은 듯하다. 하지만 제나라는 이 전투로 교훈을 얻었다. 이후 제나라는 더 신중해졌다.

장작의 싸움에서 패한 그해 여름 제나라는 이번에는 송나라를 끌어들였다. 송나라로서는 북상하는 초나라에 대응하기 위해서는 제나라의 힘이 필요하고, 또 제나라를 끌어들여 지척에 있는 노나라를 약하게 할 수 있으니 일석이조였다. 송나라와 제나라 연합군은 노나라와 대치했다. 그러나 당시 노나라도 천승千乘의 강국이었다. 노나라 공자 언偃이 도성을 몰래 빠져나와 호랑이 가죽을 둘러쓰고는 송나라 군대를 먼저 공격했다. 노나라 장공이 이에 호응하여 승구乘丘에서 송나라 군사를 크게 물리치니 제나라로서는 군대를 돌릴 수밖에 없었다.

그런데 이때 남쪽에서 중원을 긴장시킨 사건이 발생한다. 초나라가 동쪽의 채蔡나라를 공격해서 애후哀侯를 잡아간 것이다. 초나라가 채나라를 얻으면 회수를 따라 더 동쪽으로 진출할 수 있었기 때문이다.

이제 관중이 나설 차례가 되었다. 장작과 승구의 싸움에서 패한 지 3년 후(기원전 681) 제나라는 다시 노나라로 진격했다. 이번에는 차원이 달랐다. 조귀가 필사적으로 막았지만 작심하고 달려드는 제나라 군대

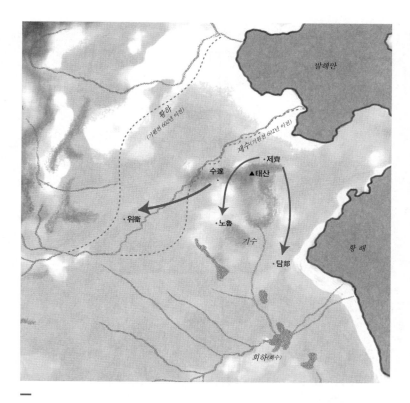

제나라 주위의 배치도. 수나라에 주둔군을 두겠다는 것은 노나라의 주권을 인정하지 않겠다는 뜻이다. 수는 태행산맥 동단의 모든 희성 국가들과 노나라를 동시에 제어할 수 있는 요지다.

를 당해낼 수가 없었다. 삼전삼패. 어떻게 해볼 도리가 없었다. 《사기》에는 장공이 '수읍遂邑'을 바쳐 항복을 구했다고 하고, 《좌전》에는 "제나라 군대가 수遂나라를 멸망시키고 그 땅을 지켰다"고 쓰여 있는 것으로 보아 수 지역은 이로부터 제나라의 관할지가 된 듯하다.

수나라는 태산의 남서쪽에 있다. 여기서 노나라의 수도 곡부曲阜는 단 하루 진격거리다. 이 땅을 넘겨주면 노나라는 사실상 코뚜레를 꿰이는 형국이었다. 이로부터 4년 뒤 수나라의 귀족들이 제나라의 수비병들에게 술을 먹이고 다 죽이는 사건이 발생하는데, 이로 보아도 수 지역은 제나라의 군사가 주둔하는 남방정벌 군사거점임을 알 수 있다.

그러나 당시는 어쩔 수 없었다. 장공은 수를 포기하는 조건으로 화친을 구했다. 이리하여 두 군주가 가柯에서 맹서하기에 이른다. 강단 있는 조귀가 가만히 있었을까?

4. 관중의 신뢰정치

가의 맹서장에서 조귀는 후대에 이름을 남긴 일대의 사건을 일으킨다. 이 드라마를 기록하는 사서들의 태도는 자못 다르다. 노나라의 역사책인《좌전》은 그냥 맹서했다는 말만 남긴다. 드러내고 싶지 않은 일이었을까?《사기》는 조귀와 환공을 주인공으로 회맹장의 활극을 묘사한다. 《관자》는 관중과 장공까지 활극의 무대로 올린다.《공양전》에서는 조귀와 관중의 대결을 위주로 묘사한다. 내용도 조금씩 다른데, 그렇다고 사관들이 이야기를 지어내었기 때문은 아닐 것이다. 전해 들은 것을 기록한 경우도 있고, 정사를 기록하는 죽간의 사초史草가 시간이 지나면서 유실되기도 하고, 또 사관들이 잘못 베껴 쓰기도 하는 등의 오류가 있을 수 있기 때문이다. 이번에는 조귀와 관중의 사람됨을 극적으로 보여주는《공양전》의 시선으로 그날의 활극을 재현해보자.

노 장공이 장차 환공과 회맹에 나서려 할 때, 조귀가 묻는다.

"어떻습니까, 지금 마음이 어떠신지요?"

관중이란 자는 한때 군대를 빌려서 일을 해보려다가 실패해서 곤욕을 치르게 하더니, 이제는 적이 되어 목을 죄어온다. 게다가 그에게 땅을 내주고 항복을 구걸해야 하는 형편이다. 장공이 탄식한다.

"과인은 지금 살아 있는 것이 죽느니만 못하네."

이렇게 장공의 본심을 떠본 조귀는 일을 칠 준비가 되었다.

"그렇다면 군주께서는 저쪽 군주를 맡으십시오. 저는 저쪽 신하를 맡겠습니다."

둘은 눈빛을 교환한다. 장공이 대답한다.

"좋소."

맡기는 뭘 맡겠다는 말인가?

이리하여 회합이 시작되고 장공이 단상에 오를 때 조귀가 갑자기 칼을 빼 들고 따라 오른다. 사달이 난 것이다. 군주들의 맹서에 신하가 감히 칼을 빼서 나타나다니. 관중은 즉각 사태를 파악했다. 관중이 황급히 앞으로 나가서 말한다. 잘못하면 피를 볼 상황이다. 순간 판단의 귀재 관중은 여기서도 거래를 시도한다.

"군주(장공)께서 도대체 뭘 원하십니까?"

조귀가 일갈한다.

"성이 무너지고 국경이 깔아뭉개졌는데 우리 군주라고 가만히 당할 줄 알았는가〔城壞壓境 君不圖與〕?"

그러자 관중은 이어서 묻는다.

"그렇다면 군주께서 대저 바라시는 것이 무엇입니까?"

조귀가 대답한다.

"문양汶陽의 땅을 돌려주십시오."

그러자 관중이 환공을 돌아보며 말한다.

"허락하시겠습니까?"

상대는 칼을 들고 있다. 환공이 대답한다.

"허락하오."

조귀가 다그친다.

"그럼 맹서를 하시지요."

이리하여 환공이 내려와 맹서를 하니, 조귀가 칼을 거두고 자리로 돌아갔다.

《공양전》은 이어서 이렇게 평한다.

요맹要盟(신하가 군주와 한 약속, 곧 강요된 약속)이란 깰 수 있는 것이나, 환공은 속이지 않고 따랐다[要盟可犯 而桓公不欺]. 조귀는 가히 원수라 할 수 있으나 환공은 그를 원수로 대하지 않았다. 이 가의 회맹으로 환공의 신의가 처음으로 천하에 드러났다.

환공이 위험에 처하자 관중이 중간에 재빨리 끼어드는 모습을 보라. 관중은 뭔가 보여줘야 할 때 보여준다. 견위수명見危授命이라, 정치인은 중요한 시기에 자신을 희생하는 판단을 해야 한다. 환공이 위협을 받아 맹서당하는 것을 관중은 '허락하는' 모양새로 바꾸었다. 관중은 어그러진 일을 단숨에 정리할 줄 알았다.

《관자》는 이야기를 부풀려 좀 더 극적으로 만들어놓았다. 이야기를 들어보자.

> 장공과 조귀는 모두 칼을 준비했다. 장공은 환공과 맹서하는 순간 칼을 뽑아 들었다.
>
> "노나라의 국도에서 국경까지 겨우 50리밖에 안 되는데, 이는 이미 죽은 것이나 마찬가지다."
>
> 이렇게 말하고는 왼손으로는 환공을 가리키고 오른손으로는 자신을 가리키며 비장한 말을 내뿜었다.
>
> "죽는 것은 다 한가지 아니오. 그렇다면 나는 그대 제나라 군주 면전에서 죽겠소."
>
> 관중이 환공에게 달려가자, 조귀가 칼을 뽑고 가로막았다.
>
> "두 군주가 장차 국경을 고치려 하는데 감히 나서지 마시오."
>
> 관중은 사태를 눈치챘다. 그리고 재빨리 거래를 성사시킨다.
>
> "군주께서는 땅을 돌려주시고, 문수汶水를 경계로 하시지요."
>
> 환공은 허락할 수밖에 없었다.

그날의 일을 자세히 재구성하기는 어렵지만 기록들은 대체로 일치한다. 기록은 관중의 성격을 보여준다. 군주가 위험에 처했을 때 관중은 일단 몸으로 막는다. 관중과 환공은 사실상 형과 동생 사이와 같다.

관중은 형이 동생을 돌보듯이 군주를 감싼다. 그러나 돌보기만 하면 관중이 아니다. 이 활극의 무대에 관중을 올리지 않던《사기》는 사후처리 문제에 관중을 등장시킨다. 화가 난 환공은 맹약을 파기하고 조귀를 죽이려 한다. 감히 군주 간의 자리에 끼어들어 칼로 위협하다니. 그러자 관중이 만류한다.

"위협당해서 허락했다가 약속을 어기고 그를 죽인다면 이는 그저 화풀이에 불과합니다. 이는 제후들에게 신의를 잃고, 천하의 원조세력을 버리는 것입니다. 안 됩니다."

누가 관중이 힘으로 천하를 제패했다고 말하는가? 관중은 정치로 제패했다. 관중은 어제 한 말을 오늘에 뒤집는 사람이 아니다. 관중이 오직 힘만 썼다면 제나라 혼자의 국력으로 강력한 초나라와 서방의 나라들을 제압하는 것은 어림없는 일이었다. 관중은 국제관계를 이해했고, 정치를 통해서 분쟁을 해결하는 방법을 알았다. 정치의 제1원칙은 신뢰다. 위협당했더라도 허락하지 않았으면 문제가 되지 않는다. 그러나 이미 허락했다면 목숨 때문에 약속을 버린다는 말밖에 더 되겠는가? 관중의 패업은 여기서 시작되었다. 땅이야 다시 얻을 수 있다.

관중은 또 상대방을 인정할 줄 알았다. 그도 불과 얼마 전에 노나라 땅에서 재기를 꿈꿨던 사람이다. 어차피 차지하지 못할 땅이라면 인심을 쓰는 것도 좋은 방법이다. 줄 때는 화끈하게 주어야 한다. 그래야 받는 사람이 고마워한다. 다음 장에서는 관중이 선물을 주는 방식을 자세히 볼 것이다. 주면서 욕먹는 사람들이 있다. 물건도 잃고 마음도 잃는 길이다. '줄 때는 과감하게', 이것이 관중의 방법이다. 자신이 끼어들어서 환공의 체면을 살리고, 몇 년 전 노나라 군주에게 진 빚도 갚고, 스스로 명성도 얻었으니 관중은 얻을 것은 다 얻은 셈이다. 과연 노나라는 이 일로 잘 길들여졌다.

　관중은 절대로 뒤통수를 치지 않는다. 다만 관중은 여론을 끌고 간다. 관중은 뒷다리를 무는 물뱀이 아니라 천하에 널리 알려진 법룡이었다.

제11장

국제정치의
기준을 세우다

...

국제정치가로서 관중을 바라보는 시선은 다양하다. 나중에 등장하는 전국시대의 상앙과 한비자는 관중의 힘이 부러웠다. 그들은 관중이 만든 힘의 질서만 빼내어 자신의 시대에 펼치고자 했다. 반면 공자와 맹자는 관중이 만든 힘의 질서가 미웠다. 그들은 폭력을 배제한 인치仁治로 이상적인 세계를 만들고자 했다. 관중을 좋게 보든 나쁘게 보든 관중은 춘추시대의 기준을 세운 사람이다. 춘추시대의 질서란 힘을 기준으로 하되, 군사적인 무한경쟁은 배제하는 특이한 국제관계 체제였다. 관중의 생각들은 당시 국제정치의 패러다임이 되었다.

관중을 생각하면 현 시대를 풍미하고 있는 '현실주의' 이론이 떠오른다. "국가 간 관계에서 자연상태는 곧 전쟁상태를 의미한다"[16]는 전제는 약자들로서는 받아들이기 어렵다. 그러나 "국제체제에서 자신을 보장하는 가장 안전한 방법은 패권국이 되는 것이다"[17]라는 말은 근거 없는 주장이 아니라 역사적인 사실에 기반한 것이다. 역사적으로 힘은 없고 착하기만 한 국가는 국제사회에서 항상 인정받지 못했으니까. 조선은 일본에 못 할 짓을 한 적이 없지만 임진왜란이니, 대한제국 강점이니 하는 일들이 일어났다. 도요토미 히데요시나 일본 군부의 원칙은 오직 하나, 힘이었다.

그런데 폭력을 떠나 아예 강약이 없는 세계로 들어갈 수 없다면, 차라리 '강하면서도 그럭저럭 착한 사람'이 되는 것이 차선일 수도 있다. 관중은 그 차선을 체계화한 인물이다. 관중은 2700년 전 춘추의 정치를 이론화하고 또 현실화한 사람이다. 그러나 관중은 패자覇者였지만 비도덕적인 패자는 아니었다. 관중이 추구한 것은 이른바 차선이었다. 관중은 무력에 의존하지만 무력 사용은 최소화했다. 관중의 방법은 군사적 팽창에서 호혜주의, 더 나아가서 시혜주의까지 포괄한다. 그는 군사적인 행동 이전에는 '호혜주의'를 내세워 이론적인 우위를 점하려 하고, 군사적으로 우위를 점한 후에는 '시혜주의'로 돌아서서 상대를 위무했다.

관중의 행동의 기반은 물론 제나라의 부유함이었다. 속된 말로 '제나라에 가서 한 가방 받아오자, 제나라의 힘을 빌려서 나라를 보존하자' 등의 생각이 바로 제나라를 둘러싼 작은 나라들의 심사였다. 제나라가 가장 동쪽에 있으면서도 중원 여러 나라의 구심점이 된 것은 관중이 만든 질서를 여러 나라가 이렇게 '내면화'했기 때문이다. 상대가 받아들이도록 하는 것, 이것은 최선은 아니더라도 차선 정도는 되었다.

국제사회에 보안관은 없다는 것이 현실주의 이론의 핵심이다. 힘이 있으면 보존되고 없으면 도태된다. 관중도 이 전제를 인정한다. 관중은 초나라의 위협을 사전에 인지했다. 춘추시대 가장 먼저 대규모 합병을 개시한 나라는 남방의 초나라다. 초나라에게 지면 없어지고, 이기면 생존한다. 생존을 위한 가장 좋은 방법은 먼저 패자가 되는 것이다! 수隨나라, 식息나라, 채蔡나라, 진陳나라는 모두 초나라에게 당했다. 관중이 보기에 최선의 수비는 공격이다. 혼란기에는 먼저 출발하는 자가 최고다. 그래서 관중은 개혁을 실시하고 패자가 됨으로써 가장 안전한 위치에 올라서고 싶었다.

관중은 힘이 없는 나라들의 운명을 목도했다. 제나라를 세운 강성은 주나라를 세우는 데 혁혁한 공을 세웠지만, 한때 군주가 솥에 삶겨 죽는 치욕을 당했다. 제나라의 힘이 대단했더라면 감히 그럴 수 없었을 것이다. 또 관중의 고향에 분봉을 받은 관숙과 채숙의 자손들이 흥성했더라면 그가 멀리 제나라로 들어와 고생하지도 않았을 것이다.

관중의 선택은 언제나 차선이었지만 공교롭게도 그 차선은 항상 현실성을 인정받았다. 관중은 포숙에게 미안해하면서도 그에게 기댔다. 그러자 사람들은 포숙을 높이 샀고, 관중은 포숙의 선행을 드러내는 사람이 되었다. 관중은 소홀에게는 미안하지만 따라 죽을 수는 없었다. 그러나 자신은 새 군주에게 최선을 다함으로써 소홀의 의를 빛내고 자신은 충성스럽다는 말을 들었다. 관중은 착하지만 당하며 사는 사람보다는 강하지만 덜 괴롭히는 사람을 목표로 삼았다. 그러자 제나라의 주변국들은 관중의 관대함을 칭찬했다. 국제관계에서 그는 민족 간의 평등이 아니라 존왕양이尊王攘夷를 주창했다. 그러자 공자는 "관중이 없었으면 중국이 다 오랑캐가 되었을 것이다"라고 칭찬했다. 차선을 행하면서도 이렇게 칭찬받는 것이 관중의 특징이다.

사실상 관중이 만든 질서에는 이후 전개되는 전국시대의 모든 맹아들이 들어 있다. 관중은 도덕군자가 아니라 정치인이었다. 그는 현실주의의 벽을 넘을 수 없었다. 그러나 관중의 현실주의는 오늘날의 현실주의보다는 훨씬

너 충__하고 인간적이다. 관중은 힘이 있지만, 스스로 왕야의 무덥사가 아니라 '보안관'이 되려고 노력했기 때문이다.

여담이지만 현대 중국이 오늘날의 현실주의 대신 관중의 현실주의에서 '제3의 길'을 모색한다면 우리에게는 커다란 다행이다. 공자를 배우면 좋고, 차선으로 관중을 배워도 좋다. 그러나 약자인 우리는 공자와 관중의 이면을 파악해야 한다. 도덕의 이면에는 항상 현실이 놓여 있다. 그렇다고 하더라도 현실의 심층에 도덕이 자리를 잡고 있으면 사회가 감당할 수 없는 갈등으로 달려가는 것을 막을 수 있기 때문이다.

《자치통감》에 나오는 말처럼, '관중과 조조가 힘이 없어서 나라(주나라, 한나라)를 빼앗지 않았겠는가?' 문무겸전의 인재란 바로 관중과 조조를 두고 한 말이다. 무는 힘이고 문은 도덕이다. 그러나 관중과 조조가 당시에 나라를 빼앗았더라면 잘 다스릴 수 있었을까? 관중과 조조의 대답은, '당장은 아니다'였다. 이렇게 도덕의 이면에는 현실이 있는 것이다. 뛰어난 정치가는 하지 못하는 일에는 지혜롭게 도덕적인 이유를 끌어들인다. 위선적인지 아닌지는 각자가 판단할 몫이지만, 중요한 점은 상대방이 관중의 설명을 받아들였다는 점이다.

1. 국제정치의 한계를 인정하다 ━━━━━━

이제 '염치가 있는 현실주의자' 관중의 현실주의를 살펴보자. 앞 장에서 관중은 내정을 정비하는 대책을 냈다.

> 그 일이 끝나자 환공이 묻는다.
> "백성의 거처가 정해지고, 그들의 사업은 이미 이루어졌습니다. 내가 천하 제후들의 일에 나서려 하는데 가능하겠습니까?"
> 관중이 대답한다.
> "아직 안 됩니다[未可]. 백성들의 마음이 아직 안정되지 않았습니다."
> ─《관자》〈소광小匡〉

환공이 내정을 정비하고 관중에게 묻는다.

"내가 이제 제후들 일에 나서려고 하는데 괜찮겠습니까?"

관중은 대답한다.

"아직 안 됩니다(未可). 아직 이웃 나라도 우리와 친하지 않습니다. 천하의 제후들 일에 나서려 하시면 이웃 나라들을 친하게 만들어야 합니다."

―《국어》〈제어〉

환공이 정나라 배반자의 말을 듣고 정나라를 치려고 하자, 관중이 말한다.

"정나라는 숙첨叔詹, 도숙堵叔, 사숙師叔 세 어진 신하가 정치를 하고 있습니다. 아직은 틈을 타서 칠 수가 없습니다(未可間也)."

―《좌전》'희공 7년'

이쯤 되면 관중은 '아직 안 됩니다' 선생으로 불러도 될 듯하다. '아직 안 됩니다'의 목록은 더 있다. 그러나 주의할 점이 있다. 관중은 '절대 안 됩니다' 하지 않고 '아직 안 됩니다'라고 한다. 어떤 이유가 있었을까?

역사상의 선배들이 누누이 말해왔듯이 세상에는 안 되는 일이 있다. 단적으로 전쟁에서 쌍방이 모두 승리할 수는 없다. 역사는 흔히 승자의 기록이라고 하는데, 우리는 한 명의 승자가 있기 위해 얼마나 많은 패배자가 있었는지, 혹은 얼마나 많은 관람자가 있었는지 잊어버리는 경향이 있다. 모두가 승리하지 못하듯이 한 사람이 한꺼번에 모든 것

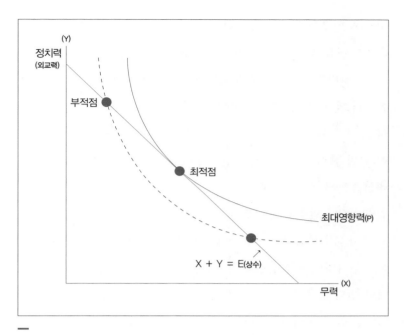

무력의 사용빈도와 영향력. 무력도 극단으로 갈수록 효력이 작아진다.

을 다 가질 수도 없다. 객관적인 힘이 달리면 어쩔 도리가 없다. 맹수들의 우리에는 분명히 우두머리가 있지만, 이 우두머리 하나의 힘이 나머지의 힘을 합친 것보다 크지는 않다. 경쟁이 있는 세상사에서 압도적인 힘의 우위란 있기 힘들다. 대체로 비등비등하고 그래서 정치가 등장한다.

관중은 제나라의 한계를 잘 알고 있었다. 당시의 사회경제적인 한계, 국제정치의 한계 속에서, 또 군비경쟁의 와중에서 제나라는 전국을 병탄할 능력이 없었다. 자칫 홀로 멀리 나가다가는 역습을 받을 수 있었다. 외로운 호랑이는 승냥이 떼를 이기지 못한다. 관중은 이 한계 속에서 제 나름의 질서를 만들어내고 싶었다.

처음부터 끝까지 관중의 사고는 경제적이다. 일반적으로 국가는 두 종류의 힘을 가지고 있다. 하나는 군사력을 기준으로 한 물리적인 힘이고, 다른 하나는 도덕성, 명성, 외교적인 기민성 등의 비물리적인 힘이다. 이 두 힘은 각각 특성과 한계가 있다. 물리적인 힘은 효과가 빠른 대신 소모되기 쉽다. 비물리적인 힘은 쉽게 소모되지는 않지만 물리적인 힘이 없으면 홀로 효과를 내기는 어렵다. 물리력의 사용빈도를 X라고 하고 국제사회에서의 영향력을 P라고 할 때, 내가 쓸 수 있는 자원이 무한하다면 국제사회를 넘어서는 힘을 행사해서 세계를 병탄할 수 있다. 만약 내가 쓸 수 있는 자원을 다 써도 국제사회의 힘을 넘어설 수 없다면 힘을 다 써서는 안 된다. 가장 적절한 수준까지만 사용해야 한다. 관중은 그 적절한 수준을 이해하고 있었다. 객관적인 조건을 오판하면 바로 도태된다. 경제학에서 말하는 최적화(optimization)는 관중이 행하는 정책의 전제다. 앞으로 그런 정치적인 감이 없는 지도자들의 운명을 계속 목도할 것이다.

관중이 받아들여야 할 한계는 편의상 겉으로 드러난 역학관계, 그 역학관계를 만들어낸 사회적인 조건, 그리고 사상적인 것으로 나눌 수 있다.

역학관계의 한계

―

잠깐 병법의 달인 손무孫武를 불러보자. 《손자병법》의 〈모공謀攻〉 편에
서 손무는 의미심장한 말을 한다. 손무는 관중 사후 100년이 더 지나
야 활동하는 제나라의 후배 정치가이자 군사 전략가다. 그때 국가 간
의 갈등 양상은 관중 시절보다 더 격렬했다. 그럼에도 그는 무력을 쓰
는 원칙과 작전의 어려움을 이렇게 토로한다.

> 대저 용병의 법이란 상대 나라를 온전하게 하는 것이 최선이고, 그 나
> 라를 깨는 것은 차선이다. 상대 군사를 온전하게 하는 것이 최선이고,
> 그를 깨트리는 것은 차선이다.

왜 그런가? 전쟁의 목적은 적국을 굴복시키는 것이지 없애는 것이
아니다. 만약 병탄한다면 나라의 힘을 그대로 보존해서 흡수해야 한
다. 그러니 싸워서 이기는 것이 최선이 아니라 싸우지 않고 이기면[不戰
而屈人] 더 좋다. 그리고 그보다 더 현실적인 이유가 있다. 실제로 병탄
하는 것이 거의 불가능하기 때문이다.

> 군사를 쓸 때 적의 의도[謀](전략)를 꺾는 것이 최선이고, 그 동맹[交]
> (외교)을 막는 것이 차선이며, 적의 병력[兵]을 (야전으로) 꺾는 것이 차
> 악이며, 성城을 공격하는 것은 최악이다.

왜 그런가? 손무는 말한다.

"공성기구를 만드는 데 석 달, 토성을 쌓는 데 석 달이 걸린다."

석 달이란 한 계절을 말하는 것으로, 농경사회에서의 작전은 계절이 바뀌지 않아야 한다. 그런다고 이길 수 있을까?

"장수가 분을 이기지 못해 몰아세워 장병들의 3분의 1을 잃고도 성을 뽑지 못하니, 이것은 공성작전의 재앙이다."

공성을 하려면 얼마만큼의 병력이 필요할까?

"아군이 열 배가 되면 포위한다[十則圍之]. 아군이 다섯 배가 되면 공격한다. 아군이 배가 되면 나눈다(적을 분산시킨다). 아군이 적과 비등하면 최선을 다해 싸워본다. 아군이 적보다 적으면 도망간다. 그도 안 되면 아예 피한다."

병법의 화신인 손무, 그는 역시 관중의 후배답게 쓰는 말이 깔끔하다. 그는 절대로 적은 수로 목숨을 걸고 싸우라고 하지 않는다. 적이 나보다 조금이라도 많아 보이면 도망가는 것이 용병의 '법칙'이다. 여기서 '열 배가 되면 포위한다'는 것이 바로 성을 공격한다는 의미다. 성을 공격할 때는 최소 열 배가 되어야 한다는 것이다. 관중도 절대로 인력을 소모하는 싸움을 하지 않았다. 적보다 우세한 병력으로, 우세한 무기로, 우세한 전략적 위치에, 우세한 명분까지 더해져야 관중은 출사出師했다.

전국시대가 되면 각국은 공공연히 상대의 성을 공격한다. 그러나 춘추 초기에 공성전은 무리였다. 일단 성을 공격할 인력이 없었다. 당시에 최대의 인구를 보유하고 있던 나라는 물론 제나라다. 그러나 다른 나라들이 딱히 약했던 것도 아니다. 다음의 표를 보자.

이름과 시기 (기원전)	성벽 길이 (킬로미터)	면적 (제곱킬로미터)	수용 인구 (만)
상 중기 정주상성(1500)	둘레 7.1	3.15	3.9~5.8
낙양 주왕성(771~)	한 변 2.89	8.35	10~15
제나라 임치고성(850~)	대성+소성 총 둘레 21	17	21~32(사서, 7만 호)
노나라 곡부 도성(서주 초기~)	동서 3.5, 남북 2.5	8.75	11~16
초나라 영郢성(681~)	동서 4.5, 남북 3.5	15.7	19.5~29.5
진晉나라. 산재되어 있음.	곡옥, 익 등	?	?
진秦나라 옹雍성(667~)	동서 4.5, 남북 2	9	11~17

예를 들어 제나라가 임치의 2분의 1 규모인 노나라의 곡부 도성을 공격한다면 인력이 얼마나 필요하겠는가? 곡부에 수비군이 약 3만 명 있다고 하면 30만의 공격군이 필요하다. 아이와 여자를 빼고 국인들을 다 몰고 나온다고 해도 제나라의 국인으로는 10만을 채우기 어렵다. 관중의 개혁을 통해 제나라는 3군 3만 명을 갖추었다. 그러니 현재 제나라의 실질적인 병력은 3만이다. 3만으로는 성을 공격할 수 없다. 야전의 주력인 전차는 공성전에서는 무용지물이다. 공성전의 관건은 오직 숫자의 우위다. 성 위에서 돌을 던지고 활을 쏘지 못하도록 압도적인 다수가 엄호해야 성을 공격할 수 있다.

그나마 노나라는 가까운 나라다. 그러니 보급을 걱정하지 않아도 된다. 그러나 멀리 초나라나 진나라라면 어떻게 할까? 전차가 태행산 남부의 소로를 지날 때, 혹은 한수를 건널 때 모두 요격당하고 말 것이다. 주위 나라들에서 징발하지 않는다면 군량도 해결하지 못할 것이다. 그런데 주위에서 징발하려고 하면 당장 민심을 잃어버리고 고립될 것이다. 17세기 청나라 강희제 시기에도 장거리 원정은 최대 100일이라는 불문율이 있었다. 보급 문제 때문이었다. 진이나 초를 공격하려면 전투병보다 더 많은 보급인력이 투입되어야 할 것이다. 불감당이다.

앞의 표에 나오는 국가들은 대부분 강국이다. 그러나 비교적 작은 정나라, 채나라, 혹은 설나라까지 도성의 규모는 충분히 10만 이하의 공격군을 방어할 정도가 된다. 남의 나라를 완전히 정복하기는 이래서 어렵다. 땅을 얻을 수는 있어도 나라를 없애기는 극히 어려웠다.

물리적인 한계는 사회경제적인 한계 때문에 생긴 것이다. 전국시대에 공성전이 벌어진 것은 춘추시기에 '야인'으로서 전쟁에 동원되지 않던 농민들이 모두 무장했기 때문이다. 그리고 전국시대에는 곡식의 비축이 활발해져서 장기간의 원정을 지원할 수 있었다. 일단 성을 둘러싸면 성 내부의 자원이 고갈될 때까지 기다리는 것이 상책이다. 그러자면 일군의 부대가 계절을 넘겨도 보급물자가 끊기면 안 되었다.

관중시기에 농민들을 무장시키려 했다가는 폭동이 일어났을 것이다. 농사시기를 놓치면 처자가 굶주리게 된다. 철제 농기구가 농사에 본격적으로 쓰이기 전의 농업생산력으로는 대규모 저장도 어려웠다. 또 도로가 정비되지 않은 상태에서 곡물을 운반하기도 어려웠다. 관중은 이런 것을 모두 고려했다. 관중의 방법은 연합군을 결성해서 힘도 약하고 도덕적으로도 타락한 상대의 틈을 노리는 것이었다. 약한 상대라도 틈이 없으면 두드리기 어려웠다.

그래서 동방의 작은 나라들은 병탄할 수 있지만 황하 북쪽의 진晉이

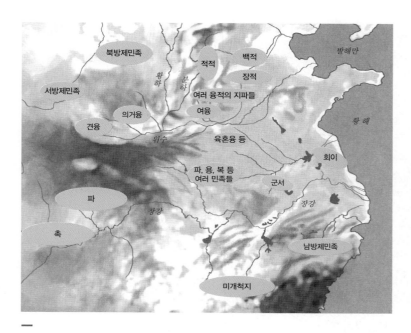

춘추시기 이민족의 분포.

나 먼 서방의 진秦, 그리고 한수 너머의 초는 천운이 따라 얻는다 해도 흡수할 수가 없었다. 관중이 보기에 연과 위는 산융과 적족의 동진을 막는 울타리였고, 진晉나라 역시 융적의 남하를 막는 보루였으며, 서방 의 진秦은 서융을 막는 울타리였다. 그 울타리 하나만 없어져도 동방이 위험했다. 관중이 연합군을 결성하여 적극적으로 태행산맥 동록의 나 라들을 지원하여 융적들을 막은 것은 바로 그런 까닭에서다. 싸움이 벌 어지면 융적은 보병을 위주로 했기 때문에 손실이 매우 컸다. 이 이민족 들의 남하나 동진은 제나라의 안전에도 실질적인 문제였던 것이다.

다음의 지도에서 보듯이 춘추시기 백적白狄, 장적長狄, 적적赤狄 등으로 부르는 적족은 황하 하류 일대 전부를 위협하고 있었다. 황하의 한참 아래에 있는 송, 노, 제 등이 모두 사정권 안에 있었다. 중원의 패주로서 환공과 관중은 이들에 대응하기 위해 연합전선을 결성해야 했다. 이로 보아 이들은 춘추시기 한 나라가 감당할 수 있는 세력이 아니었다. 전국시대가 되어서야 진秦, 조趙 등의 군사대국들이 이들을 북쪽으로 밀어 올릴 수 있게 된다. 제나라가 동방에서 힘을 발휘하기 위해서는 북방과 서방의 울타리가 절실히 필요했다. 관중은 당분간 이들의 울타리가 강해지는 것을 방관할 생각이었다.

사상적인 한계

ー

관중 사후 800년쯤 지난 삼국시대에 원술이라는 사람이 있다. 그는 《삼국지》의 중요한 등장인물이다. 귀족 가문에 허영도 꽤나 커서 스스로 황제가 되고 싶어 했다. 그래서 혼란의 와중에 처음으로 황제를 칭한다. 그러나 황제를 칭하자마자 공격 목표가 되어 쓰러지고 말았다. 이름과 실제가 맞아 떨어지지 않았던 것이다. 유씨 천하에 원씨가 쿠데타를 일으켰다고 정적들이 모두 그를 비난했다. 그런데 재미있는 것은 막상 원술이 죽자 유비, 손권, 조비 등이 황제를 칭했다는 것이다. 모두 황제를 칭하고 싶었지만 시기가 무르익지 않았을 뿐이다. 황제를 칭해도 받아들일 수 있는 상황이 있고, 황제를 칭하면 위험해지는 상황이 있다.

주 왕실을 중심으로 한 세계 질서는 비록 관념적이었지만 매우 끈질 겼다. 설사 관중이 전국을 제패할 힘이 있었다고 하더라도 그런 무력 은 금기되었다. 다들 춘추 질서가 사라지는 것을 원하지 않았고, 때문 에 주 왕실이 유명무실해져도 존왕은 넘어설 수 없는 이념적 현실이었 다. 그리고 주 왕실이 분봉한 제후들을 함부로 건드릴 수 없는 것이 당 시의 관념이고 현실이었다. 비록 학파를 달리하지만 관중 사후 거의 300년이 지나야 태어나는 맹자의 관념을 봐도 주 왕실의 권위가 얼마 나 극복하기 힘들었는지 알 수 있다. 맹자는 말했다.

오패는 삼왕의 죄인이다. 제후는 천자가 봉한 제후를 벌할 수 없다.

－《맹자》〈고자〉

그러면 맹자보다 몇백 년 전의 관념은 어떠했는가? 관중은 주 왕실 의 권위를 철저히 인정하고 그 권위의 보호자를 자청했다. 관중이 군 대를 이끌고 주 왕실과 진晉나라를 방어한 후 천자를 알현하자 천자는 관중을 상경上卿의 예로 대했다. 물론 제나라의 상경은 고씨와 국씨였 고 관중은 상경이 아니었다. 그래서 관중은 이렇게 대답했다.

신은 천한 관리입니다. 천자의 두 상경인 국씨와 고씨가 있사온대, 이 들이 춘추의 절기에 왕명을 받고자 내현하면 그때는 어떤 예의로 대 하시렵니까? 저는 감히 이 대우를 받아들일 수 없습니다.

그래서 관중은 하경下卿의 예로 대우를 받고 돌아왔다.《좌전》은 '군자'의 말을 빌려 관중의 이 행동을 이렇게 칭찬한다. 그 군자란 아마 공자가 아니었을까 한다.

관중이 대대로 제사를 받는 것은 마땅하다. 그는 사양하여 윗사람의 존재를 잊지 않았구나.

이때 관중은 주나라의 명을 보존한 은인의 자격으로 왕을 조현朝見한 것이다. 그럼에도 관중은 극도로 자신을 낮추었다. 왕실에서 자신을 낮추는 것이 제후들을 거느리는 데 도움이 된다는 것을 알았기 때문이고, 또 관중 자신이 주나라 중심의 질서를 깰 마음이 없었기 때문이다.

관중은 기존 질서를 인정하는 대신 회맹질서에서 새로운 규칙들을 만들어냈다. 예를 들면 관중은 "세자를 바꾸지 않는다"는 규칙을 만들어 이를 따르게 했다. 그럼 세자를 바꾸면 어떻게 되나? 제나라가 천자를 대신하여 징벌한다. 관중은 천자가 준 모자가 필요했다. 그 모자가 없으면 힘이 없어진다는 것을 알고 있었다. 그래서 관중은 천자의 대리인을 자처했다.

사실 관중이나 환공이나 모두 주나라를 중심으로 한 의리의 세계에 살았다. 그들은 전국시대 이후의 인간들과는 좀 다르다. 춘추시대 제후들 사이의 의리는 약간 낭만적인 면이 있었다. 관중이 설령 전국을 제패할 힘이 있었다고 하더라도 그렇게 하지 않았을 가능성이 농후하다. 왜냐하면 관중의 법률은 제후국의 군주가 스스로 '윗사람을 범하지 않는' 모범을 보임으로써 국내의 백성들의 반란을 막는 체제였기 때문이다. 제후들끼리도 서로 일정한 한계를 넘지 않았다. 전투에서 상대편 군주를 잡는다 해도 죽이지는 않는 것이 불문율이었다. 또 전투에서 장수가 상대편 군주에게 예를 올리는 경우도 허다했다. '뿌리를 뽑는' 싸움은 하지 않았다는 것이다. 그래서 원수를 친다 해도 그 자손 한 명은 남겨두는 것이 춘추의 예법이었다. 종법질서에서 상대의 핏줄을 완전히 끊는다는 것은 가장 무서운 패륜이었다.

춘추시대는 일종의 과점체제에 비교할 수 있다. 국인[士]들과 귀족들은 싸움을 할 의무가 있다. 그러나 꼭 전쟁에서 목숨을 걸 의무는 없다. 국인들은 농민들이 생산하는 것을 안정적으로 확보할 수 있다면 굳이 목숨을 걸고 겸병전에 나설 필요가 없었다. 근본적으로 국인들과 야인들의 이해관계가 달랐던 것이다. 야인들의 입장에서 무도한 군주가 아니라면 나라 이름이 제나라든지 진나라든지 기본적으로 상관이 없었다.

당시 귀족들은 국내에서 문제가 생기면 종종 망명했다. 다시 말해 나라와 상관없이 귀족은 귀족들끼리 연대감이 있었다는 것이다. 망명객은 이유를 불문하고 일단 받아들이는 것이 귀족들 간의 불문율이었다. 춘추시대에 한가락 하는 사람들 중에 망명객이 허다하게 많다. 춘추시대 두 번째 패자인 진晉나라 문공도 망명객이었다. 제나라 환공이 죽자 권력싸움에서 밀린 아들들이 '적국'인 초나라로 망명했다. 초나라에 가니 초 성왕은 이들을 모두 대부로 삼았다. 대부란 귀족 중의 귀

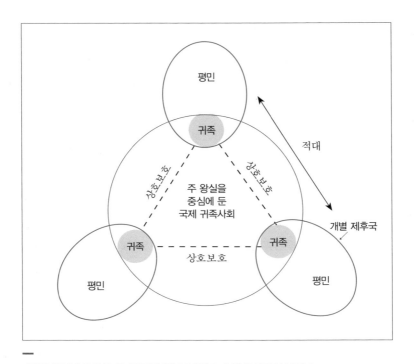

과점체제와 춘추의 질서. 국가들이 적대관계에 있어도 지배층은 서로를 보호한다.

족이 아닌가? 오늘날 우리나라를 비롯하여 수많은 나라의 정치인들이 '미국시민권'을 가지고 있다. 여러 이유가 있겠지만 안전판을 마련해 두는 것이다. 춘추시기에 일국의 귀족은 일종의 '세계시민권'을 가지고 있었다. 이들은 국가와 운명을 같이할 동기가 약했다. 관중은 이 현실을 누구보다 잘 알고 있었다. 그는 분명히 대규모 살육이 벌어지는 싸움을 원하지 않았다.

국인과 야인이 국가라는 공동체 안에서 이해를 같이할 때 살벌한 투

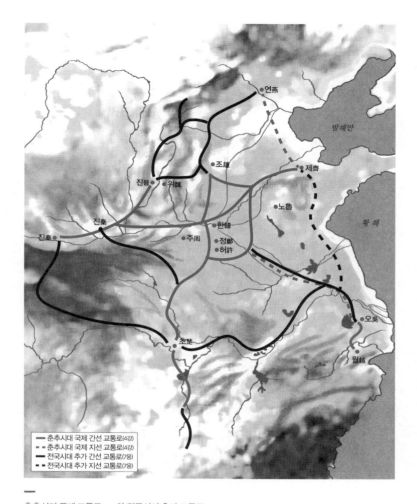

춘추시기 국제 교통로(4강)와 전국시기 추가 교통로(7웅).

지가 발생한다. 전국시대가 그런 시절이었다. 그 시절에는 국인, 야인의 구분이 없이 모두 군현郡縣의 백성이었고, 모두 군인이었다. 이기면 이익이 있고 지면 손해를 입었다. 또 마음대로 망명을 할 수도 없었다. 《묵자》〈천지天志〉에 "사람들이 다른 나라, 다른 가문을 도피처로 삼는다. 그러나 하늘에 죄를 지으면 도망갈 데가 없다"고 했는데, 이때 '하늘'이란 바로 전국시대의 보통 사람들의 세계관을 말한다. 도망간 사람을 이미 좋아하지 않는 시절이 왔다는 이야기다. 또 녹봉을 받는 사인들은 이미 춘추시대의 경대부와는 차원이 달랐다. 왕들은 관료들의 충성을 보장받기 위해 배신자들을 가혹하게 처리했다. 또 그때는 국가와 애국심이라는 관념이 자라나고 있었다. 실각하여 망명한 조趙나라 장수 염파廉頗가 "나는 오직 조나라의 군대를 이끌고 싶을 뿐이다"라고 말할 때 조나라는 염파의 조국이다. 관중 시절은 아직 그런 시절이 아니었다. 그때는 나라가 아니라 윗사람 곧 종법질서의 상급자에게 충성하는 체제였다. 봉지를 받은 제후나 귀족들은 친척들이거나 동료들이었다. 이들 사이에는 일종의 동료의식이 작용했다.

결국 관중은 현실을 인정하고 그 바탕 위에서 패자의 전략을 세운다. 하나는 폭력과 시혜의 공존이고, 다른 하나는 피아의 구분이다. 폭력과 시혜를 적절히 병행해서 제나라를 정점으로 하는 균형관계를 만들어내고, 틈이 있으면 재빨리 진격하여 제나라의 힘을 과시했다.

또 물리력을 행사할 때는 피아를 구분하여 지원자들을 끌어모았다. '중국'을 보호하기 위한 동맹은 사실 관중이 만들어낸 것이다. 과거 주나라는 틈만 나면 이민족을 끌어들였다. 사실상 그 당시에는 이민족이라는 관념도 거의 없었을 것이다. 마음에 들지 않으면 오랑캐라고 비하하지만, 마음에 들면 작위도 주고 힘이 밀리면 강화하기도 하고 때에 따라서는 아군으로 끌어들이면서 일반적인 제후국들과 똑같이 대했다. 그러나 관중은 자신의 질서를 위협하는 이민족들을 막기 위해 하족夏族으로 구성된 동맹을 만들어냈다. 초와 중국의 구분, 이적夷狄과 중국의 구분은 관중에 의해 강화되었다.

2. 국내외에 동일한 기준을 적용하다

환공은 주변 제후국 내부에 분란이 발생하는 경우 개입하여 먼저 맹세를 하게 했다. 그 맹세를 거역하면 연합군을 이끌고 쳐들어갔다. 송나라와 정나라의 내정 혼란을 문책하여 이들을 친 후 기원전 679년 환공은 견甄에서 회맹을 주관하고 드디어 패자를 칭했다. 《춘추》는 이 일을 "제후齊侯, 송공宋公, 진후陳侯, 위후衛侯, 정백鄭伯이 견에서 회맹하였다"고 썼고, 《좌전》은 이 회맹으로 "제나라가 비로소 패자가 되었다[齊始覇也]"고 설명했다. 그런데 여기서 주목할 점이 있다. 환공이 칭패할 때 춘추시대의 나머지 3강인 진晉, 진秦, 초는 회맹에 모습을 나타내지 않았다는 사실이다. 이처럼 초기 관중이 만든 회맹질서는 기본적으로 제나라를 둘러싼 작은 나라들을 대상으로 한 것이었다.

이후 제나라는 '중원'의 보안관 역할을 자임했다. 회맹에 참가한 정나라가 송나라를 침략하자 환공은 정나라를 응징했다. 이제 제후들

견鄄의 회맹 복원 모형. 환공은 송나라와 정나라의 내정 혼란을 문책하여 이들을 친 후 기원전 679년 견에서 회맹을 주관하고 드디어 패자를 칭했으며, 이후에 제후들 사이에 분쟁이 발생하면 환공이 나서서 분쟁을 정리했다.(제문화박물관 소장)

사이에 분쟁이 발생하면 환공이 나서서 분쟁을 정리했다. 또 기원전 666년 초나라가 정나라를 침략하자 제나라는 송나라와 함께 정나라를 구원했다. 그리고 끊임없이 중원을 위협하는 융적과 초나라를 견제하기 위한 방책을 강구했다. 먼저 초나라가 위로 올라오는 길은 정나라가 막고, 동쪽으로 진출하는 길은 진陳나라와 송나라가 막게 했다. 그리고 북방 이민족이 동쪽으로 이동하는 길은 위衛나라와 노나라가 막도록 했다.

　이제 관중과 환공이 국제사회에서 어떻게 패자의 지위를 유지하는지 살펴보자. 패자의 지위를 유지한다는 것은 그들이 국제적인 리더십을 가졌다는 의미다. 그 리더십의 원천은 무엇일까? 제나라의 무력일까? 아니다. 그들은 스스로 만든 국제적인 기준을 따름으로써 명망을 얻었고 패자의 지위를 유지했다. 질서를 만든 사람이 지키지 않으면 그 질서는 깨어진다는 점을 간파한 것이다.

　그들은 먼저 제후들의 행동기준을 제시했다. 그 기준은 제나라가 다른 나라의 일에 개입할 때의 기준이 되었다. 시간의 차이가 있지만 두 가지 중요한 사건으로 관중과 환공의 생각을 엿볼 수 있다. 하나는 기원전 659년 환공이 누이인 애강哀姜을 소환하여 죽인 사건이고, 다른 하나는 기원전 651년 패권의 정점이라고 할 수 있는 규구葵丘의 회맹이다. 먼저 규구의 회맹부터 살펴보자. 규구의 회맹은 환공과 관중이 만든 질서다.

국제조약을 만들다 – 규구의 회맹

환공은 무려 아홉 차례나 회맹을 주관했다고 스스로 자랑한다. 그만큼 그의 패권은 길었다. 그러나 매번 하는 회맹의 내용은 잘 알려져 있지 않다. 특히《좌전》은 내용을 전혀 알려주지 않는다. 그러나《공양전》《곡량전》《맹자》세 사서는 그날의 분위기를 부분적으로 전한다. 이 회맹은 오늘날의 국제조약 문서처럼 극히 모호한 해석의 여지를 남겨두었다. 물론 그 해석의 권리는 패권을 가지고 있는 자가 차지했다.《공양전》은 환공이 "위세를 떨치고 이를 자랑했다〔震而矜之〕"고 힐난했다. 제나라가 겉으로는 천자를 존중하는 척하지만 사실은 천자의 질서를 훼손한다고 생각했기 때문이다. 일단 회맹의 내용을 보자.《맹자》에 나오는 내용이 가장 상세하다.

1조 : 불효한 자는 죽인다. 적장자를 바꾸지 말며 첩을 본처로 삼지 않는다.

2조 : 현명한 이를 존중하고, 인재를 양성하며, 덕이 있는 사람을 빛낸다.

3조 : 노인을 공경하고 어린이를 사랑하며 손님과 여행자(사신)를 홀대하지 않는다.

4조 : 사土는 관직을 세습하지 않으며, 한 사람이 여러 가지 직을 겸임할 수 없고, 현명한 사는 반드시 등용하며, 대부를 마음대로 죽이지 않는다.

5조 : 제방을 구부려 쌓지 말고, 양식의 수출입을 막지 않으며〔無曲防 無遏糴〕, (아랫사람에게) 봉지를 내리면서 (천자에게*) 보고하지 않아서는 안 된다.

---

* 제후가 봉지를 내릴 때 보고할 대상은 천자밖에 없다.

그러고는 맹약을 맺은 제후들끼리는 돈독하게 지내자면서 끝을 맺는다. 하나하나가 매우 의미심장한 내용들이다.

제후국들 중에서 아들이 아버지를 범하면 '제나라가' 개입하여 죽인다. 적장자를 바꾸거나 첩을 처로 삼아도 '제나라가' 개입한다. 인재를 존중하지 않아도 '제나라의' 힐책을 받을 수 있다. 특히 '제나라의' 사신이나 여행객들을 건드리면 반드시 개입한다. 또 제후국들이 대부들을 죽여 과도한 집권화를 추구해도 '제나라가' 개입한다. 마지막으로 제방을 구부려 쌓거나 곡물의 출입을 방해해도 '제나라의' 응징을 받는다.

실제로 제나라는 도덕적인 이유들을 들어 약소국들을 공격했고, 이것은 향후 중국사에서 국제적 문제에 개입하는 대원칙이 되었다. 당나라가 연개소문을 공격할 때도 왕을 시해했다는 표면적인 이유를 들었다. 이런 전통의 원칙도 관중이 세웠다는 것을 알면 전율할 것이다. 그래서 공자는 질서의 주재자로서 관중을 존중했다.

맹약 중 경제에 관한 조항인 3조와 5조를 분석해보자. 3조에 손님과 여행객을 홀대하지 않는다고 했는데 이는 국제무역과도 관련이 있다. 《관자》〈경중을輕重乙〉에서 환공이 제나라에 부족한 물자를 얻기 위해 어떻게 해야 하는지 묻자 관중이 이렇게 대답한다.

• 《곡량전》에는 이 대목이 샘을 막지 않는다[毋雍泉]로 되어 있다. 결국 국경을 가로지르는 강의 진로를 바꾸거나 수원을 막지 않는다는 뜻이다. 또 《곡량전》에는 "부인과 국사를 논하지 않는다"는 대목이 더 들어 있다.

제후국의 상인들을 위한 객사를 만드는데, 수레를 한 대 가진 상인은 식사를 제공하고, 석 대를 가진 상인은 목초도 주고, 다섯 대를 거느린 상인은 역졸 다섯을 붙여줍니다. 이렇게 하면 천하의 상인들이 물밀듯이 제나라로 들어올 것입니다.

반복해서 말하지만 《관자》의 화자는 관중이 아니다. 그러나 관중의 의견에 기초하고 있다. 그러면 맹서에 나오는 관중의 말은 이렇게 경제적으로 이해가 된다. 관중은 자유무역을 지지하는 사람이다. 타국이 자유무역을 지지하지 않으면 관중이 개입한다고 말하는 것이다. 관중의 뒤를 이은 제나라의 경제학자들은 한 발 더 나아가 타국의 상인들을 유치하기 위한 방법까지 제시한다. 오늘날 외자를 유치하기 위한 각국들의 방안과 기본적으로 똑같다.

관중은 질서를 유지하려는 동시에 철두철미하게 실익을 잊지 않는다. 예를 들어 제방을 쌓아 물길을 바꾸면 하류에 있는 국가들이 피해를 본다. 관중은 오늘날의 국제하천조약과 거의 비슷한 내용을 제시한다. 오늘날에도 국제사회는 물길을 고의적으로 돌리거나 상류에 댐을 막아서 수원을 독점하는 것을 금한다. 제나라는 하류에 있기 때문에 상류의 국가들이 이런 행동을 하는 것을 사전에 봉쇄한 것이다.

그럼 양식의 구매를 막지 말라는 것은 무슨 뜻인가? 관중은 경제학자다. 이 구절을 통해 관중이 국제적인 상품유통의 기준도 제시했음을 알 수 있다. 곡물은 당시 최대의 수출입 품목이었다. 국가 간의 정치적인 문제로 곡물의 수출입을 막으면 보통 사람들의 생활이 위험해진다.

관중은 국제무역을 방해해서는 안 된다고 말한다. 국제무역에 관한 국가 간의 조약으로서도 이 조항이 중국 최초일 것이다.

물론 그 속에는 실리적인 목적도 있다. 알다시피 제나라는 비옥한 산동평원을 개발하여 부유한 나라가 되었다. 제나라의 곡식, 물고기, 소금은 제나라 패권의 중요한 축이었다. 이는 제나라의 자원들이 움직이는 것을 막지 말라는 것이다. '메이드 인made in 제'는 제나라의 힘이다. 시간이 흘러 관중이 제시한 생각은 《관자》에서 좀 국수적인 방향으로 발전하는데, 곡가를 높이 지불하여 인접국의 곡물들이나 자원을 끌어오든지, 인접국이 제나라의 소금을 쓰게 해서 무역 방면에서 제나라에 종속되게 하든지 하는 온갖 방안들이 나온다. 이런 방법들이야 관중이 원한 것이 아니겠지만, 자유무역을 통해 결국 경제적으로 중국이라는 시장을 만드는 데 관중이 결정적인 역할을 했다는 사실은 부인할 수 없다.

관중이 제시하는 것은 실질적이면서도 스케일이 크다. 그는 단 몇 마디로 전체를 정리할 줄 알았다. 그는 이익을 이야기할 때도 항상 원칙을 함께 거론한다. 그러나 도덕적 원칙이란 스스로 지킬 때 힘을 얻는 것이다. 과연 스스로는 그렇게 도덕적일 수 있을까? 이제는 환공에게 물어보자.

환공이 누이를 죽이다 – 노나라 경보의 난

제나라 양공이 누이인 문강과 간통한 사실을 덮기 위해 노나라 환공을 죽인 일은 국제사회를 떠들썩하게 한 패륜사건이었다. 이 사건은 각지로 시집간 제나라 여인들이 정숙하지 못하다는 인상을 심어주었다. 또한 제나라 군주의 패악함을 만천하에 떨친 계기였다. 그러나 제나라에는 문강만 있는 것이 아니었다. 일부 자료에 의하면 문강의 여동생이라고 되어 있는 애강哀姜이 있다.

동방의 패권국인 제나라의 공녀들은 각국의 제후들에게 시집을 갔다. 가장 가까운 노나라는 당연지사였다. 제나라 여인들과 제후들의 인척관계는 표로 정리해야 할 만큼 복잡하다. 애강이라는 여인은 노나라 장공에게 시집을 갔는데, 그녀는 전 군주 제나라 양공과 현재 군주인 환공의 누이동생이다. 제나라 양공은 노나라 환공을 죽인 사람이니 장공의 입장에서는 이 여인이 탐탁지 않았을 수도 있다. 이유는 불분명하지만 애강은 아이를 낳지 못했다.

장공에게는 따로 사랑하는 맹임孟任이라는 여인이 있었는데 그 사이에서 아들 반般을 낳았다. 장공은 당연히 사랑하는 여인에게서 난 반에게 자리를 물려주고 싶었다. 그러나 사달이 생기고 말았다. 애강이 장공의 이복형제인 경보慶父와 간통하고 있었던 것이다. 반은 정부인의 소생이 아니고 경보는 군주의 동생이니 경보가 장공의 뒤를 이어도 된다고 생각하는 사람들이 물론 있었다. 그리고 애강은 다른 여인이 낳은 자식이 군주의 자리에 오르는 것을 참을 수 없었다. 그래서 경보와 애강이 음모를 꾸몄고, 일은 몇 단계로 진행되었다.

장공이 병이 들자 이복형제인 숙아叔牙와 계우季友에게 후계자에 대해 물었다. 숙아는 "경보가 인물입니다"라고 했고, 계우는 "죽음으로 공자 반을 받들겠습니다"라고 했다. 그러자 장공은 숙아가 경보를 추천했다는 말을 일부러 계우에게 흘렸다. 숙아를 제거하고 싶은 마음을 보인 것이다. 그러자 계우는 경보를 제압하기 위해 먼저 숙아를 죽였다. 경보도 물론 가만있지 않았다.

공자 반은 한때 사육사인 낙犖이라는 사람을 때린 적이 있다. 기우제를 지낼 때 사육사 낙이 담 너머로 장공의 딸을 희롱한 적이 있는데, 이 때문에 반이 낙에게 매를 댔다. 장공은 낙의 용력이 꺼림칙해서 아예 그를 죽이라고 했으나 낙이 도망가는 바람에 죽이지 못했다. 이로 인해 낙은 반에게 앙심을 품게 되었다. 경보가 이 틈을 파고들었다.

반이 즉위하여 궁 밖에 있을 때 경보는 사육사 낙을 시켜 반을 죽였다. 그리고 경보는 민공湣公을 세웠다. 민공은 애강의 여동생 숙강叔姜의 아들이다. 자매가 한 남자에게 시집을 갔는데, 제나라에서는 일찍이 아이를 낳지 못하는 애강을 대신해 여동생까지 보낸 것이다.

권력과 정욕에 눈이 멀면 피도 눈물도 없나 보다. 경보와 애강은 여기서 멈추지 않았다. 그는 민공과 원한 관계에 있던 복의卜齮를 시켜 궁중에서 민공마저 죽였다. 이번에는 스스로 등극하기 위해서였다.

그러나 이 사건의 전말은 곧 들통났고, 경보는 거莒나라로 달아나고 애강은 주邾나라로 달아났다. 외국으로 달아나 있던 계우는 이 틈에 민공의 동생을 데리고 들어와 군주로 옹립하니 이 사람이 희공이다. 계우는 거나라에 뇌물을 주고 반란자 경보를 돌려보내라고 했다. 압송되는 길에 경보는 목숨을 구걸했으나 싸늘히 거절당했다. 경보는 그예 자살하고 말았다.

그렇다면 그의 정부 애강은 어떻게 되었을까? 애강이 경보의 정부이자 난을 획책한 것은 명백해졌다. 또 이들이 군주를 두 번이나 시해한 것도 명백했다. 그러나 소국 주邾나라는 애강을 어떻게 하지 못했다. 강국 제나라의 공녀이자 환공의 동생이기 때문이었다.

그러나 환공은 단호한 사람이다. 그는 스스로 천하 제후국의 우두머리이자 질서의 집행자를 자임하고 있었다. 사실 환공의 결심은 이전부터 서 있었다. 한때 환공은 노나라로 중손추仲孫湫를 보내 경보의 일을 물은 적이 있다. 추가 돌아와 보고했다.

"경보를 없애지 않으면 노나라의 난리를 가라앉힐 수 없습니다."

"그럼 어떻게 그를 없앨 수 있을까?"

"난리가 끝나지 않아도 그자는 스스로 거꾸러질 것입니다. 군주께서는 기다리십시오."

"그럼 노나라를 빼앗을 수 있을까?"

"그럴 수 없습니다. 노나라는 아직 주나라의 예법을 잡고 있는데, 주례란 이른바 근본입니다. 나라가 망하려면 근본이 먼저 무너진다고 들었습니다. 아직 노나라가 주례를 붙들고 있으니 손을 쓸 수 없습니다."

이런 이유로 환공이 직접 나서지 않고 있었던 것이다. 경보가 과연 스스로 넘어졌을 때 환공 자신도 행동을 개시했다. 기원전 659년 그는 사람을 보내 여동생 애강을 죽이고 시신을 가지고 돌아갔다. 이 일을 두고 《좌전》은 이렇게 평했다.

> 군자는 제나라 사람이 애강을 죽인 것은 너무 심한 일이라고 생각했
> 다. 여자란 남(시집식구)을 따르면 된다〔女子從人者也〕.

여자는 시집을 따르니 시집 식구의 처분에 맡겨야 한다고 해석할 수
도 있지만, 간단하게 '여자야 따라서 한 게 아니냐'고 해석할 수도 있
다. 그것은 노나라의 입장이고 제나라의 입장은 달랐다. 환공은 자신
이 세운 기준을 쉽사리 깰 사람이 아니다. 원칙에 어긋나면 누이도 죽
일 정도로 그는 비정한 면이 있었다. 일전에 문강이 양공과 간통했을
때 양공은 오히려 사실을 덮으려고 노나라 환공을 죽였다. 그러나 제
환공은 애강이 문제를 일으키자 아예 그녀를 없앴다.

당시 환공의 행동은 시빗거리였다. 그러나 환공과 관중의 평소 일처
리 방식을 알면 충분히 이해가 간다. 만약 환공이 이렇게 명백한 의지
를 보이지 않았다면 회맹에서의 입지는 줄어들었을 것이다. 관중과 환
공은 기존의 예법보다도 자신들의 입으로 말한 기준을 지키는 사람들
이었다. 기준을 남이 지키게 하려면 먼저 자신이 지킨다는 것이 이들
의 원칙이었다. 《관자》는 법에 관한 기준을 되풀이해서 강조한다.

> 옳은 말인데도 받아들이지 않고, 그릇된 말인데도 폐기하지 않고, 공
> 이 있는데도 상을 주지 않고, 죄가 있는데도 주살하지(벌하지) 않으면
> 서 백성을 잘 다스린 예는 고래로 없었다. 옳으면 반드시 받아들이고,

그르면 반드시 폐기하고, 공이 있으면 반드시 상을 내리고, 죄가 있을
때 반드시 주살하면 어찌 다스릴 수 없겠는가?

-《관자》〈칠법七法〉

군주가 일관되게 법을 지키면, 백관이 모두 그 법을 지킨다.

-《관자》〈법금法禁〉

　기준을 제시하고 지키지 않으면 질서의 주재자가 아니다. 법을 일관
되게 지킨다는 것은 어려운 일이다. 법을 누구한테나 공정하게 행하는
사람도 드물다. 특히 팔이 안으로 굽는 것을 막을 수 있는 사람도 드물
다. 애강의 죽음은 비극적인 일이지만 관중과 환공이 정치를 하는 상
황에서는 피할 수 없었다. 관중은 자신이 지키지 못하는 법을 제시하
지 않는다. 이렇게 그들은 기준을 만들어가고 있었다. 사람들이 관중
에게 벌을 받아도 원망하지 않은 것은 이런 이유 때문이었다.

3. 국제사회의 동향

환공이 칭패한 직후에는 몇 가지 국제적인 정세 변화가 있었다. 먼저
융족이 제수齊水의 동쪽까지 밀려왔다. 노나라는 힘겹게 이들과 수차
례에 걸친 싸움을 벌여 이겨냈다. 그리고 곡옥의 군주 무공이 진晉나라
의 군주가 되어 1군을 차렸다. 또 하나 더 중요한 변화가 있었는데 초
나라의 동진이 갑자기 멈춘 것이다. 이유는 초나라 서쪽의 파巴 때문이

었다. 국제관계란 얽히고설킨 것이어서 초나라도 이웃 나라와의 관계에서 자유롭지 못했던 것이다.

초나라의 흥기와 동진의 일시 중지
—

초나라 세력은 분명히 이질적이었다. 외면적으로는 매우 야성적이었지만 그들 나름의 원칙이 있었다. 어쨌든 이 세력이 북상하자 중원나라들은 크게 겁을 먹었다. 좀 복잡하지만 제나라와 초나라의 알력의 진행을 알기 위해 중간에 낀 약소국들의 행동을 고찰해보자. 이들 나라들은 초나라의 등장에 갈팡질팡하다가 비참한 운명을 맞이한다.

앞 장에서 제나라 환공이 즉위한 이듬해 기원전 684년 초나라가 채나라 애후哀侯를 잡아간 사건을 말했다. 거기에는 소설 같은 사연이 있다. 채나라 애후와 식息나라 군주는 동서지간이다. 식나라 군주에게 시집을 간 여인은 식규息嬀라 했다. 당시까지 여자는 이름이 없어서, 풀이하자면 '식나라로 시집간 규씨' 정도가 된다. 이 여인이 시집가는 길에 채나라에 들렀다. 채나라는 식나라로 가는 길 꼭 중간에 있었다. 채나라 애후에게 이 여인은 처제인지라 이 여인을 머물게 하고 서로 만났다. 그러나 채나라 애후는 처제 대우를 잘 못했다.《좌전》은 '손님으로 대하지 않았다[不賓]' 하고,《사기》는 '불경스러웠다[不敬]'고 기록하는데, 애후가 구체적으로 무슨 잘못을 했는지는 모르지만 이 여인이 매우 아름다웠다고 하니 아마 무슨 수작을 걸었을 것이다. 이 여인의 남편이 될 식후는 이 소식을 듣고 격노했다.

급기야 옹졸한 식후는 후방의 초나라를 끌어들여 채후에게 복수할 생각을 했다. 초나라는 식나라 문제에 개입해서 잃을 것이 없었다. 더구나 저쪽에서 먼저 손을 벌린다면 누가 마다하겠는가? 식나라를 손아귀에 넣는다면 회수에 배를 띄우고 단 열흘이면 제나라 남쪽에서 불과 몇백 리 떨어진 해안까지 닿을 수 있었다. 회수의 느릿느릿한 물줄기는 장강과 한수에서 단련된 초나라 배꾼들에게는 연못처럼 느껴졌을 것이다.

식나라 군주도 제 딴에 꿍꿍이가 있었을 것이다. 초나라에 붙으면 회수 일대에서 위세를 좀 떨칠 수 있으리라 생각했다. 그러나 이들은 모두 커다란 곰 발바닥 위에서 노는 어린애 같은 신세였다.

채나라 애후에게 원한을 가진 식후는 초나라 문왕에게 이렇게 말했다.

일단 우리나라로 쳐들어오십시오. 그러면 제가 애후에게 구원을 요청하겠습니다. 그러면 그는 반드시 나올 것이니, 그때 치면 성공할 수 있습니다.

이게 무슨 떡인가? 채나라 애후는 꾐에 빠져 출병했다가 초나라의 포로가 되고 말았다. 작은 나라를 보존하는 방법에 관한 이야기는 정나라의 자산子産이라는 대정치가가 등장할 때까지 미루자. 그러나 작은 나라를 빨리 멸망으로 이끄는 길은 식나라와 채나라 군주들이 잘 보여주었다. 순망치한脣亡齒寒이라고 채나라가 약해지면 식나라는 무사할 것인가? 이제 포로로 잡힌 채나라 애후의 복수가 시작된다.

환공이 패자가 되기 한 해 전(기원전 680) 채나라 애후는 여전히 초나라에 억류되어 있었다. 그도 그 나름대로 억울했을 것이다. '아무리 처제 대우를 잘 못했기로 한 나라의 군주를 그런 비열한 방법으로 속이다니.' 그는 초 문왕에게 자신이 본 식규의 아름다움을 떠벌렸다. 식나라를 차지하라는 것이다. 이것이 원인인지는 알 수 없지만, 초나라는 또 음모를 써서 식나라를 멸망시켰다. 이번에 식나라는 원병을 청할 곳도 없었다. 내친김에 초나라는 채나라까지 밀고 들어갔다. 식나라가 무너지면 채나라는 무사할 것인가? 이렇게 식나라와 채나라의 어리석은 군주들은 모두 초나라에게 당하고 말았다.

이 식규라는 여인의 삶은 기구하기 그지없다. 자신은 아무 죄도 없었으나 자신이 구실이 되어 두 나라가 멸망하는 것을 보게 되었다. 그런데 초 문왕은 식규를 좋아하여 그 사이에 왕자들을 낳았다. 그중에는 나중에 초 성왕成王이 되는 운惲도 있다.

초기 초나라는 대체로 이런 나라였다. 대의명분에 따라 움직이는 것이 아니라 철저히 실리에 따라 움직였다. 그리고 상대를 넘어뜨리고 그 군주의 여자까지 태연히 차지했다. 그러니 중원의 나라들은 경악할 수밖에 없었다. 그런데 이때 초나라 후방에서 발생한 내분으로 초나라의 동진이 일시 중지되는 사건이 발생한다.

초나라 땅은 북으로 한수, 남으로 장강이 둘러싸고 있는 천혜의 요지다. 그러나 서쪽으로는 트여 있다. 장강은 호북성 의창宜昌에 닿으면

갑자기 평원을 만난다. 장강이 평원과 만나는 지점의 서쪽은 무당산武
當山, 대파산大巴山 등의 거대한 산맥이 늘어서 있다. 여기에 파巴라고
부르는 민족과 여타 수많은 부족들이 살고 있었다. 산맥과 평원이 만
나는 곳에 이들 민족들이 남북으로 매우 광범위하게 퍼져 있었던 듯하
다. 이들은 굴곡이 많은 산지에 살고 있었기 때문에 북방의 융족과 같
은 큰 세력을 만들어내지 못했지만 중국사에서는 끊임없이 제 나름대
로 목소리를 내며 자립을 추구한 사람들이었다. 신흥강국 초가 이들을
잘못 건드리는 일이 발생했다.

초나라 문왕이 즉위해서 중원으로 가는 길을 공략할 때 파 사람들을
동원했다. 그런데 초나라 군대가 싸움에 동원된 파 사람들을 위압적으
로 대했다. 그래서 파 사람들이 반기를 들었고 초나라를 압박했다. 그
때 수비를 하던 초나라의 염오閻敖가 패하여 헤엄을 쳐서 혈혈단신 도
망을 오니 분개한 문왕이 그를 죽여버렸다. 이 때문에 염오의 친척들
이 원한을 품었다. 그래서 그들이 파나라 사람들을 끌어들여 난을 일
으킨 적이 있다.

초나라의 문왕이 죽자 아들 도오堵敖가 즉위했다. 이때 후방 파나라
가 초나라의 배반 세력과 결탁하여 초군을 공격하여 대패시켰다. 파나
라 세력은 초를 제압할 정도로 충분히 위협적이었다.

파나라가 초나라를 위협하는 상황은 제나라가 동북방에서 패권을
강화하는 데 큰 도움을 주었다. 특히 도오의 뒤를 이은 초 성왕成王은
중원과의 관계를 회복하려 했다. 일단 후방을 안정시키는 것이 급선무
였기 때문이다. 성왕이 주나라 천자에게 예물을 후하게 바치자 천자는

거래를 시도했다.

> 그대는 남방 이월夷越의 난을 진압하고, 중국을 침범하지 마시오.

이는 매우 의미심장한 말인데, 사실상 초나라에게 남방의 패권을 인정해준 것이다. 이에 초나라는 남방 경략에 주력하여 광대한 영토를 갖게 되었다. 초나라와의 잠재적인 휴전동맹이 맺어지자 관중은 북방 경략을 결심하게 된다.

북방세력의 발호와 관중의 대응
—

《춘추》를 비롯한 중국의 사서들은 어쩔 수 없는 한계가 있다. 춘추시기 중국은 지금처럼 거대한 덩어리가 아니었기 때문에 중원의 일이 아니면 자세히 기록하지 않았다. 당연히 북방 이민족들의 기사는 극히 적다. 그래서 당시 북방세력이 얼마나 강했는지도 중국의 사서를 통해 밝히기가 무척 어렵다. 다만 이차적인 진술이나 고고학적인 발굴로 알 수 있을 뿐이다. 《설원》에 이런 말이 나온다.

> 춘추시기 천자의 힘은 미약하고 제후들은 힘으로 정치를 했으며, 모두 이반하여 입조하지 않았다. 수가 많은 이가 적은 이를 누르고, 강한 자가 약한 자를 겁박하고, 남이南夷와 북적北狄이 교대로 침입하여

중국의 명줄은 한 가닥 끈과 같았다.

여기서 말하는 남이란 초나라이고, 북적이란 북방의 융적, 특히 태행산 일대의 적족狄族 세력이다. 그런데 춘추시기 관중이 활약하던 당시에는 북방의 힘이 중국의 명운을 끊을 수 있을 정도로 강력했다. 주나라가 상나라를 멸망시킨 것은 동서 간의 큰 싸움이었다. 이제는 남북의 싸움이 벌어질 차례였다. 이때 관중이 등장한다. 관중은 제나라-위나라-연나라를 잇는 '세로동맹'을 맺어 북방의 융적을 방어하고, 제나라-노나라-송나라-정나라를 잇는 황하 남부의 '가로동맹'으로 남방의 초나라를 방어하는 기본적인 동맹관계를 만들었다. 이렇게 보면 전국시대 합종연횡의 초기 모델도 관중이 만든 것이다. 다만 공수의 대상이 바뀌었을 뿐이다. 관중은 춘추무대의 군사동맹 설계자였다.

관중은 세로동맹의 세력들을 극히 중요하게 생각했다. 그래서 관중은 이중적인 태도를 보였다. 북방민족들을 막는 방어선 역할을 하는 나라들이 관중이 생각하는 '정벌을 당할 죄'를 지었다고 하더라도 모른 척 방관했다. 그러나 동맹 밖에 있는 나라들의 행동은 용서하지 않았다. 관중이 얼마나 현실적인 정치가인지 여실히 보여주는 두 가지 행동이 있다.

기원전 675년 세로동맹국인 위나라와 연나라가 감히 주 혜왕을 쫓아내고 천자를 바꾼 일이 있다. 그러나 관중은 이 일에 개입하지 않았다. 천자에게 칼을 들이댔다면 당연히 회맹의 주관자인 제나라가 나서야 했다. 사서들은 이 시기 관중과 환공의 행적을 알려주지 않는다. 그들은 잠시 기다렸다.

이 일이 있은 후 3년이 지나 정나라가 괵나라와 힘을 합쳐서 쫓겨난 주 혜왕을 복벽시키는 데 성공하지만 관중은 개입하지 않았다. 여기에 관해 남아 있는 기록은 없다. 그러나 관중의 태도는 충분히 알 수 있다. 《관자》에 관중의 기본적인 태도가 나온다.

> 환공 5년 송나라가 기杞나라를 쳤다. 환공이 묻는다.
>
> "기나라는 우임금의 후예인데 송나라의 공격을 받았으니 내가 구해주고 싶습니다. 괜찮습니까?"
>
> 그러자 관중이 대답한다.
>
> "불가합니다. 제가 듣기로 내정이 제대로 서지 않았는데 밖으로 의를 들어 보이려 하면 남들이 믿지 않는다고 합니다. 군주께서는 장차 먼저 밖으로 의를 드러내 보이려 하시지만, 제후들에게 령이 서겠습니까?"

이것이 관중이다. 관중은 이름과 실질이 부합하지 않는 행동을 하지 않는다. 이름과 실질이 부합하지 않으면, 그 간극을 채우기 위해 누구를 속여야 한다. 관중은 말한다.

> 땅을 탐내면 군사에 힘써야 합니다. 군사에 힘쓰자면 반드시 백성들이 그 부담을 져서 병이 듭니다. 백성이 병이 들면 그들을 속여야 합니다.
>
> —《관자》〈대광〉

백성이 궁핍한데도 전쟁을 한다면 전쟁의 구실을 끌어들여야 한다는 것이다. 그러면 백성들이 군주를 믿지 않게 된다. 백성들이 군주를 믿지 않으면 나라는 위험하다. 관중이 말하는 군사란 백성을 병들지 않게 하는 것이 우선이다. 관중은 실속 없는 싸움을 절대로 원하지 않는다.

> 송나라가 기杞나라를 치고, 적狄이 형나라와 위나라를 칠 때 군주께서 구원하지 않으신 것을 감축드립니다. 신이 듣기로 제후들이 영토를 다툴 때는 끼어들지 말라고 합니다.
>
> —《관자》〈패형霸形〉

위의 대화는 역사적인 사실과는 완전히 부합하지 않지만, 기본적으로 관중의 사상과 부합하는 것은 확실하다. 주 왕실의 문제를 지근거리에서 보좌할 이들은 지리적으로나 혈연적으로나 가장 가까운 정나라와 괵나라다. 관중은 직접 개입하고 싶지 않았을 것이다. 북방세력과의 싸움은 시시각각 다가오는데 울타리가 될 위나라, 연나라와 분쟁을 만들 수는 없었다.

주나라로서는 제나라가 나서지 않은 것이 꽤 서운했을 것이다. 그로부터 무려 5년이 지나 사건이 완전히 완결된 후 천자는 환공에게 제후들의 우두머리 직위를 주면서 위나라를 쳐달라고 부탁했다. 이제는 명분이나 실력으로 보아 모두 시기가 무르익었다. 관중은 나서서 위나라를 벌했다. 그러나 제나라는 위나라를 책망하고 이내 돌아왔다. 대규모 싸움은 쌍방에 좋을 것이 없었기 때문이다.

이제 동남의 제나라 연합과 서북의 융적 간의 갈등은 점점 고조되어 대결을 피할 수 없었다.

제12장

일광천하

: 한 번에 천하를 바로잡다

'일광천하 一匡天下'라는 묵직한 말은 《논어》 〈헌문憲問〉에 나온다. "관중은 환공을 도와 제후들의 패자가 되게 하고, 단 한 번에 천하를 바로잡았다"고 하는데, 한 번에 천하를 바로잡는다는 말이 '일광천하'다. 이 장에서는 군사전략가이자 노련한 외교가로서 관중을 만난다.

1. 출정 전야

이제 관중과 환공은 국제사회의 우두머리가 되려고 한다. 허세도 있고 마음이 급한 환공은 급히 패업을 이루고 싶다. 그러나 관중은 여전히 신중하다. 관중은 준비가 되지 않으면 나서지 않는 사람이다.

환공이 이웃 나라들을 친하게 만들려면 어떻게 하느냐고 묻는다. 관중은 작은 것을 주고 큰 것을 얻으라고 답한다.《국어》의 기록을 중심으로 관중의 말을 들어보자.

우리의 국토를 조사하고, 이웃에게서 빼앗은 것은 돌려주십시오. 상대방의 봉국을 확정해주고, 그들의 재물을 받지 마십시오. 그런 후에 가죽과 비단을 듬뿍 준비해서 제후들을 방문하여 그들을 안심시킵니다. 그러면 사방 이웃들이 우리를 친하게 대할 것입니다. 유세객 80명을 조직해서 그들에게 가죽 옷을 입혀 수레를 타게 하여, 비단을 듬뿍 가지고 가서 사방 이웃들을 돌아다니며 설득하고, 천하의 뛰어난 인재들을 불러들이도록 합니다. 또 상인들에게 가죽, 비단, 노리개 들을 가지고 사방을 돌아다니며 팔게 해서 그 나라의 군신이 무엇을 좋아하는지 염탐하고 그중에 음탕하고 문란한 자를 골라서 먼저 정벌해야 합니다.

2700년 전 당시 중원에서는 이런 첩보전이 벌어지고 있었다. 첩보전의 태두 역시 관중이다. 무려 80명의 유세객을 투입하고, 또 상인들을 풀어서 상대방 국가의 허실을 염탐한다. 그리고 빈틈이 보이면 바로 개입한다. 그러나 아직 외국의 일에 관여하기에는 힘이 모자란다.

환공이 토로한다.

"행정조직과 군사조직을 다 결합시켰습니다. 그러나 아직 갑옷과 무기가 부족하니 어찌할까요?"

관중이 말한다.

"중죄를 범한 자는 무소가죽 갑옷 한 벌과 극戟 한 자루로 속죄하게 하고, 경범자는 가죽 방패와 극 한 자루로 속죄하게 하고, 나머지 소소한 죄를 지은 자는 돈으로 속죄하게 하십시오."

관중은 이렇게 병장기를 모았다. 돈으로 죄를 사하는 중국인들의 이

극, 과, 모. 과는 낫을 모방한 베고 찌르는 무기다. 모는 오늘날의 창과 같으며, 극은 과와 모를 결합한 것이다. 보병전 기술이 발달하면서 과가 점차 모나 극으로 대체된다.

현실적인 방법의 역사는 뿌리가 깊다. 이 방법을 실질적으로 활용한 사람도 관중이다. 이것은 향후 국방 문제가 발생하면 흔히 쓰는 방법이 된다. 또 더 발전하여 돈으로 벼슬을 사는 관행이 생긴다. 비교적 근래인 청나라 때는 돈으로 과거의 학위를 샀다. 예를 들면 군대에 쌀 100석을 내면 향시, 1000석을 내면 회시 등의 과거 응시자격을 주는 따위의 제도였다. 물론 이런 제도는 대개 오래 지속되지는 않았다. 이렇게 관계에 진출한 사람들이 문제를 일으키면 당장 반대 여론이 들끓었고, 또 관직이나 학위는 수가 정해져 있었기 때문이다.

그러나 관중의 방법은 성공했다. 죄수를 죽이거나 팔다리를 끊어보아야 국가에 도움이 되지 않는다. 단지 노동력만 줄어든다. 차라리 국가에 떳떳이 봉사하고 속죄하는 것도 좋은 방법이었다.

이제 관중의 천하 공략 방략이 나온다. 이 방략을 보면 관중이 왜 위나라, 연나라를 방어하기 위해 전력을 기울였는지 알 수 있다. 관중은 훗날 중국의 왕조들이 둔전屯田이라고 부르는 제도의 초안을 제시한다. 동쪽은 해안이므로 신경쓰지 않아도 되지만 남, 서, 북 삼면에 기지를 하나씩 만들어둔다는 것이 관중의 계산이었다.

환공과 관중의 대화를 들어보자.

"남방을 정벌하려면 어디를 물자 대는 기지로 삼아야 할까요?"

"노나라를 기지로 삼지요. 노나라에게서 빼앗은 당棠과 잠潜을 돌려주고 군수기지를 얻습니다. 바다는 엄폐물이 되고, 구불구불한 도랑은 방어막이 되며, 산을 둘러싸면 울타리가 됩니다〔以魯爲主 反其侵地 棠潜 使海於有蔽 渠弭於有渚 環山於有牢〕."

"서방을 정벌하려면 어디를 기지로 삼아야 할까요?"

"위衛나라를 기지로 삼으십시오. 위나라에게서 얻은 대臺, 원原, 고姑, 칠漆을 돌려주고 군수기지를 얻습니다. 바다는 엄폐물이 되고, 도랑은 방어막이 되며, 산을 둘러싸면 울타리가 됩니다."

"북방을 정벌하려면 어디를 기지로 삼아야 할까요?"

"연나라를 기지로 삼으십시오. 연나라에게서 얻은 시부柴夫, 폐구吠狗를 돌려주고 군수기지를 얻습니다. 바다는 엄폐물이 되고, 도랑은 방어막이 되며, 산을 둘러싸면 울타리가 됩니다."

《국어》에 나오는 위의 글은 매우 중요하지만 너무 짧아서 구구한 해석들을 낳았다. 같은 문장이 반복되므로 첫 문장만 해독하면 된다. 일반적으로 중국에서는 다음과 같이 해석하고 한국에서 나온 번역서들도 대체로 이를 따른다. 대표적인 해석[19] 하나를 보자.

> 환공이 말한다.
> "내가 남방을 정벌하려 하는데 어떤 나라를 군수품 공급 주최자로 삼는 것이 좋겠습니까?"
> "노나라를 주최자로 삼지요. 우리가 뺏은 당과 잠 두 지방을 돌려주고, 우리 군대를 해변의 은폐물이 있는 곳에 둡니다. 구불구불한 해안에는 군대가 주둔할 수 있고, 산지에는 육축이 있어 먹을 수 있습니다."

아무리 생각해도 이상하다. 예를 들어 남쪽을 공략하는데 왜 군대를 바닷가에 주둔시키는가? 또 뺏은 땅을 돌려주고 받는 것은 무엇인가? 뺏은 땅을 돌려주는 것과 군대를 바다에 주둔시키는 것은 무슨 관계가 있는가? 이해가 되지 않는다. 필자는 이렇게 추론한다.

일단 관중이 대화에서 똑같은 말을 세 번이나 반복했을 리가 없다. 단지 기록에 착오가 있어서 똑같이 반복되는 문장을 대화마다 붙인 것이다. 그래서 바다와는 멀리 떨어진 위나라를 언급할 때도 바다 운운한 것이다. 지금 관중은 지리적으로 이점이 있는 기지를 남, 동, 북쪽에 두자고 말한다. 그런 지점은 북쪽이면 해안이 될 것이고, 남쪽이면 물로 막혀 있는 곳이면 좋다. 구체적인 지명이 확인되는 노나라의 당과 잠 지역은 지금의 어대현魚臺縣 일대인데, 그 옆에 미산호微山湖라는 큰 호수가 있다. 바로 관중이 말하는 물길이다. 관중은 뺏은 지역을 돌려주면서 큰 호수나 바다, 산에 기대어 기지를 건설하자고 하는 것이다. 그러면 이제 말이 된다. 관중의 말을 다시 해석하면 이렇다.

> 뺏은 땅을 돌려주면서 지리적으로 좋은 위치를 기지로 확보합니다. 북쪽 기지는 연나라 근교의 해안에 두고 연나라의 군수물자를 지원받고, 남쪽 기지는 노나라 땅 근처 호숫가에 두고 노나라의 지원을 받습니다. 서쪽으로 진출하는 기지는 위나라 땅 근처 산지(아마도 태산의 서부)에 두고 위나라의 지원을 받으면 됩니다.

관중의 사전준비는 이렇게 착착 진행되었다. 이렇게 해서 관중은 전차 800대를 준비하고 천하에서 평판이 떨어진 제후들을 제압했는데 단 한 번의 싸움으로 31개 나라를 굴복시켰다고 한다. 이제 관중의 활약을 하나씩 지켜보자.

2. 남북대전

기원전 662년 제나라는 산융을 선제공격했다. 산융은 태행산맥 북동단에 주력을 두었지만 실제로는 훨씬 동남까지 진출한 민족이다. 현재도 북경 일대의 산악지대에는 중원과는 판이하게 다른 무덤들이 나타난다.[20] 적어도 전국시대까지 북경 일대에는 융과 중원인들이 뒤섞여 살고 있었다. 관중은 이들의 세력이 점차 확대되는 것을 방관할 수 없었다. 이어서 태행산맥 동단에 거주하던 적인들이 형邢나라를 쳤다. 사실 전국시대에도 이들 적족은 강대한 국가를 만들어 연나라를 정벌하기도 했다. 다만 기록이 많이 남아 있지 않을 뿐이다. 싸움은 갈수록 격렬해졌다.

특히 융인, 적인들은 보병을 주력으로 했기 때문에 중원인들이 대응하기가 무척 까다로웠다. 학자들조차 이들을 기마민족이라고 착각하지만 당시까지 이들은 기병이 주력이 아니었다. 정나라 장공은 융적과 대항할 때 "저들은 보병이고 우리는 전차병인데[彼徒我車] 이들이 우리 전차 사이로 끼어들까 두렵소"(《좌전》 '은공 9년')라고 분명히 말했다. 이 기록으로 보아 최소한 춘추 초기에 그들은 기병이 아니었다. 그러나 융적은 그 후 재빨리 기마를 배운다. 아마도 북방의 영향을 받았을 것이다.

기원전 10세기에서 기원전 9세기 무렵 세계 최초의 기마궁수들이 출현한다. 이들이 그 유명한 스키타이다. 서북방의 유목민족들이 중국 북부의 민족들과 어울린 시기, 혹은 중국 북방의 민족들이 서북방의 유목민들의 문화를 받아들인 시기는 그보다 약간 늦다. 스키타이 양식은 기원전 6세기부터 중국 북부에서 등장한다.[21] 그러니 관중 시대에 융족이나 적족은 아직 말 위에서 활을 쏘는 사람들은 아니었다. 그러나 문제는 이들이 중원인들보다 훨씬 혹독한 조건을 견뎌낸 사람들로 신체적으로나 정신적으로 매우 강인했다는 점이다.

관중이 있던 시절 이들 북방민족과 중원민족의 대립이 격화되는 이유는 명확하지 않다. 융적들을 밀어내는 배후의 힘이 있었는지, 그 힘이 혹시 북방의 기마민족이었는지, 혹은 중원국가들의 토지개발로 융적들이 살아갈 땅이 점점 줄어들자 중원인들에게 반격을 가하기 위해서였는지 모두 확실하지 않다. 확실한 것은 중원이나 이들 융적이나 양자가 매우 빠른 속도로 무장화하고 있었다는 점이다. 창과 창의 대결은 불가피했다. 여하튼 산지보다는 평지가, 북부보다는 중원이 많은 인구를 부양하기에 좋았다.

기원전 663년 산융이 연나라를 공격하자 연나라가 제나라에 구원을 청했다. 제나라는 반격을 가하여 이들을 몰아냈다. 제나라는 연나라만 구한 것이 아니라 더 북동쪽의 영지令支와 고죽孤竹(지금의 하북성 노룡현 동쪽)까지 진출했다. 항상 적을 치면서 후방까지 고려하는 것이 관중의 태도다. 〈소광〉에는 그때 환공이 내세운 구실이 대화체로 남아 있다. 다른 사서와는 미묘하게 다른 자료이기 때문에 인용해본다.

> 적인들이 무도하여 천자의 명을 어기고 작은 나라를 침범했소. 우리는 천자와 하늘의 명을 받들어 이들을 구원하라고 명했소. 그런데 북쪽의 제후들은 아무도 오지 않았으니, 이는 위로는 천자의 명을 어긴 것이고 아래로는 제후들에게 무례를 범한 것이오. 과인은 북쪽 제후들을 주살하도록 청하오.

이리하여 연합군은 고죽, 영지까지 진격하여 산융의 왼팔을 끊었다. 이 일에 감격한 연나라 장공은 국경 밖까지 환공을 배웅했다. 제후가

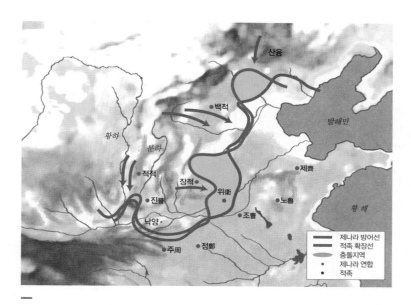

적과 제나라 연합의 대치 형세도.

제후를 국경 밖까지 배웅하는 것은 당시의 예법에 맞지 않는 일이었
다. 환공은 "천자가 아니면 제후가 영토 밖에까지 나가 전송하지 않는
다. 나는 연나라에 예의를 갖추지 않을 수 없다"며 연나라 장공이 배웅
나온 곳까지의 땅을 연나라에 주었다. 제나라가 예법을 따른다는 일종
의 정치적인 행동이었다.

　기원전 661년 이번에는 적인들이 형邢나라를 쳤다. 형나라는 지금
의 하북성 형대邢臺 부근에 있었는데 이 지점이 무너지면 중원 전체가
위험해질 수 있었다. 형대 동쪽은 완전한 평원지대로 보병으로 진격하
면 며칠 안에 동쪽의 모든 제후국들이 사정권 안에 들었다. 이번에도

관중이 나섰다. 이때 중국의 기록 중에서 전쟁을 이념적으로 규정한 최초의 진술이 등장한다. 관중의 피아 구분은 기존과는 완전히 달랐다. 관중은 이 싸움을 중국과 이민족의 싸움으로 규정했다.

> 융적의 마음은 승냥이, 이리 떼와 같아서 그 욕심을 채워줄 수가 없습니다. 반면 여러 하족夏族의 나라들은 의당 친해야 하니, 어려움을 보고 버려둘 수 없습니다. 《시》에 말하기를 "어찌 돌아갈 마음이 없겠냐만, 이 편지가 두렵다" 하였습니다. 편지란, "함께 미워하고 서로 불쌍히 여긴다(同惡相恤)"는 것을 말합니다. 형나라를 구하셔서 이 편지 글을 따르시지요.

이 진술로 보아 당시 중원의 상황이 매우 긴박했음을 알 수 있고, 중원 각국들의 정치가 외부 요인에 의해 크게 좌우되었음을 알 수 있다. 관중은 적극적인 개입을 주장한다. 그의 피아 구분은 이후 중국 사서들에서 토씨 하나 바뀌지 않고 반복해서 등장한다. 실질적인 중국과 이민족의 구분도 관중으로부터 처음 시작되었다고 해도 과언이 아니다.

이렇게 제나라는 적족의 침입에 대항하여 형나라를 구했다. 이듬해 적족은 목표를 좀 더 남쪽으로 잡아 위衛나라를 공격했다. 당시 위나라 의공懿公은 좀 심각한 편집증이 있었다. 그는 학鶴을 너무나 좋아해서 심지어는 대부가 타는 수레에 태우고 다녔다. 전쟁이 일어나자 국인들은 무기를 받으면서 모두 비아냥거렸다.

"학한테 싸우라고 하시지. 학이 벼슬을 갖는 마당에 내가 뭐 하러 싸우겠는가?"

황당한 상황이었다. 그러나 의공은 마지막 투지를 내어 전차에 올랐다. 의공은 깃발을 꼿꼿이 세우고 전차를 타고 형택榮澤에서 맞섰다. 그러나 평소의 실정으로 민심을 모으지 못한 의공은 대패하고 그 자신도 죽고 말았다. 의공은 황당한 사람이지만 학처럼 꼿꼿한 배짱은 있었다. 밤에 위나라의 피난민들이 황하로 달아났지만 결국 잡혀서 처참하게 당했다. 《좌전》에는 살아남은 위나라 사람이 겨우 730명이고, 기타지역의 사람들을 합하니 겨우 5000명에 불과했다고 기록되어 있다. 한 나라의 유민들치고는 너무나 초라했다.

먼저 송나라 환공이 황하로 이들을 맞으러 나가서 죽은 의공의 숙부인 대공戴公을 국군으로 세우고 황하 이남의 조漕 땅에 거처를 잡아주었다. 이어서 제나라 환공은 전차 300대에 갑사 3000명을 동원하여 조 땅을 지켰다. 황하 북쪽의 방어선은 이렇게 허무하게 없어졌다. 적족의 세력이 더 강해지면 황하의 동쪽으로 밀고 들어올 수도 있었다. 이 싸움에서 제나라는 이긴 것이 아니라 단지 적족의 동남진을 저지했을 뿐이었다.

그러나 싸움은 여기서 끝나지 않았다. 적인들은 연이어 형나라를 다시 공격했다(기원전 659). 이번에 제나라는 송나라, 조나라 연합군을 이끌고 섭북聶北에 방어선을 치고 격퇴했다. 적족의 침입으로 도성이 함락된 형나라는 이후 제후국들의 도움으로 도성을 이의夷儀로 옮기고 성을 쌓았다. 그리고 한 해 지나 제 환공은 초구楚丘에 성을 쌓아 위나라를 부흥시켰다. 초구는 황하와 제수 사이의 전략적 요충지였다.

이처럼 제나라는 적족의 침입을 물리치는 데는 성공했으나 위나라나 형나라의 원래 땅을 회복하지는 못했다. 당시 적족의 세력이 너무나 강해서 제나라로서도 황하 북쪽의 상황을 돌볼 겨를이 없었다. 다만 황하 북쪽의 한 거점을 방어하고 유민을 받아들여 나라가 존속될 수 있도록 도와준 것이다. 물론 이러한 행위도 춘추시대 패주가 해야 하는 일 중 하나였다.

이렇게 남북대전은 중원국가들이 남동으로 후퇴하는 것으로 마무리되었다. 중원 각국들이 믿는 최후의 방어선은 제나라였다. 그때의 급박한 상황 때문에 공자가 "관중이 아니었으면 우리는 모두 오랑캐가 되었을 것이다"고 평한 것이다.

그 사이 남쪽에서 또 하나의 사건이 일어났다. 제나라가 북방의 일에 몰두하고 있는 사이 남쪽의 초나라가 중원의 요충지에 있던 정나라를 또 공격한 것이다. 적 세력의 침입에 의한 중원의 어려움은 초나라에게는 오히려 기회였다.

3. 북세굴남

관중과 환공에게 초나라의 재침은 시련이었다. 초나라 성왕도 이제 남방의 일이 슬슬 정리되고 있는 마당에 북방으로 올라갈 길을 모색하는 중이었다. 그러나 관중은 만만한 사람이 아니었다. 북방 방어선을 초구까지 내려서 송-위 연합군으로 북쪽을 방어하게 한 후 재빨리 남쪽으로 군사를 돌려 초나라의 의지를 꺾으려 들었다.

그런데 제나라와 초나라 사이에 낀 정나라가 문제였다. 초나라는 제나라가 북쪽 일에 한창 힘쓰고 있을 때 세 차례(기원전 659, 기원전 658, 기원전 657)에 걸쳐 정나라를 공격했다. 이유는 정나라가 제나라에 복종했기 때문이다. 이에 힘이 약한 정나라는 고민할 수밖에 없었다. 동맹을 배반하고 당장 무서운 초에게 항복할 것인가, 아니면 제나라의 구원을 기다릴 것인가. 정나라 문공은 재빨리 초에 붙으려 했다. 그러자 공숙孔叔이 간했다.

"제나라가 이제 우리를 근심하고 있는 차에, 그 덕을 저버리는 것은 상서롭지 못합니다."

조금만 버티면 제나라가 온다는 판단이었다. 이리하여 정나라는 이반하지 않았다. 정나라가 제나라를 지지해준 것은 관중으로서는 큰 다행이었다. 그러나 초나라의 행동이 괘씸할 수밖에 없었다. 환공은 기원전 656년 송나라, 진陳나라, 위나라, 정나라, 허許나라, 조曹나라 군사를 다 모아 초나라를 응징하기 위해 남쪽으로 내려갔다. 전체적으로 제나라 연합군이 동북방에서 초나라를 완전히 포위하고 겁을 주는 형국이었다. 일단 초나라에 붙어 있던 채나라를 공격해서 점령했다.

여러 기록에 채나라와 환공이 사소한 원한이 있었다고 하는데, 그것이 채나라를 친 원인은 아니어도 구실이 되었다. 그 일을 간단히 소개한다. 환공은 채나라 공녀를 아내로 맞았다. 어느 날 연못에서 그녀와 노는데 물에 익숙한 채희가 배를 흔들었다. 겁에 질린 환공이 말렸지만 채희는 계속 흔들었다고 한다. 그러자 환공은 그녀를 친정으로 돌

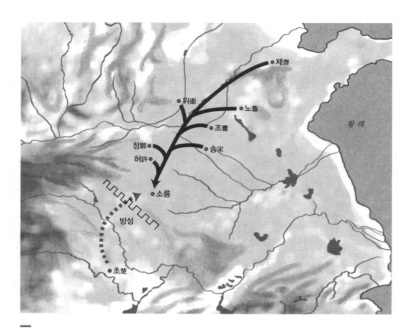

소릉의 대치도.

려보냈다. 채나라 군주도 화가 나서 그녀를 다른 데로 시집보냈다. 명
목상으로는 단순한 일이지만 채나라와 제나라의 사이가 틀어지고 있
다는 방증이다. 특히 채나라는 초나라에 붙지 않고는 명맥을 유지하기
힘든 곳에 위치하고 있었다.

　북방연합군은 채나라를 무너뜨리자 곧장 초나라 땅 소릉召陵을 넘
어 들어갔다. 소릉은 초나라가 정나라를 위협할 때 쓰는 기지였다. 소
릉을 지나면 바로 초나라의 방성方城이고, 방성을 지나면 한수에 다다
른다. 이때는 관중이 직접 군대를 이끌고 있었다. 환공과 관중, 이 환상

적인 조합은 드디어 남방에서 진정한 적수를 만나게 된다. 제 환공과 초 성왕, 관중과 초나라 대부 굴완屈完의 팽팽한 설전은 무림 최고수들의 내공 싸움을 연상케 한다. 남북 패자 간의 운명을 건 대결이었지만 이들의 대화는 긴장 속에서도 우아함을 잃지 않았다. 이들의 대화는 전국시대에는 이미 사라진 춘추시기의 낭만을 보여준다.

성왕이 전갈을 보냈다.

"군주께서는 북방에 계시고 과인은 남쪽 물가에 살고 있어서 발정 난 말과 소가 서로 유혹하는 일도 없는데[風馬牛不相及], 군주께서 제 땅을 넘어 들어온 것은 뜻밖입니다. 어쩐 일이십니까?"

여기서 '멀리 떨어져서 별 상관이 없다'는 뜻의 '풍마우불상급風馬牛 不相及'이라는 성어가 나왔다. 관중이 대답한다.

옛날 천자의 사자이신 소강공께서 우리 시조 태공께 명을 내려 말씀하시기를 "다섯 등급의 제후와 아홉 주의 우두머리들을 정벌하여 주 왕실을 보좌하라" 하시고, 우리 선군께 동으로 바다, 서로는 황하, 남으로는 목릉穆陵, 북으로는 무체無棣까지 이르는 땅을 내리셨습니다. 지금 공물로 쓰는 포모苞茅가 들어오지 않아 왕께서 제사의 기물을 다 갖추지 못하고 술을 거르지 못하고 계시니, 우리 군주께서는 이를 걸으려고 하십니다. 그리고 과거 주 소왕昭王께서 남쪽을 정벌하러 가시고는 돌아오지 못했으니 저희 군주는 이를 물어보려 하십니다.

우리말로 옮기더라도 이 문장은 대단히 우아하다. 성왕의 사신은 이렇게 대답한다.

공납을 바치지 않은 것은 저희 군주의 죄입니다. 감히 올리지 않을 수 있겠습니까? 허나 소왕이 돌아가지 못한 것은 저 강가에 가서 물어보시지요〔君其問諸水濱〕.

시치미도 이 정도가 되면 예술이다. '과거 주나라 소왕이 한수에서 빠져 죽은 것을 지금 와서 물어 무엇 하겠느냐'는 이야기다. 은근히 제나라가 그것을 물어 무슨 도움이 되겠느냐는 투다. 그리고 공납을 올리겠다고 함으로써 중국을 침범하지 말라는 조건은 받아들이겠다는 뜻을 분명히 했다. 후에 나오는 초사楚辭의 유유함을 먼저 보는 듯하다. 긴장감 속에서도 멋을 잃지 않는 것이 춘추시대 명사들의 어투다.

대체로 상대의 의도는 파악되었다. 대치상태가 지속되는 중에 초 성왕은 굴완을 사자로 보내 화해를 청했다. 이에 대한 답으로 환공은 군대를 소릉으로 물렸다. 굴완과 환공의 대화도 《좌전》의 백미다.

환공이 연합군 군대를 열병하면서 굴완에게 말한다.
"어찌 못난 나를 위해 싸우는 것이겠습니까? 다만 선대 군주들의 우호를 이어가고자 할 따름이지요. 이 못난 사람과 우호관계를 맺는 것이 어떻겠소?"
굴완이 대답한다.

"그저 저희 군주는 군주(환공)께서 저희 작은 고을의 사직에 은혜를 베푸시어 용납해주시기를 바랄 따름입니다."

환공이 말한다.

"이 많은 군대로 싸움을 하면 누가 당해낼 수 있을 것이며, 이 군대로 성을 공격하면 어떤 성인들 들어내지 못하겠소?"

굴완이 대답한다.

"군주께서 덕으로 제후들을 다스리신다면 누가 감히 복종하지 않겠습니까? 만약 기어이 힘으로 하신다면 초나라는 방성을 성으로 삼고 한수를 못(해자)으로 삼아 대항할 것이온대, 비록 많은 병사가 있어도 소용이 없을 것이옵니다."

대화는 여기서 끝났다. 양대 세력은 이렇게 싸움 없이 화해했다. 격렬한 싸움은 없었다.

중원국가들에게 한수는 아직 넘을 수 없는 벽이었다. '한수에게 물어보라'는 말은 사실 무서운 말이다. 한수를 넘다가는 소왕처럼 수장될 수도 있다. 또 방성과 한수를 방어막으로 하고 결전을 벌이면 많은 병력도 소용이 없다는 말도 당차다. 굴완은 전국시대 초나라의 명재상 굴원屈原의 선조답게 엄중한 상황을 매우 문학적으로 설명한다.

연합군은 물러났다. 그러나 연합군이 물러났다고 초나라가 북진을 멈춘 것은 아니다. 《관자》에는 환공이 물러나면서 정나라에 성을 쌓고, 초나라에게 동쪽으로 흐르는 물길을 조작하지 말도록 명했다고 쓰여 있다.

결과론적이지만 관중은 여기서 물러나지 말아야 했을지도 모른다. 이번의 후퇴로 중원세력에 대한 정나라의 신뢰는 점점 약해졌다. 정나라는 연합군이 초를 제압해주기를 내심 원했다. 항상 초나라의 힘은 가깝고 중원의 지원은 너무 느렸다. 한방 얻어맞고 뒤늦게 받는 위로는 쓰라렸다.

그러나 제나라가 물러났다고 중원세력 전체가 넋 놓고 있었던 것도 아니다. 진晉이 제를 대치하여 초를 견제할 준비를 하고 있었다. 북쪽도 그 나름대로 차곡차곡 힘을 기르고 있었다. 또 그 서쪽에서도 심상치 않은 움직임들이 일어나고 있었다. 이렇게 관중의 출현으로 인한 개입주의는 춘추의 무대를 동서남북으로 급격히 확장시켰다.

4. 천하를 바로잡다

관중과 환공 콤비는 초를 제압한 후 이제는 명실상부한 중원 전체의 지도세력이 되었다. 당시 중원의 북방 진晉과 서방의 진秦이 중원 동남부의 혼란을 틈타 서서히 내실을 다지고 있었지만 그 부분은 다음 장에서 이야기하고, 일단 환공과 관중이 세상을 주름잡은 이야기를 들어보자. 과연 일광천하一匡天下라는 말처럼 그들의 삶은 다사다난했고, 많은 굵직한 일들을 처리했다. 그들은 춘추라는 세계 전체를 지켜낸 사람들이었다.

규구의 회맹(기원전651)을 주관한 후 환공은 천자에 버금가는 봉선의식을 행하고 싶었다. 그리고 자신의 인생을 이렇게 술회한다.

> 과인은 남쪽을 정벌하여 소릉에 이르러 웅산熊山을 바라보았고, 북으
> 로 산융, 이지(영지), 고죽을 정벌했고, 서로 대하大夏를 정벌하고 유사
> 流沙를 건넜소. 말을 묶고 수레를 매달아 태행산에 올랐으며, 비이산
> 卑耳山까지 닿은 후 돌아왔소. 제후들은 감히 과인의 명을 거역하지
> 못했소. 과인은 병거兵車의 회합(싸움을 위한 회맹)을 세 번, 승거乘車의
> 회합(우의를 위한 회맹)을 여섯 번 주관하여 도합 아홉 번 제후들을 모았
> 고, 한 번에 천하를 바로잡았소〔一匡天下〕. 옛날 삼대가 명을 받은 것
> 과 나의 업적이 무엇이 다르오?　　　　　－《사기》〈제태공세가〉

　소릉에서 초나라를 제압한 것이 역시 제일 큰 일이었다. 또 북으로
이민족들을 제압했다. 그런데 서쪽으로는 얼마나 진출했을까? 어느
정도 고증이 필요한 대목이다. 유사流沙는 일반적으로 사막을 뜻하는
데 일부 해석자들은 환공이 고비사막이나 서역까지 진출했다는 황당
한 이야기를 한다. 다른 기록은 이렇게 전한다.

> (환공은) 동쪽의 서주徐州를 구했고, 오나라를 반쪽 냈으며, 노나라를
> 존속시키고, 채나라를 무찌르고, 월나라를 분할했다. 남으로는 송과

• 이 부분에 주로 인용된 사서는 《사기》 《국어》 《관자》다. 그러나 사서마다 내용이 조금씩 다르기 때문에
　고증을 통해 검증된 자료를 우선으로 합성한 경우도 있다.

정나라를 근거지로 초나라를 정벌하고, 여수를 건너고 방성方城을 넘어 문산文山을 바라보면서, 초로 하여금 주 왕실에 비단을 헌납하게 했다. 중원에서 진공晉公을 구했고, 적왕을 잡고, 호맥胡을 패배시키고, 도하屠何를 쳐부수니 말을 탄 도적들이 처음으로 복속했다. (중략) 서로 백적의 땅을 빼앗고, 드디어 서하西河에 이르렀다. 배와 뗏목으로 강을 건너 비로소 석침石枕에 이르렀다. 말을 묶고 수레를 매달아 태행산을 넘고 비이산의 계곡을 지났으며, 태하泰夏(태하의 군주)를 잡았다. 서로 유사의 서우西虞를 굴복시키자 진융秦戎이 처음으로 따랐다. 이리하여 병사를 한 번 일으키자 열두 가지 공을 이루었다.

－《관자》〈소광〉

이렇게 보니 관중과 환공은 정말 바쁜 사람들이었다. 《관자》는 전국시대 당시의 분위기를 반영하기 때문에 분명히 《사기》의 엄밀함은 없다. 그러나 중요한 해석의 근거들을 남겼다. 그리고 앞으로 이야기를 전개하는 데 매우 중요한 몇 가지 시사점도 남겼다. 이 내용들을 근거로 그들의 행적을 재구성해보자.

진晉나라가 중원무대로 들어올 당시 그들은 적狄, 융戎 등과 매우 격렬한 싸움을 벌이고 있었다. 기원전 652년과 기원전 651년, 적과 진은 대규모로 전투를 벌여 일진일퇴를 거듭했다. 기원전 649년에는 융족이 연합하여 주나라 왕성의 동문을 뚫고 들어왔다. 이때는 진晉과 진秦이 연합하여 융을 막아냈다. 결국 그 이듬해 제나라가 직접 나섰다. 관중은 융족과 주나라 왕실을 화해시키고, 습붕은 융족과 진晉나라를 화해시켰다. 아마도 이 사건을 두고 진공을 구했다고 말하는 것 같다.

그러나 융인, 적인 들의 공세는 여기서 멈추지 않았다. 기원전 647년에도 다시 주의 왕성을 공격했는데 제나라가 연합군을 이끌고 이를 막아냈다. 태행산이나 비이산 등을 올랐다는 것은 모두 융적에 대항하여 진晉을 구할 때 진격한 일을 말하는 것이리라.

그러면 진융(진秦나라)*이 정말 제나라에 굴복했을까? 아마 이때 진晉과 주 왕실을 구하기 위해 진출한 제나라의 위세에 굴복했을 수도 있다. 혹은 제나라가 내친 김에 서쪽으로 진출할까 봐 화해했을 수도 있다. 그러나 이 자료는 진秦이 제에 굴복했다는 것이 아니라 진과 제가 처음으로 관계를 맺었다고 보는 것이 옳다. 여기에는 진晉나라 새 군주 혜공惠公의 등극과 관련된 이야기가 있다.

환공 말년에 진晉나라에서 벌어진 일을 간단히 살펴보자. 진 헌공獻公의 두 아들 중이重耳와 이오夷吾는 헌공이 죽을 당시 모두 망명길에 있었다. 후에 혜공이 되는 이오는 양梁에 있다가 헌공이 죽자 진秦 세력을 등에 업고 귀국하려 했다. 이때 제나라가 개입한 것이다. 그때가 정확히 기원전 650년인데 당시 제나라는 진晉과 주 왕실을 방어하기 위해 융적과 대치하고 있었다. 이때 헌공이 죽고 내란이 일어나자 제나라는 군대를 보내 진晉나라 내란을 평정하려 했다. 제 환공은 당시 제후 연합군을 이끌고 진晉나라의 고량高粱까지 진출했다가 돌아왔다.

- 일부 국내 번역서들이 진융秦戎을 진과 융으로 해석하는 경우가 있으나 이는 오류다. 중원인들, 심지어 초나라도 진나라 사람을 융족과 동일시했다. 진과 융의 관계에 대해서는 앞서 자세히 서술했다 (165~168쪽 참조).

고량이면 진의 도성을 지나치는 곳으로 지금의 산서성 임분臨汾이다. 환공은 이때 진의 도성 지근거리에서 시위를 하고 돌아온 것이다.

　이오가 귀환하려 할 때 환공은 습붕을 보내 진秦나라 군대와 합류하여 이오를 귀국시켰다. 이어 습붕은 주 왕실과 협의하여 이오를 혜공으로 옹립했다. 그러면 이제 문제가 생긴다. 혜공을 세운 이는 누구인가? 진秦의 목공인가, 아니면 제의 환공인가? 필자는 이렇게 추측한다. 실제로 환공이 산서성 임분까지 진출하여 황하를 건너면 진秦나라는 위험하다. 또 환공은 연합군을 이끌고 있으며, 완충지대의 서우西虞 같은 작은 나라들을 없애버렸다. 그러나 당시 연합군이 진秦을 공격할 이유가 없었다. 《관자》는 제의 입장에서 이때 제가 진秦을 압도했다고 과장해서 쓴 것이다.

　오나라를 반쪽 냈다느니 월나라를 분할했다느니 하는 말은 역사적인 기록이 없는 과장이다. 또 초나라의 방성을 넘었다는 말도 과장이다. 《좌전》에 분명히 방성을 넘지 않았다고 기록되어 있다. 적왕을 잡았다는 말도 희망사항이다. 잡았다면 기록이 없을 리가 없다. 호맥이니 말을 타는 도적이니 하는 이들은 춘추시대 이후에 등장하기 때문에 모두 과장이다. 그리고 서하西河는 황하일 텐데, 이 기록은 《국어》에도 남아 있어 황하를 넘었을 가능성은 충분히 있지만 군사적인 행동을 한 것은 아닐 것이다. 위의 《관자》의 서술에는 춘추 말기나 전국시대의 희망사항과 사실들이 뒤섞여 있다.

　그러나 명백한 것은 관중과 환공은 먼저 동쪽을 제패하고, 남쪽으로 초나라를 눌렀으며, 북쪽 융적의 동남진을 막았다. 말년에는 중원과 서방의 문제까지 끼어들어 혜공을 세우고 융을 공격하여 진晉의 명맥을 이었고, 진秦의 동쪽을 두드려 겁을 주고 제나라의 패권을 인정하게 했다는 점이다. 그러니 과연 동서남북에서 '일광천하'했다고 할 수 있다. 바로 관중이 환공을 보좌하여 한 일이다. 춘추시기의 환경에서 이 정도의 정치력을 발휘할 수 있었던 것은 관중과 환공의 조합이 아니고서는 불가능했다.

다음 장에서는 제나라 일국의 패권질서가 점차 다극화되는 것을 살펴볼 것이다. 관중은 영걸이지만 세상을 모두 한 손에 놓고 주무를 수는 없었다. 그것은 역사가 할 일이었다.

제13장

제나라 패권의 한계와
4강 체제의 형성

...

인간의 능력은 한계가 있다. 강한 것도 영원할 수 없고, 약한 것도 영원히 약하지 않다. 사람들은 관중이 군대를 움직여도 그를 포악스럽다고 하지 않았다. 제나라에 공납을 바치면서도 치욕스럽다고 생각하지 않았다. 관중은 항상 적게 거두고 많이 돌려주었다. 주는 것이 받는 것이라고 했던가? 《국어》는 관중의 정치를 이렇게 평가한다.

제나라의 재물을 풀어 제후들에게 공급하고, 관문을 쌓아 노략질을 막았다. 제후들은 그 광대한 은혜에 감사했다. 교화가 크게 이루어져 갑옷, 창, 활이 필요하지 않았고, 조복朝服을 입고 황하를 건너도 걱정이 없었다. 문치의 승리였다[文事勝矣]. 그래서 큰 나라들은 참괴한 행동을 하지 않았고, 작은 나라들은 따르고 협조했다.

칼을 들고 있으나 역사는 그가 문치를 이루었다고 한다. 이렇게 문치를 이룬 패자는 역사상 손으로 꼽을 정도다. 관중이 만든 질서는 향후 수백 년을 향유하게 된다. 사람이 사라져도 그들이 남긴 그림자는 쉽게 사라지지 않는다.

그러나 관중의 문치도 점점 격렬해지는 창칼의 난무 속에서 서서히 빛이 바랬다. 제나라 혼자 국제질서의 주인이 되기에는 다른 나라들이 점점 강해졌다. 이제 제나라의 패권이 어떻게 다극체제로 이행하는지, 또 관중과 환공은 마지막으로 어떤 드라마를 만들어내는지 담담하게 살펴볼 것이다.

규구의 회맹 이후 제나라 중심의 질서는 서서히 서쪽으로 이동한다. 이 시기에 진晉과 진秦이라는 서방 세력이 급격히 추격하여 결국은 동방을 앞지르게 된다.

앞에서 진秦이 어떻게 해서 그렇게 군사적으로 강해졌는지 이야기했다. 아무래도 생존을 건 싸움에 노출된 사람들이 더 호전적이다. 진晉과 진秦이 그런 나라들이었다. 이들은 이민족들과의 극심한 자원경쟁 속에서 성장했다. 경쟁 속에서 성장한 자들은 강했다. 이들에 비하면 관중과 환공의 정책은 지극히 우아했다.

1. 진晉의 남하

제나라가 동방의 맹주로서 남방의 초나라와 북방의 융적들과 대치하고 있을 때 가장 착실히 내실을 다진 나라는 진晉이었다. 그리고 그 중심인물은 헌공獻公이었다. 그는 기원전 676년에 등장하여 규구의 회맹을 보고 죽는다. 그러니 대충 제나라 환공의 전성기에 진의 정치를 맡은 사람이다. 그는 인격적으로는 환공과 비교도 할 수 없는 천박한 사람이고, 또 성정이 잔인했다. 그러나 헌공이 진의 기틀을 다진 것은 부인할 수 없다. 제나라의 시절이 가자마자 진나라가 패권을 낚아챈 것도 그의 공로에 기댄 것이다.

헌공의 정책은 환공처럼 우아하지 않다. 헌공은 전형적인 모리배이지만 정책의 목표는 초지일관 명확했다. 바로 중앙집권화였다. 그리고 그는 서방의 진秦나라와 마찬가지로 등극 초기부터 융적과 피 튀기는 싸움을 벌여나갔다.

먼저 그는 귀족과 정적들을 제거하기 시작한다. 헌공은 사위士蔿라는 사람을 등용하여 자신의 지위를 위협하는 공실 세력들을 가차 없이 처단했는데, 이는 노나라나 제나라에서는 상상하기도 힘든 일이었다. 관중이 정치를 맡은 후에도 고씨와 국씨는 제나라의 권력을 분점했다. 관중과 환공은 우아한 사람들이다. 명분이 없으면 움직이지 않는다. 그러나 헌공은 달랐다. 헌공은 목적을 위해서는 어떤 일이든지 할 수 있었다.

그는 먼저 환숙桓叔, 장백莊伯의 세력을 없앴다. 헌공의 사주를 받은 사위는 환숙, 장백의 자손들 중에서 지모가 뛰어난 부자富子에게 죄를 뒤집어씌워 죽였다. 연이어서 여러 공자들과 모의하여 호족 유游씨의 두 아들을 죽였다. 그러고는 태연히 보고했다. "한 2년만 지나면 걱정이 없을 것입니다." 그리고 이듬해 부자와 유씨의 씨족들을 죽이는 데 함께 공모한 공실의 자손들도 성에 몰아넣고 무더기로 죽였다. 전형적인 토사구팽兎死狗烹의 방식으로 권력에 위협이 되는 세력은 무조건 제거하는 방식이었다.

이런 공로로 사위는 대사공大司空이 되었고, 강絳에 도성을 쌓고 궁성을 커다랗게 지었다. 하수인을 내세운 전형적인 중앙집권정책이었다. 나아가 기원전 661년에는 2군을 만들어 태자와 헌공 자신이 1군씩 나누어 책임졌다. 그러고는 곽霍, 경耿, 위魏 등의 주변국을 신속히 병합하기 시작한다. 다행히 헌공과 태자 신생申生 모두 무재가 있어서,

이들은 2군을 이끌고 융인과 적인 들의 땅을 신속히 복속해나갔다.

한번 생각해보자. 제나라의 3군은 환공, 고씨, 국씨가 나누어 가졌다. 그런데 진나라의 2군은 부자가 나누어 가졌으니, 군주의 가문이 군사의 실권을 거머쥔 것이다. 당시 초와 융적을 막는 데 여념이 없던 제나라는 진나라의 향배에 손을 쓸 틈이 없었다. 그러나 진정으로 심각한 문제는 기원전 660년 진나라가 천자의 가장 가까운 친척 국가인 괵虢나라를 공격하고, 얼마 지나지 않아서 우虞나라까지 병탄한 일이었다. 제나라는 이 일에 손을 쓸 방법이 없었다. 그러나 이 타격은 만만치 않았다. 제나라가 진나라에 대한 통제력을 잃어버린 것이다. 그때 헌공은 제나라가 서방 문제에 깊이 관여하지 못하리라는 것을 이미 간파하고 있었던 것이다.

당시 진에는 순식荀息이라는 모사가 있었다. 순식은 우나라와 괵나라를 모두 멸망시킬 요량으로 묘안을 짜냈다. 그 유명한 '가도멸괵假途滅虢', 곧 우나라에게 길을 빌려 괵나라를 멸한다는 작전이었다. 가도멸괵이란 말은 일본이 조선을 치고자 하면서 내세운 '조선이 명나라로 가는 길만 빌려주면 된다'는 식의 음험한 수법을 말한다. 순식은 준마 네 마리와 진나라의 보옥을 우나라 군주에게 주고 길을 빌려 괵나라를 치자고 건의했다. 헌공은 의심이 많고 욕심도 많아서 이렇게 되묻는다.

"그것들은 나의 보물이오."

"우나라에서 길을 빌리기만 하면 그저 바깥 창고에 두는 것이나 마찬가지입니다."

"우나라의 궁지기宮之奇가 똑똑한데…….."

"궁지기야 똑똑하기는 해도 유약한 자라서 강하게 간하지 못합니다. 또 군주와 같이 자라서 군주가 그를 사사롭게 대하니 충간을 해도 들어주지 않을 것입니다."

그예 순식은 우나라에 사람을 보내 뇌물을 바치며 그럴듯한 말을 했다.

"괵나라가 무도하게도 우리나라의 남방을 침략하고 있습니다. 길을 빌려 그들을 문책하고 싶습니다."

궁지기는 당연히 반대했다. 그러나 과연 우나라 군주는 궁지기의 말을 듣지 않고 괵나라를 치는 일에 동참했다. 이렇게 괵나라를 쳤다. 이런 행태는 반복되어 몇 년 후 진은 다시 길을 빌려달라고 했다. 그때 궁지기가 "입술이 없으면 이가 시리다[脣亡齒寒]"며 극구 반대했다. '순망치한脣亡齒寒'이란 우호적인 두 세력 중에 하나만 무너지면 나머지는 자연히 무너진다는 원리를 말한다. 임진왜란 때 명나라가 파병한 이유가 '조선이 무너지면 요동이 위험하다'는 순망치한의 원리 때문이었다. 그러나 이번에도 우나라 군주는 듣지 않았다. 과연 입술이 없어지자 이도 힘을 쓰지 못했다. 진나라 군사는 괵나라를 치고 돌아가는 길에 아예 우나라까지 멸망시켜버렸다.

이렇게 천자의 지근거리에 있던 인척 국가들이 한꺼번에 날아갔다. 진은 관중이나 환공이 쓰지 않는 흉계를 태연하게 썼다. 우나 괵의 멸망은 식나라와 채나라가 서로 싸우다 초나라에 절단이 나는 상황과 너무나 비슷했다.

이렇게 진나라는 급속히 커지고, 또 군사화하고 있었다. 헌공은 제나라가 압박할 경우에 대비하여 처음으로 규구의 회합에 참석할 마음을 가졌다. 그러나 출발이 약간 늦은 상태였다. 그때 회합에 참석하고 돌아오던 주나라 태재太宰가 헌공에게 이렇게 말한다.

참석하지 않는 것이 좋겠습니다. 제나라 군주는 덕을 닦는 데 힘쓰지 않고, 멀리 원정을 하는 데 주력하고 있습니다. 그러니 북으로 산융을 치고, 남으로 초를 벌했으며, 서쪽을 위해 이번에 회합을 연 것입니다. 동쪽을 칠지는 알 수가 없고, 서쪽은 치지 않을 것입니다. 그러나 정치가 어지러움을 틈탈 뿐이지요. 군주께서는 돌아가셔서 어지러움을 가라앉히는 데 힘쓰시고, 멀리 회합에 가시는 일에 힘쓰지 마십시오.

이리하여 헌공은 회합에 참석하지 않았다. 생각해보면 주나라의 행동은 참으로 치사한 일이다. 일만 있으면 제나라에 손을 벌리면서도 뒤로는 제나라가 주나라의 지위를 위협할까 두려웠던 것이다. 그래서 신흥강국으로 떠오르는 진나라에게 제나라를 험담하는 뒷말을 흘린 것이다. 그러나 이런 주나라를 욕할 수는 없다. 이것은 명목만 있고 실권은 없는 주 왕실의 전형적인 생존전략이었다. 다행히 주 왕실의 이런 태도는 진의 계산과도 맞아떨어졌다. 진은 제나라에 굴복하고 싶지 않았다. 이후에 제는 융의 공격을 받는 진과 주 왕실을 구원하지만 모두 남 좋은 일만 시키는 꼴이었다.

2. 제-초 사이에서 정나라가 동요하다 ━━━━━━

소릉에서 초가 제나라 연합군에게 굴복한 이후 초 성왕은 중원의 주나라에 공납을 바치는 동시에 서서히 가까운 나라들에 다시 손을 대기 시작했다. 목표는 정나라를 압박하는 것이었다.

이때 다시 주나라의 생존법이 문제가 되었다. 노회한 주나라의 혜왕은 은근히 제나라를 견제하고 있었다. 주나라에게도 역시 중원의 온갖 길들이 지나가는 정나라가 관건이었다.

환공은 소릉에서 초를 위협한 지 얼마 안 되어 수지首止에서 회합을 열어 맹서했다. 그때 주나라 혜왕이 사람을 시켜 정나라 문공에게 은근히 이런 말을 흘렸다.

> 내가 그대를 어루만져 초나라를 따르게 하고 진晉나라로 이를 지지하게 할 것이니, 이제 조금 편안해질 것이오.

제나라와 초나라 사이에 있으면서 가까운 초나라가 무섭지만 제나라와의 의리를 저버릴 수 없었던 정나라에게 이런 제안은 어리둥절하기도 하고 솔깃하기도 했을 것이다. 주 왕실이 장차 초나라를 인정하려 하는가? 그리고 후원자로 진晉나라를 선택한 것인가? 북방의 신흥 강국인 진이 이를 지지한다면 못 할 것도 없다. 그러자 마음이 동한 정나라 문공은 맹서를 하지 않고 회합장을 떠나버렸다. 일견 혜왕의 말을 믿었고, 또 외교적으로 초나라에 은근히 기운 것이다. 그때 공숙孔叔

은 문공에게 절실히 간했다.

경솔히 행동하지 마십시오. 지금까지 친했던 이를 저버리면 화가 닥
칩니다. 신세가 괴롭게 되어 애걸할 때는 이미 늦습니다.

그러나 문공은 이 말을 듣지 않았다. 그러자 제나라는 즉각 군대를
보내 응징했다. 정나라는 엉뚱한 사람에게 죄를 뒤집어씌운 뒤 제나라
에 화해를 구했다. 그러나 정나라는 이미 동요하고 있었다. 초는 다시
중원과 초 사이의 약한 나라들을 두드리기 시작했다. 정은 진과 초의
대결구도가 임박했음을 약자의 육감으로 예감했다. 그때 환공과 관중
은 어떤 생각을 했을까?

정나라가 제나라를 이반했다가 사죄하는 등의 일이 일어나자 제나
라는 영무寧毋에서 정나라 일을 상의하려고 회합을 열었다. 정나라는
작지만 중원의 요지에 위치하고 있어 대세의 행방을 가를 열쇠를 쥐고
있었다. 초에 붙거나 떠오르는 진에 붙는다면 말썽이 될 게 뻔했다. 그
때 솔깃한 제안이 들어왔다. 정나라 문공은 태자 화華를 회합에 내보냈
는데, 화가 이런 말을 했다.

"우리나라의 설洩씨, 공孔씨, 자인子人씨 삼족이 실로 군주의 명을 어
깁니다. 군주(환공)께서 그들을 제거하여 정나라와 화해하신다면 저는
정나라를 들고 신하가 되겠습니다. 이건 군주께 불리할 것이 없는 일
이 아니겠습니까?"

제후군을 이끌고 정나라의 배신을 응징하려 했으나 뚜렷한 성과가

없던 환공에게 이는 정말 솔깃한 제안이었다. 그는 이를 허락하려 했다. 과연 관중은 어떻게 대응할까? 떡을 덥석 물 것인가? 관중의 생각은 달랐다.

"군주께서는 예의와 신의로 제후들을 복속시키고서는 올바르지 못한 방법으로 끝을 맺어서는 아니 되지 않겠습니까?"

환공이 다시 말한다.

"제후들이 정나라를 쳤으나 아직 이기지 못했습니다. 지금 가까스로 틈을 보았는데, 저자의 말을 따르는 것도 안 된단 말입니까?"

관중은 설명한다.

"군주께서 저들을 덕으로 보듬고 가르치신 후 제후들의 군사를 이끌고 토벌하시면, 저들이야 망하지 않으려고 어찌 두려워하지 않겠습니까? 그러나 저 나라의 죄인을 데리고 그들을 압박한다면 저 나라도 변명할 말이 있게 됩니다. 제후들의 모임에 나쁜 사람을 열석시키는 것은 맹서를 무의미하게 하는 일입니다. 화는 나라의 태자가 되어서는 큰 나라를 끌어들여 자신의 나라를 약하게 하려 합니다. 악한 그는 화를 면하지 못할 것입니다. 지금 정나라는 숙첨叔詹, 도숙堵叔, 사숙師叔 세 현명한 신하가 정치를 하고 있습니다. 아직은 틈을 타서 칠 수 없습니다."

사실 관중은 흉계를 잘 쓰지 않는다. 만약 진나라 헌공이라면 당장 이런 제안을 받아들였을 것이다. 그러나 관중은 받아들이지 않았다. 결국 정나라가 제나라에게 화해를 청했기 때문에 관중의 목적은 달성됐지만, 이 일로 제나라는 실제로 전쟁을 일으키지 못한다는 인상을 주었다. 관중은 후대의 제갈량과 무척 비슷한 사람이다. 그는 적이라도 훌륭하면 인정하고, 자신에게 득이 되더라도 적의 배신자는 좀처럼 신뢰하지 않았다. 관중은 이익이 있더라도 인간적으로 호감이 없는 인물을 가까이하지 않았다.

정나라의 동요는 분명히 초나라를 강하게 하는 요인이었다. 정나라는 이후로 기약 없는 줄타기에 들어간다. 얼마 후 초나라는 정나라를 효과적으로 제어하면서 화려하게 부활한다.

3. 진秦의 중원 진출

진秦이 융과의 투쟁을 통해 스스로를 단련하여 군사적으로 강국이 되었다는 것은 앞에서 서술했다. 환공의 패권이 정점에 오를 때 진에도 일세의 영웅이 자리에 올랐다. 바로 목공穆公이다. 필자는 약 450년 후 진이 전국을 통일한 기초를 이 목공이라는 사람이 놓았다고 본다.

진은 융과 직접 맞설 수 있는 군사대국이었지만 늘 뭔가 부족한 면이 있었다. 진후가 무재武才가 있으면 나라는 흥했다. 그러나 격렬한 민족 간 투쟁의 와중에 이들은 전쟁에서 죽기가 부지기수였고, 중원에 비해서는 기본적으로 인구가 적었다. 국가 간의 싸움이 치열해질수록 인구에 기반한 생산력이 승패를 가르는 게 분명했다. 오늘날에는 인구는 적어도 매우 부유한 나라들이 있지만, 고대에는 인구 자체가 바로 생산력이었다. 기술이 점점 중요해지면서 노동력과 기술을 혼합한 총

생산 공식이 나오지만, 이는 최근의 일이다.

진으로서도 이제는 국내의 생산기반을 확립하고, 외교적인 수단을 통해 불필요한 충돌을 막을 인재들이 필요했다. 바로 강태공이나 관중의 역할을 할 사람들이 절실했던 것이다. 진 목공은 진의 한계를 알고 있었다. 진이 일어서려면 중원의 인재들을 끌어들여야 한다. 중원의 인재들과 진의 무력을 결합하면 진은 바야흐로 동방으로 진출할 힘을 갖게 된다.

융과의 투쟁을 통해 강화된 무력으로 진은 동쪽의 진晉과 지속적으로 투쟁하는 동시에, 융의 동남진을 막아 주 왕실의 지지를 이끌어냄으로써 슬금슬금 중원으로 다가섰다. 이때 목공을 보좌한 사람이 바로 백리해百里奚라는 인물이다. 이 인물이 좀 젊었더라면 진을 위해 더 많은 일을 할 수 있었을 것이다. 그가 등용될 때는 이미 칠순을 넘긴 나이였다. 그러나 백리해가 등장함으로써 진나라의 무사들은 든든한 갑옷을 입게 된다.

백리해는 성품이 극히 어질었고, 기본적으로 내실을 중시하는 사람이었다. 그리고 안목이 뛰어났다. 백리해의 삶도 관중의 삶처럼 한편의 드라마 같다. 백리해는 우나라 사람이었다. 그의 젊은 시절은 처참한 가난의 시절이었고, 장년은 굴욕의 시절이었다. 그는 분명히 귀족 출신은 아니다. 그러나 그는 자신의 재주만 믿고 여러 지역을 전전했다. 스스로 동방의 제나라나 천자의 주나라에서 일할 기량을 갖추었다고 생각한 모양이다. 그리고 그에게는 관중에게 포숙이 있었듯이 훌륭한 정치적인 스승 건숙蹇叔이 있었다.

처음 그는 출사를 위해 제나라로 갔는데 먹을 것이 없어서 걸식을 하는 처지였다. 그때 송나라의 건숙이라는 사람이 그를 돌봐주었다. 건숙은 사람을 보는 안목이 있는 장자長者였다. 제나라의 공손무지가 양공을 죽이고 등극하자 백리해는 무지를 섬기려 했다. 그러자 건숙이 말렸다. 멀리서 온 백리해는 제나라의 사정을 잘 몰랐기에 건숙의 말을 들었다. 그래서 옹름이 무지를 죽이고, 또 공자 규와 소백이 싸우는 난리를 피할 수 있었다. 무지가 오래가지 못할 것이라는 건숙의 예상이 적중한 것이다. 그다음은 주나라의 왕자 퇴頹를 찾아갔다. 퇴는 말을 좋아했는데 백리해는 말을 키우는 데 소질이 있었기 때문이다. 퇴는 연나라와 위衛나라를 등에 업고 주나라 혜왕을 몰아낸 사람이다. 그러나 건숙은 이번에도 말렸다. 퇴의 인격도 문제지만 그가 정나라와 괵나라 등 가까운 친척들의 신임을 받지 못하고 있음을 알았기 때문이다. 백리해는 이리하여 퇴에게 출사하지 않았다. 결국 퇴는 정나라와 괵나라 연합세력에 의해 죽음을 당했다. 이번에도 백리해는 건숙의 말을 듣고 피했기 때문에 목숨을 구할 수 있었다.

여러 번의 좌절로 실의에 빠진 그는 고향으로 돌아왔다. 고향으로 돌아와서 밥벌이라도 할 요량으로 우나라 군주 밑에서 한 자리를 얻었다. 백리해의 인생에서는 그나마 작은 요행이었다고 할 수 있다. 건숙은 이번에도 우나라는 작고 군주는 어리석다며 말렸지만 백리해는 어렵사리 얻은 작은 자리를 차마 포기하지 못했다.

그러나 알다시피 진晉나라 헌공은 애초부터 우와 괵을 무너뜨릴 계획이었고, 순식이 우나라에게 길을 빌려 괵나라를 없애고 우나라도 병탄했다. 이 와중에 벼슬을 하고 있던 백리해도 진나라로 잡혀가는 신세가 되었다.

진나라 헌공은 권력욕의 화신이자 야비한 사람이었다. 헌공은 진秦나라 목공에게 딸을 시집보내면서 우나라에서 잡은 백리해를 잉신媵臣으로 보냈다. 잉신이란 한마디로 시집가는 여자를 따라가는 남자 종이다. 상나라의 이윤이 잉신의 신분이었다는 전설이 있긴 하지만, 이 일은 1000리를 주유하다 고향에 정착한 백리해에게는 참을 수 없는 모욕이었다. 이미 당시에는 백리해가 실력이 있다는 이야기가 돌았지만 헌공은 그를 쓸 생각이 없었다. 헌공은 자기의 대부들과 심지어 아들들도 믿지 못해 다 죽이려 한 사람인데 외지 사람을 쉽사리 믿을 리가 있겠는가?

이리하여 백리해는 처량하게 진秦나라로 팔려가는 신세가 되었다. 백리해는 이번에는 과감히 진나라를 탈출했다. 작은 나라지만 명색이 한 나라의 벼슬을 한 사람이 외국으로 가서 노예 노릇을 할 수는 없었다. 그래서 초나라 땅으로 달아났다. 그때 나이가 일흔이 넘었다고 하니 그의 운명은 기구하다 못해 참혹했다.

하지만 진 목공은 보통 사람이 아니었다. 백리해가 현명하다는 소식을 듣고는 그를 반드시 등용할 계획을 세웠다. 이것이 진나라의 강점이다. 진나라에서 이름을 날리는 사람들 중 외국 사람이 극히 많다. 지금 목공은 노예를 쓰겠다고 한다. 중원의 나라들이라면 주위에서 온갖 자잘한 예의를 들먹여서 등용하지 못하게 했을 것이고, 등용했더라도 힘을 쓰지 못했을 것이다. 세월은 많이 바뀌었다. 종법질서란 명확한 신분의 구분을 전제로 하는데 이제는 백리해 같은 사람이 등장하는 시절이 왔다. 백리해의 등장은 간단한 사건처럼 보이지만 중국이 세계적인 문명으로 발전하고 있다는 한 지표였다. 국가 간의 강렬한 투쟁이 노예제의 기반을 붕괴시키고 있었다.

목공은 원래는 많은 뇌물을 주고 백리해를 찾아오려 했다. 그러나 초나라가 백리해의 가치를 알고 놓아주지 않을까 걱정이었다. 그래서 포숙이 관중을 데려온 방법을 약간 응용하여, 역으로 백리해를 하찮게 대했다. 목공은 초나라에 사신을 보내 말했다.

"과인의 잉신 백리해가 그대들 국가에 있다고 하오. 검은 양 가죽 다섯 장으로 값을 치를 테니 돌려보내주시오."

그러자 초나라는 백리해를 보내주었다. 일국의 군주가 '당연한 권리'를 정중하게 요구하는데 응하지 않을 도리가 없었다. 이렇게 해서 목공은 백리해를 얻었다.

목공이 백리해와 내리 사흘을 이야기해보니 과연 인물이었다. 그래서 양 가죽 다섯 장으로 얻은 대부라 하여 '오고대부五羖大夫'라는 예칭을 주었다. 이리하여 신분은 미천하지만 큰 재능을 가진 사람이란 뜻으로 오고대부라는 말을 사용하게 되었다.

백리해는 처음에 목공의 제안을 사양했다. 망한 나라의 신하로서 부끄럽다는 것이었다. 그러나 목공은 이렇게 말했다. 향후 목공이 큰 일을 해낼 것임을 알려주는 대목이다.

"우공이 그대를 등용하지 않아 나라가 망한 것이지, 그대의 죄는 아니오."

백리해는 목공에게 건숙을 추천했다. 목공은 건숙을 상대부로 맞았다. 이리하여 백리해와 건숙 두 나이 든 현신이 쌍두마차가 되어 진秦나라를 이끌었다. 건숙을 받아들인 그해에 진은 진晉을 공략하면서 중원으로 나갈 기미를 엿보게 된다.

기원전 656년 진晉나라 헌공은 여희驪姬와의 사이에서 난 아들을 후계자로 삼고자 태자 신생申生을 모함해서 죽였다. 그리고 남은 두 아들 중이重耳와 이오夷吾까지 죽이려 했지만 이들은 모두 타국으로 망명했다. 이오는 양梁으로 망명하여 나중에 혜공이 되고, 중이는 전국을 유랑하다 춘추시기 두 번째 패자 문공이 된다. 진나라 목공이 이오를 받아들인 이유는 분명하다. 진晉나라에 다시 난리가 나면 이오를 귀환시켜서 동방의 동맹국으로 삼으려는 것이었다.

5년 후 진晉나라 헌공이 죽자 과연 난리가 났다. 곧바로 목공은 백리해를 시켜 이오를 귀환시킨다. 그때 제나라의 습붕도 와서 함께 이오를 세우는데, 아마도 이때가 진秦나라와 제나라의 첫 대면이었을 것이다.

이렇게 진은 중원으로 진출할 기틀을 닦았다. 이제 명실상부한 4강 체제가 확립되었다. 진晉나라는 주 왕실의 암묵적인 지지를 받아 제나라의 동방 연합에 참가하지 않았고, 초나라는 주 왕실과 화평관계를 맺고 정나라를 동요시켜 다시 북쪽으로 올라오고 있었으며, 진秦나라의 팔다리가 강한 전쟁 기계들은 백리해와 건숙이라는 머리를 달았다.

역사에 가정은 없다지만, 진晉나라가 융에게 공격당할 때 관중이 도와주지 않았다면 어떻게 되었을까? 혹은 융을 막고 진晉나라 혜공을 세우려 서쪽으로 원정했을 때 아예 진秦나라와 한번 회동을 했으면 어떻게 되었을까? 혹은 정나라 태자 화가 정나라를 병탄하자고 제안했을 때 이를 받아들여 초나라의 북진로를 아예 끊었으면 어떻게 되었을까?

실력이 부족했을까? 판단하기 힘든 일이다. 그러나 관중은 실력이 있었더라도 그렇게 하지 않았을 것이다. 관중은 명분이 없는 일을 하지 않았다. 그리고 춘추시대, 그때 패자의 역할은 대규모 전쟁을 통한 전국의 통일이 아니었다. 앞서 말했지만 당시의 사회 상황이 이를 용납하지 않았다. 경제학자 관중은 자신이 쓸 수 있는 예산 안에서 행동한다. 관중은 절대로 과도한 위험, 과도한 낭비를 용납하지 않는다.

이제 제나라가 서방과 남방의 강국들을 다 통제한다는 것은 아마도 불가능했다. 그리고 하늘이 관중에게 준 수명은 서서히 끝나가고 있었다. 진나라의 혜공을 세우고 얼마 후, 관중과 습붕은 모두 죽었다. 4강 체제를 관리할 제나라의 사령탑이 무너진 것이다.

나가며

1. 관중의 유언·

기원전 645년 제나라의 한 정치가는 임종을 앞두고 있었고, 그 앞에는 그의 군주가 앉아 뭔가를 묻고 있었다. 관중의 출현도 극적이었고, 파란만장한 일생과 업적도 전무후무한 것이었다. 과연 관중은 춘추의 질서를 세운 사람인 동시에 인간적으로도 특이한 사나이였다. 죽음을 앞둔 관중과 환공의 대화는 정치인들 사이에서는 극히 드물게도 진실하다. 그들은 군주와 신하가 아니라 평생을 함께한 전우이자 형제였다.

"중보의 병이 이토록 심하니 이제 숨길 수가 없습니다. 불행이 이 병

• 이 부분의 대화는 《관자》〈계戒〉와 《사기》의 각 부분을 기초로 해서 재구성했다. 《관자》〈계〉는 춘추시대 사료의 대화체 형식을 잘 살리고 있으므로, 필자는 이 부분도 《관자》〈대광〉처럼 분명히 기초 사료를 기본으로 구성했다고 믿는다. 물론 일부는 전국시대의 편찬자들이 가필한 것으로 보인다.

을 떨쳐내지 못한다면 저는 누구를 써서 정치를 해야 합니까?"

관중은 차마 대답하지 못했다. 그러자 환공이 묻는다.

"포숙의 사람됨은 어떻습니까?"

"포숙은 군자입니다[鮑叔君子也]. 천승의 나라라도 도로써 주는 것이 아니면 받지 않을 것입니다. 그러니 정치를 할 수 없습니다. 그 사람은 선을 좋아하고 악을 지나치게 미워합니다. 한 가지 악을 보면 종신토록 잊지 않습니다."

평생을 함께한 마음의 친구에 대한 관중의 정당한 평가였다. 이 말에는 포숙에 대한 진정한 우정이 묻어난다. '정치, 그것 정말 할 만한 것인가? 포숙은 좀 물러나서 인성을 보존하면 좋겠다.' 이런 생각이 아니었을까?

그러자 환공이 다시 묻는다.

"그럼 누가 맡을 수 있겠습니까?"

"습붕이면 됩니다. 그 사람은 잘 알면서도 아래 사람에게 묻는 것을 좋아합니다[好上識而下問]. 신이 듣기로 덕을 사람들에게 나누어주는 이를 인하다 하고, 재물을 나누어주는 이는 선량하다 합니다. 착함으로 남을 이기고자 하면 절대 복종시킬 수가 없고, 착함으로 남을 기르고자 하면 복종시키지 못할 사람이 없다고 합니다. 나라에 임해서는 남모르게 하는 일이 있고 가정에 임해서도 남모르게 하는 일이 있는 사람, 그런 사람이 바로 습붕입니다.

습붕 그 사람은 집에 있을 때는 공실을 생각하고, 공실에 있을 때는 가정을 생각합니다. 임금을 섬길 때는 두 마음이 없고, 그러면서도 자신의 몸을 잊지 않는 사람입니다. 나라의 돈을 가지고 길바닥에 나앉은 가구를 50이나 구제했는데도 구제받은 사람은 이를 알지도 못했습니다. 이토록 크게 어진 이, 바로 습붕입니다."

마지막 구절은 유학의 '수신제가치국평천하' 이론에 의해 약간 윤색되었지만 기본적으로 관중의 생각과 상통한다. 관중은 표리부동한 인간을 좋아하지 않는다. 그리고 정치를 하면서 일일이 선악을 밝혀서 승부를 결정짓는 것은 큰 어짊이 아니라고 보았다. 알게 모르게 행하면서도 이를 의식하지도 않는 사람이 가장 어진 사람이라는 것이다. 이것은 평생 자신의 정치적 동지인 습붕에 대한 최고의 찬사였다.

환공은 또 나라를 편안하게 할 사람에 대해 물었다. 관중의 대답은 역시 습붕이다.

"포숙의 사람됨은 정직을 좋아하고, 빈서무賓胥無의 사람됨은 선함을 좋아하고, 영척寧戚의 사람됨은 일을 능숙하게 처리하며, 손재孫在의 사람됨은 말을 잘합니다."

환공은 이 네 사람 중에서 또 누구를 고르라고 한다. 그러나 관중이 보기에 이를 총괄할 수 있는 사람은 역시 습붕이다.

"포숙은 정직함을 좋아하나 나라의 (피치 못할) 일로도 그를 굽히지 못하며, 빈서무는 선함을 좋아하나 나라의 일로도 그를 멈출 수 없습니다. 영척은 일처리에 능하나 만족하여 그칠 줄 모르고, 손재는 말을 잘하지만 신의로써 침묵할 줄 모릅니다. 신이 듣기로 만족하여 그치고 차면 비우면서, 백성과 함께하면서 굽힐 때는 굽히고 침묵할 때는 침묵해야 국가가 안녕하다고 합니다. 습붕이 그럴 수 있습니다."

이렇게 말하고는 한탄했다.

"하늘이 습붕을 내면서 나 이오의 혀로 만들었다. 이제 그 몸이 죽는데 혀가 살 수 있겠는가?"

이 말 때문인지 과연 습붕도 관중이 죽고 열 달을 못 넘겨 죽었다. 이상이 《관자》에 나오는 내용이다. 《사기》에는 환공이 재상감으로 또 다른 사람들을 물었다고 되어 있다. 환공이 물었다.

"역아易牙가 어떻습니까?"

역아는 제 아들을 삶아 임금에게 바쳤다는 사람으로 환공이 좋아하는 요리사였다.

"아들을 죽여 임금을 모신다는 것은 인정이 아닙니다[非人情]. 그는 안 됩니다[不可]."

"그럼 개방開方이 어떻습니까?"

개방은 아버지 임종 후에도 집에 돌아가지 않고 환공을 보좌했다고 한다.

"어버이를 등지고 임금을 모시는 것은 인정이 아닙니다. 가까이하기 힘듭니다[難近]."

"그럼 수조竪刁는 어떤가요?"

수조는 환공을 모시기 위해 스스로 환관이 되었다고 한다.

"스스로 성기를 잘라 임금을 섬기는 것은 인정이 아닙니다. 친할 사람이 아닙니다[難親]."

관중이 습붕을 천거한 것은 그가 나라 일을 하면서도 가정을 생각하고 가정에 있으면서도 나라 일을 생각하는 지극히 '정상적인' 마음을 가졌기 때문이다. 그러나 역아, 수조, 개방 등은 충성이 지나쳐서 믿을 수 없었다. 이들이 어떤 사람인지《관자》에 일화들이 나온다.

원래 환공은 화려하게 입고 잘 먹는 것을 극히 중요시하는 소위 '속물적인' 근성이 있었다. 역아 등은 그 틈을 파고들었다. 하루는 환공이 "아기 삶은 것은 아직 먹어보지 못했다"고 하니 궁중의 요리사인 역아가 냉큼 자신의 아이를 삶아 바쳤다. 표독스러운 사람이지만 요리 하나만은 타의 추종을 불허한 모양이다. 또 수조는 환공이 여색을 밝히는 것을 보고 그에게 접근하기 위해 스스로 성기를 잘라 환관이 되었다. 그는 궁에 들어가자 환공을 위해 여자를 공급하는 역할을 했다. 개방은 위나라에서 온 망명객이다. 그는 환공을 섬긴다는 명목으로 며칠 거리에 불과한 부모의 집을 15년이나 방문하지 않았다. 오직 환공만을 위한다는 충정을 보인 것이다. 이들은 이런 대가를 치르는 대신 권력을 원했다.

관중이 보기에 이들은 절대로 가까이해서는 안 될 사람이다. 선한 마음으로 남을 이기려는 포숙도 지나친데, 자신의 몸을 해치고 가정을 무시하고 아들을 죽이는 독한 마음은 관중이 보기에는 비정상이다. 그런 이들이 상황이 바뀌면 무슨 일인들 못 하겠는가? 앞서 영무의 동맹에서 관중은 정나라 태자 화를 배신자로 규정하고 그를 돕지 않았다. 아버지를 배신하는 자가 기회가 되면 동맹국을 배신하지 않을 리가 있겠는가?

2. 미완성의 패업

불행히도 관중의 유언은 지켜지지 못했다. 환공은 관중과 함께 있을 때에야 비로소 힘을 발휘하는 군주였다. 사람들은 너무 존경하거나 믿던 사람들이 무너지면 함께 무너지는 경향이 있다. 환공도 관중이 죽은 지 얼마 되지 않아 죽었지만 그의 죽음과 패업의 단절은 실로 허망했다.

기원전 643년 겨울 각지로 나가 있는 제나라 장병들에게 청천벽력 같은 소식이 들렸다. "제나라에 난리가 났다." 환공이 비정상적으로 죽은 것이다.

처음에 환공은 관중의 유지를 받들어 수조, 역아, 개방 따위를 잠시 멀리했다. 그러나 관중이 없어지자 이 아부꾼들은 모두 본색을 드러냈다. 특히 환공같이 공명심이 크고 세속적인 욕망도 큰 사람은 아부꾼들의 표적이 되었다. 환공은 당장 역아의 요리가 생각났다. 요리사인 역아는 내시인 수조를 통해 귀한 요리를 올리며 아부했고, 개방은 입에 발린 소리를 하며 다시 등장했다.

환공은 여색을 밝혔지만 본부인들에게는 아들이 없었다. 희첩들이 매우 많았는데 본부인 대접을 받은 여인만 여섯이었다고 한다. 이전에 환공과 관중은 정희鄭姬가 낳은 소昭를 송나라 양공에게 부탁하고 태자로 삼았다. 그 외에 여러 희첩에게서 난 아들이 열이나 되었다.

그런데 역아, 수조 등이 반란을 일으켜 환공을 감금했다. 습붕은 관중이 죽은 해에 죽었고 포숙은 그 이듬해에 죽었다 해도 영척, 빈서무

등은 무엇을 했다는 기록이 없다. 이들은 모두 관중과 습붕이 있어야 빛을 보는 인물이었다. 《좌전》에는 역아 등이 반대파 관리들을 죽였다고 쓰여 있다. 이 와중에 이들도 죽었을지 모른다. 과연 관중의 말대로 역아 등은 무서운 자들이었다. 이들은 희첩 중의 한 사람인 위희衛姬와 결탁하여 그 아들 무궤無詭를 세웠다. 그러자 다른 공자들도 모두 이를 인정하지 않고 당파를 이루어 서로 칼부림을 해댔다. 이들이 서로 싸우는 동안 환공의 시신이 무려 67일 동안 염을 하지 못하고 방치되어 구더기들이 방 밖으로 기어 나왔다고 한다. 아버지의 시체를 버려두고 아들들이 싸우는 처참한 형국이었다. 지하에서 관중과 환공이 보면 통곡할 일이었다.

《관자》〈소칭小稱〉에는 환공의 마지막 절규가 이렇게 기록되어 있다.

> 역아, 수조, 개방 등은 환공을 방에 가두고는 아예 죽이려 했다. 이때 한 부인이 담구멍으로 몰래 방까지 들어갔다. 그때 방에 갇힌 환공이 말했다.
> "배가 고프고 목이 마른데 음식도 물도 없다. 어쩐 일이오?"
> 부인이 대답했다.
> "역아, 수조, 당무, 개방이 나라를 넷으로 쪼개서 길이 열흘이나 막혀 있습니다."
> 환공이 절규했다.
> "슬프다. 성인의 말씀이란 과연 옳구나. 돌아가신 분이야 이 꼴을 모르시리라. 만약 안다면 내가 어떻게 지하에서 얼굴을 들고 중보(관중)

를 바라보라."

이렇게 말하고는 흰 두건에 머리를 묻고 죽었다.

죽은 이를 넣을 관도 없어서 버드나무 문짝을 뜯어내서 시신을 넣었다고 한다. 당시 귀족들은 가래나무로 만든 겹관을 쓰는 것을 자랑스러워했는데, 이렇게 일세를 풍미한 춘추의 패주는 버드나무 문짝 속에 들어갔다. 환공이 얼굴을 들 수 없었던 것은 관중이 죽으면서 한 당부 때문이었다. 관중은 환공의 성품을 안다. 그래서 유언을 남길 때 거듭 다짐을 해두었다.

"군주께서 제게 대책을 물어보시지 않아도 저는 말씀드릴 요량이었습니다. 그러나 군주께서는 행하지 못하실 것입니다."

그러자 환공이 정색을 하며 말한다.

"중보께서 동으로 가라 하면 과인은 동으로 가고, 서로 가라 하면 서로 갈 것입니다. 중보께서 말씀하시는데 과인이 어떻게 감히 어기겠습니까?"

그러자 관중이 의복과 관을 차리고 병상에서 일어나 말했다. 신하는 죽기 전에 군주를 위해 정중히 예를 차리고 충성된 말을 한다.

"제발 그들을 멀리하십시오."

그러나 관중의 우려는 현실로 드러났다. 사실 환공은 관중의 말이라면 다 따랐지만 최후의 원초적인 욕망만은 제어하지 못했다.

이런 곡절을 겪고 무궤가 즉위했으나 이번에는 송나라 양공이 가만히 있지 않았다. 관중과 환공이 태자를 맡겼기 때문에 그를 세울 의무가 있었다. 무궤는 정통성도 없었을 뿐 아니라 별다른 재능도 없었다. 송나라 양공이 군대를 이끌고 들어오자 제나라 국인들이 무궤를 죽였다. 송 양공이 소를 세우려 하자 나머지 네 공자들이 연합하여 소를 공격했다. 그러나 이들은 양공을 이기지 못하고 결국 소가 환공의 뒤를 이으니 그가 효공孝公이다.

참으로 어이없는 일들은 권력투쟁에서 밀려난 일곱 아들이 무더기로 초나라로 도망갔다는 점이다. 아버지가 초의 세력으로부터 중원을 지키려고 한 것이 엊그제인데 그 아들들은 서로 싸우다가 적의 나라로 달아났다. 초 성왕은 원래가 배포가 큰 데다 제나라의 공자들이 제 발로 온다는데 마다할 리가 없었다. 이들은 모두 초나라의 상대부가 되었다. 제나라는 여전히 강국이었지만 환공과 관중이 수십 년 일군 패권의 종말치고는 너무나 허무했다. 향후 춘추의 무대는 제나라를 떠나 진晉과 초로 옮겨간다. 이런 상황은 아마 관중도 예상하지 못했을 것이다. 이미 관중은 세상을 떠났다.

3. 관중과 친구들

손바닥 한 번 뒤집는 새에 구름 일더니, 손바닥 엎으니 벌써 비로다
흩날리듯 경박한 사람들 어찌 구태여 세어보랴

그대는 보지 못했는가 관중과 포숙의 가난한 시절의 사귐을

이 도를 요즘 사람들은 버리기를 흙같이 하는구나

〔飜手作雲覆手雨 紛紛輕薄何須數 君不見管鮑貧時交 此道今人棄如土〕

– 두보의 〈빈교행〉

필자는 관중과 포숙, 소홀, 습붕, 영척, 빈서무, 그리고 환공의 이야기를 들을 때마다 우정에 대해 생각한다. 관중이 대단한 것은 주위 사람들에게서 전폭적인 지지를 얻었기 때문이다. 그들의 이야기는 마치 《시경》에 나오는 "화락한 군자들[樂只君子]이여" 하는 표현을 떠오르게 한다. 모두 실력을 갖추었지만 그들은 어딘가 촌스러운 면이 있다. 보통 권력의 중심에 이르면 이전부터 뜻을 같이한 사람들이라도 서로 견제하고 싸우지만 그들은 처음의 신뢰를 끝까지 이어가면서 의심하지 않았다. 중국의 모든 사서를 뒤져봐도 이들 사이의 알력을 기록한 것은 없다. 이렇게 제나라의 패업은 한 사람만의 노력으로 이루어진 일이 아니었다.

함께 출발한 사람 중 소홀이 먼저 죽었다. 소홀의 죽음은 관중에게는 마음속의 부채였다. 그러나 남은 사람들은 끝까지 함께했다. 관중과 포숙은 제나라의 세습귀족이 아니었다. 이렇게 귀족도 아닌 멀리서 온 사람들이 춘추의 질서를 만들었다. 관중은 포숙이 있었기에 역사의 무대로 올라올 수 있었다. 그리고 무대로 올라온 후에도 포숙의 믿음은 한 번도 흔들리지 않았다. 이것이 포숙이다.

〈대광〉에 이런 대화가 나온다.

송나라가 기나라를 침범하자 환공은 송나라를 치고 싶었다. 그러나 관중은 반대했다. 그러자 환공이 포숙에게 물었다.

"어떻게 할까요?"

포숙이 말한다.

"관이오가 말한 대로 하십시오〔公行夷吾之言〕."

송이 기杞나라를 공격하고, 적狄이 형과 위를 공격하자 환공은 이들 나라를 보존해주고 각각 전차 100대와 병력 1000명을 보냈다. 파격적인 대우였다. 그러자 습붕과 빈서무가 간절하게 간했다.

"저 나라들이 망하는 것은 그저 힘이 없었기 때문입니다. 망하는 나라들에게 땅을 주다가 정작 우리 땅이 다 없어집니다."

그러나 관중에게 물어보니 이렇게 말한다.

"그대로 하십시오."

다시 포숙에게 물으니, 포숙은 이렇게 말한다.

"관이오가 말한 대로 하십시오."

"관이오가 말한 대로 하십시오", 이것은 친구에 대한 포숙의 믿음이다. 포숙은 관중의 무엇을 믿는가? 관중의 신의를 믿는다. 우리는 익히보았다. 관중이 어떻게 신의를 지키는지. 관중, 소홀, 포숙은 솥의 세 발과 같은 존재였다. 관중은 '나를 낳은 사람은 부모이지만 나를 알아준 사람은 포숙이다'라는 무한한 신뢰를 보인다.

《관자》에는 또 이런 일화가 남아 있다.

> 환공, 관중, 포숙, 영척이 함께 술을 마시고 있었다. 술자리가 무르익
> 어갈 때 환공이 말했다.
> "왜 과인의 명을 위해 축배를 올려주지 않는 것이오?"
> 포숙이 잔을 들고 일어나 이렇게 축배의 말을 올렸다.
> "공은 거나라에 계실 때를 잊지 않게 하시고, 관자는 노나라에 구류
> 되어 있을 때를 잊지 않게 하시고, 영척은 우차 아래서 밥 먹던 시절
> 을 잊지 않게 해주십시오."
> 그러자 환공이 자리에서 일어나 두 번 절하며 사례했다.
> "과인이 두 분의 대부와 더불어 포선생의 말씀을 잊지 않는다면 국가
> 의 사직이 위태로워지는 일은 결코 없을 것입니다."

그리고 습붕은 어떤가? 관중과 함께 일선을 돌아다니던 이 친구는
관중 스스로 말했듯이 한 몸의 혀와 같은 존재였다. 관중이 가자 습붕
도 함께 갔다. 정말 몸이 죽으면 혀도 죽는 것처럼. 그들은 영웅인 동시
에 좋은 사람들이었다. 멀리 시골에서 온 '촌놈' 관중은 사귐도 처음부
터 끝까지 우직하고 촌스러웠다. 관중은 이렇게 친구를 사귀었다.

그는 아랫사람이 되어서도 지혜로웠다. 환공은 그의 군주이기보다
오히려 친구였다. 친구는 잘 이끌어야지 함부로 꺾어서는 안 된다. 관
중은 환공의 욕망을 긍정했다. 환공의 악습인 여자와 술, 사냥을 모두
인정했다. 다만 군주는 안일해서는 안 된다고 말한다. 군주는 중요한

것을 잘하면 된다. 나라의 중요한 일이란 백성을 먹이는 일과 전쟁에서 패하지 않는 일이다. 공적인 일만 잘하면 사적인 욕망들은 용납할 수 있다는 것이 관중의 태도였다.

만약 관중이 활달한 환공의 모든 욕망을 다 막았다면 환공도 평범한 사람에 그치거나 다른 길로 빠졌을 것이다. 실력으로는 관중에 버금가는 명나라 시절의 대정치가 장거정張居正. 그는 군주의 모든 욕망을 막았다. 그러나 자신은 은근히 욕망을 즐겼다. 막상 장거정이 죽자 세상에서 가장 탐욕적이며 가장 게으른 '괴물' 황제가 탄생했다. 바로 신종神宗 만력제萬曆帝다. 윗사람의 욕망을 무조건 죽이면 그 사람은 결국 배출구를 찾는다. 관중은 환공을 보좌하면서 윗사람의 약점을 감싸 안았고, 환공도 관중의 말을 따라 노력했다. 그들이 처음 만났을 때 이런 대화를 나누었다고 한다.

"과인은 사냥을 너무 좋아합니다. 밤낮으로 사냥을 하고 안 돌아오니, 백관과 일을 집행하는 사람들이 돌아가지도 못할 지경입니다."

"나쁘긴 나쁩니다만, 당장 큰일 날 일은 아닙니다."

"과인은 밤낮으로 술을 마십니다."

"나쁘긴 하지만, 이도 당장 큰일 날 일은 아닙니다."

"과인은 음란한 버릇이 있어, 불행히 여색을 너무 좋아합니다."

"나쁘긴 하지만, 역시 당장 큰일 날 일은 아닙니다."

"이런 게 다 괜찮으면 도대체 나쁜 행동은 뭡니까?"

"군주는 결단력이 없고[優] 행동이 굼뜨면[不敏] 안 됩니다. 결단력이 없으면 백성을 망하게 하고, 행동이 굼뜨면 일을 이룰 수 없습니다."

-《관자》〈소광〉

관중이 비난하는 군주가 바로 만력제 같은 사람이다. 보고를 해도 답이 없고, 일이 결정되어도 추진하지 못한다. 주색, 여색, 사냥 등의 습관이 통치에 해가 되기도 하지만 모두 진취적인 면은 있다. 그러나 연체동물같이 뼈대도 없고 더욱이 행동도 없는 군주는 따르는 사람들을 죽음으로 밀어 넣는다. 사생활이야 개인의 영역이니 군주도 사생활이 있어야 한다. 그러나 군주는 공적인 생활에서 게을러서는 안 된다는 것이 관중의 생각이다. 군주는 따르는 이를 행복하게 해주는 사람이다. 군주 본연의 임무를 방기하는 것은 용서할 수 없다.

쓸데없는 규율로 군주를 옭아매다 결국은 괴물을 탄생시킨 장거정은 관중과 같은 깊은 통찰력이 없었다. 장거정도 대단한 인물이지만, 관중과 같은 야성이 없이 제도권 유학의 잡스러운 규율에 너무 잠식된 것이다. 관중은 군주의 야성을 말살하려 하지 않았다. 백성들을 함부로 길들이려 하지 않듯이 윗사람도 함부로 길들이려 하지 않는 것은 아마도 '촌놈' 관중의 기본적인 태도인 듯하다.

4. 관중 사상의 역사적인 의미

사실 관중은 춘추시대의 경제체제, 행정, 군사, 법률, 외교 등 모든 방면의 질서를 세운 사람이다. 이미 관중이 세운 질서에 대해서는 많은 이야기를 했다. 후세에 관중의 이름을 빌린 놀랄 만치 방대한 문집 《관자》가 나온 것도 관중의 행동 자체가 그만큼 영향력이 컸기 때문이다. 사농공상의 분업, 시장의 활성화, 국제무역, 농지개간, 세제개혁, 중앙과 지방 행정체제 확립, 삼군제도의 정비, 법령의 집행 방식 확립, 존왕양이와 회맹질서의 수립, 그 모든 것이 관중의 손에서 나왔다. 그리고 그 질서는 후대로 계속 이어졌다. 그중에서 두 가지 핵심만 이야기하고 이제 글을 마치도록 하자.

경쟁의 선순환에 불을 지피다

관중에 대한 수식어는 많다. 중국 최초의 중농주의 경제학자, 혹은 생산 중심의 경제학자, 혹은 제도학파라고 할 수도 있겠다. 《관자》를 읽을 때 가장 감동적인 장면은 관중의 정책으로 사람들이 제나라로 물밀듯이 몰려가는 장면을 묘사한 대목이다. 인재들만 몰려간 것이 아니라 보통 사람들도 살기 좋은 제나라로 몰려들었다.

> 세금은 100분의 1만 거두고, 고아와 어린아이에게는 형을 가하지 않고, 물고기를 잡고 나무를 베는 일은 시기를 맞추어 행했으며, 관문에서는 물건을 보이기만 하고 세를 물지 않으며, 시장에서도 등록만 할 뿐 세금을 물리지 않고, 가까운 자에게는 믿음과 충성을 보이고, 멀리

있는 이에게는 예와 의를 보여주었다. 이렇게 몇 년을 하니, 백성들이

제나라로 물밀듯이 밀려왔다[民歸之如水]. ─《관자》〈패형霸形〉

왜 사람들은 물밀듯이 제나라로 들어갔는가? 제나라에 가면 안전하게 잘살 수 있기 때문이다. 마음대로 장사할 수 있고, 땅을 개간해도 적은 세금만 물면 되기 때문이다. '곡식은 백성의 목숨이며, 군주의 대업이다'라고 생각하는 사람이 있었기 때문이고, 세금을 물리지 않아도 장사를 할 시장이 있었기 때문이다.

이것은 맹자가 제시한 이념의 원형이다. 맹자의 주장은 군주가 인의로 통치하면 백성들이 그 나라로 밀려들어가 커다란 성과 날카로운 병기가 없어도 나라는 강해진다는 것이다. 경쟁에도 여러 가지가 있다. 앞으로 나아가기 위한 생산적 경쟁이 있고, 뒤로 끌어당기려는 비생산적인 경쟁이 있다. 관중은 사람들을 끌어들이는 경쟁에 불을 지폈다. 그런 경쟁의 문을 열자 중국이 세계사에서 앞으로 나가게 되었다. 이제 전제권력자도 어쩔 수 없이 모두 좋은 나라를 만들기 위해 노력해야 하는 것이다. 아니면 백성들을 다 빼앗길 수도 있다. 근대에 미국이 남북전쟁 이후 사람들을 끌어들이는 경쟁에서 여타 세계를 압도한 일을 상기해보라. 결국 사람을 끌어들이면 더 부유해지고 강해진다.

관중이 평민들 중에서 우수한 사람들을 등용하지 않았다면 어떻게 신분제가 그토록 빨리 와해될 수 있었겠는가? 관중은 이후 사인 계급의 해방에 불을 지핀 사람이다. 그 스스로도 사인일 뿐 귀족은 아니었다.

정당한 욕망을 긍정하다

—

흔히 입지전적인 인물들은 이런 말을 한다. "남들이 잘 때 공부하고, 남들이 놀 때 나는 일했다." 사실 그런 노력이 성공의 기반임은 더 말할 필요가 없다. 그러나 문제는 이렇게 노력해서 남을 이끄는 사람이 된 후에 발생한다. 남의 위에 선 후에도 남들에게 잠자지 말고 공부하고 놀지 말고 일하라고 한다면, 그는 아집에 사로잡힌 한 명의 필부일 뿐 지도자는 아니다.

백성은 어떤 사람들인가? 사람도 동물이다. 안락하고 싶고, 또 즐기고 싶다. 열심히 노력하는 것이 성공의 지름길이기는 하지만 모두 성공만을 위해 달려가면 사회가 각박해지고 난폭해진다. 모든 사자가 다 우두머리가 되려 한다고 생각해보라. 사자들은 최후의 한 마리만 남을 것이며 결국 멸종하고 말 것이다. 그래서 모든 사람에게 무한의 노력을 요구해서는 안 된다. 그것이 관중이 말하는 원칙이다. 지도자는 열심히 뛰어야 한다. 그러나 열심히 뛰지 않는 추종자들에게 채찍을 들어서는 안 된다. 이것이 모든 위대한 지도자들의 인간관이며, 또 관중의 인간관이다.

스피노자의 말처럼 모든 생명체는 '자기보존의 힘(Conatûs) 혹은 욕망(Cupiditates)'을 가지고 있다. 그것이 존재의 본질이다.[22] 남들의 욕망을 긍정하라. 욕망이 심하게 억눌리면 '변태'로 바뀐다. 특히 먹는 욕망이 억눌리면 사람은 무엇이 되는가? 아무리 착한 사람도 폭도가 될 수 있다. 남들의 자기보존 욕구에서 나오는 건강한 욕망을 긍정하라. 이

것이 바로 관중의 생각이다. '사람들을 법으로 다스리려 하지 말고 그들의 본성이 원하는 것을 주어라.' 이것은 제나라의 창시자인 강태공이 만든 불문율이다. "백성은 죽기를 싫어하니 그들을 살려주고, 백성은 고통을 싫어하니 편안하게 하고, 백성은 가난함을 싫어하니 그들을 풍족하게 한다"는 관중의 말은 "손해를 끼치지 말고 이익을 주고, 실패를 주지 말고 성취하게 해주며, 죽음이 아니라 삶을 주며, (재물을) 뺏지 말고 안겨주고, 고통이 아니라 안락을 주며, 분노가 아니라 기쁨을 주라"는 강태공의 정신과 완전히 부합한다.

관중은 욕망을 긍정한다. 특히 보통 사람의 욕망을 긍정한다. "정치가 흥하는 것은 바로 보통 사람들의 마음을 따르는 데 달려 있다"《관자》〈목민〉)는 것이 관중의 생각이다. "주면 좋아하고 뺏으면 분노하는 것은 모든 사람들이 똑같다."《관자》〈국축〉)

반면 지도자는 어떤가? 그 스스로 욕망을 마음대로 펼치면 되는가? 지도자도 개인의 욕망이 있다. 그러나 그는 스스로 힘이 있기 때문에 자기보존 욕구가 과하면 변태로 흐를 가능성이 크다. 가장 단순한 예로 그는 스스로를 보존하기 위해 전쟁을 일으킬 수 있다. 전쟁은 수많은 다른 존재들의 자기보존 욕구를 거스른다. 지도자의 행동은 다른 사람들의 보존 욕구를 쉽게 거스를 수 있다. 그래서 그는 스스로 모범을 보임으로써 사람들의 욕망을 예禮(조화로운 질서)에 부합하게 해야 한

- 《육도六韜》〈문도文韜〉에 나오는 말이다. 《육도》는 강태공의 사상을 전하는 것이지만 태공 자신의 저작은 아니다. 《육도》는 《관자》 이후에 성립한 책이기 때문에 오히려 《관자》의 영향을 받았음이 분명하다. 그러나 이 책이 실질을 중시하는 태공의 사상을 계승한 것은 분명하다.

다. 보통 사람들의 욕망을 누르지 않고 예에 맞게 하는 것이 지도자의 역할이라고 관중은 생각했다. 《관자》〈소칭〉에 관중의 언사가 기록되어 있다. "자신의 허물을 말할 수 있는 사람, 그를 강하다고 한다. 현명한 군주는 잘못은 자기 책임으로 돌리고, 좋은 일이 있으면 백성 덕으로 돌린다." 이렇게 군주는 높은 지위에 있기 때문에 스스로 책망하는 사람이다.

물론 지도자도 욕망이 있다. 앞에서 보았듯이 관중은 지도자의 욕망도 긍정한다. 단지 지도자는 욕망을 즐기되 중요한 결단들을 미뤄서는 안 된다고 말한다. 관중은 지도자의 욕망이 과도한 방향으로 흐를 때도 그 욕망을 단순히 막지 않고 길을 돌려준다. 환공이 자신의 공을 믿고 기어이 태산에서 봉선을 행해야 한다고 고집을 피울 때 관중은 매몰차게 몰아세우지 않고 이렇게 말한다.

옛날 봉선을 할 때는 온갖 기이한 징조들이 있었습니다. 봉황과 기린이 나타나고, 좋은 곡식이 돋아나며, 띠풀 한 줄기에서 가지가 세 가닥이나 나왔습니다. 지금 잡초가 무성하고 맹수들이 출몰하는 때에 봉선을 하려 하시는데, 불가하지 않겠습니까?

봉선을 할 수는 있으나 정치가 더 닦이면 하자는 것이 관중의 생각이다. 제나라의 학맥을 이은 맹자는 관중의 말을 이렇게 발전시킨다.

백성들과 함께 즐기면 왕이 즐겨도 백성들은 시기하지 않는다.

백성들과 함께 즐기면 왕도 음악을 즐길 수 있다[與民樂].

백성들과 함께 한다면 왕도 재물을 탐할 수 있다.

－《맹자》〈양혜왕〉

'천하는 일인의 천하가 아니며, 백성의 물건을 취하지 않는 자가 백성을 취한다'는 것은 강태공과 관중의 기본적인 사상이었다. 지도자도 욕망이 있다. 지도자는 많은 백성들을 원한다. 백성과 일체가 되기를 원한다. 그러자면 백성의 것을 빼앗는 '변태적인' 욕망이 아니라, 그들에게 주고자 하는 정상적인 욕망으로 백성들을 얻어야 한다는 것이다.

이렇게 관중과 같은 정치가가 불을 지피고 바야흐로 보통 사람들의 욕망이 분출하자, 시대는 급격히 발전하기 시작했다. 세상은 정말 거미줄처럼 얽혀 있다. 앞으로 우리는 춘추전국시대에 등장하는 수많은 사상들을 향유하게 될 것이다. 그중에서 관중과 완전히 무관한 사상은 하나도 없다. 관중은 춘추의 질서를 세우고, 또 수많은 사상들의 실마리를 만들었다. 그것은 바로 관중 그 '촌놈'이 한 일이었다.

삼국시대 촉한의 승상 제갈량은 스스로 관중과 같은 사람이 되고자 했다. 진수陳壽는 《삼국지》에서 제갈량을 관중에 빗댔다. 제갈량의 정치는 관중의 정치를 모범으로 했다. 진수의 제갈량 평은 사실 중국의 이상적인 정치가의 원형인 관중에 대한 평이다. 이 평을 보면서 이 책을 마친다.

제갈량은 재상이 되어 백성을 어루만지고 의궤를 드러내었으며, 관직을 간소하게 하고 때에 맞는 제도를 따랐으며, 성심으로 공도를 폈다. 충정을 다하여 나라에 보탬이 되면 원수라도 상을 주었고, 법을 범하고 나태하면 친한 이라도 반드시 벌을 주었다. (중략) 여러 일을 정밀하게 익혔고, 사물의 근본 이치를 터득했다. 대의명분을 따르되 실질을 취했으며, 허황되고 거짓된 것은 가까이하지 않았다. 그리하여 온 나라 안의 사람들이 두려워하면서도 사랑하고, 형정이 비록 준엄하지만 원망하는 사람이 없었다. 이는 그의 마음 씀이 공평하고 권하고 경계하는 것이 분명했기 때문이다. 가히 다스림을 아는 뛰어난 인재였으며, 관중이나 소하와 비견될 만한 사람이었다[可謂識治之良才 管蕭之亞匹矣].

답사기

명산을
등반하다

• • •

중국에는 이른바 '명산名山'이 많다. 필자도 한 지역을 들를 때면 어김없이 그 지역의 명산을 찾는다. 그럼 중국인들이 말하는 명산이란 무엇일까? 기암괴석이나 험봉준령이 기준이라면 서부의 산들이 명산이다. 히말라야나 천산을 굳이 거론하지 않더라도 사천이나 운남의 만년설이 덮인 설산이나, 깎아지른 절벽과 협곡을 거느린 고산들이 명산이다. 그러나 중국인들이 숭배하는 산들은 그런 산들이 아니다. 산으로 치면 서부의 산들은 신진新進이다.

중국인들이 말하는 명산은 때가 많이 탄 산이다. 바위마다 묵객들이 글씨를 써넣고, 봉우리마다 정자를 세워놓고, 정상에는 어김없이 우악스러운 건물들이 꽉 차 있어야 이른바 명산이 된다. 오악이라는 산들에는 예외 없이 커다란 건물들이 정상을 차지하고 있다. 그래서 중국의 명산은 자연의 산이 아니라 인문人文의 산이다.

예를 들어 소동파가 읊은 "여산 진면목을 알지 못함은 이 몸이 이 산중에 있기 때문이라네[不識廬山眞面目 只緣身在此山中]"라는 명구가 없으면 만리 동쪽 조선의 한 인사가 금강산에 올라 "여산 진면목을 여기서야 다 보는구나"라고 노래부르지 않았을 것이다. 그러나 정철이 실제로 여산을 보았다면 분명히 느꼈을 것이다. '여산이 금강산보다 못하구나.' 사람마다 생각이 다르

• 이 원고를 준비하면서 필자는 지인들과 춘추전국의 무대를 여러 차례 답사했다. 앞으로도 의문이 생길 때마다 답사를 이어갈 예정이다. 답사 때마다 일부 구간을 함께해준 선배들에게 감사드린다. 그리고 길에서 정을 준 수많은 중국인들에게도 감사드린다.

지난 10년 동안 중국의 각 지역을 정식으로 답사한 날만 세어보니 365일을 훌쩍 넘긴다. 파미르고원에서 황해까지, 몽골고원에서 남해까지, 그리고 티베트에서 흑룡강까지 정말 무수한 지역을 돌아다녔다. 그러다가 춘추전국이라는 원형을 만났다. 많은 우여곡절이 있었지만 이토록 긴 여행의 시간을 가진 것은 전적으로 필자의 행운이요, 지인들의 보살핌 덕이다.

이 답사기에서 필자는 종종 춘추전국이라는 시간과 공간의 제약을 벗어나 현대 중국의 시간과 공간으로 들어갈 것이다. 또 이 여행기는 현장의 여행기를 종합한 것이기 때문에 여행의 순서와는 다르다. 다만 동서남북을 횡단하는 이 여행을 통해 독자들이 가끔 역사읽기의 무거움에서 벗어나 쉬기도 하고, 때로는 현실의 냉혹함에 대해 깊이 생각할 시간을 갖는다면 필자의 목적은 달성된 것이다. 《춘추전국이야기》 1권은 답사기도 총론 격으로 등산기를 실었다.

겠지만 여산은 풍경으로는 설악산보다 못하다. 여산 정상에서는 멀리 파양
호가 보이지만 설악산 정상에서 보이는 동해에 비할 수 있을쏘냐. 여산이 명
산이 된 것은 역사와 인문의 산이기 때문이다. 오악은 모두 역사와 인문의
산이다. 중국의 산들도 역사의 부침을 겪었다. 이제껏 다닌 명산의 감상기를
적어본다.

1. 숭산기

서안에서 이 선배를 만나 오후에 곧장 동쪽으로 달렸다. 낙양에서 등 봉登封행 버스를 타고 숭산嵩山으로 향한다. 밋밋한 평원들이 서서히 구릉으로 바뀌다가 등봉에 가까워지면 범상치 않은 언덕들이 우뚝 서 있다. 숭산의 봉우리들이다. 그날 밤 숭산빈관에서 여장을 풀고 숭산 에서 나는 버섯으로 식사를 하고 술을 곁들였다.

일찍 자고 새벽에 일찍 일어나야 숭산을 등반할 수 있다. 의무적으 로 케이블카를 타야 하기 때문에 케이블카가 가동되지 않는 새벽에 올 라야 도보로 산을 오를 수 있다. 새벽 5시에 여관 주인이 잠을 깨운다. 고찰 소림사는 애초에 안중에도 없고 숭산 봉우리에 올라 중원의 형상 을 바라보고 싶다. 숭산의 최고봉은 1512미터의 소실산이지만 북쪽

소림사 탑림.

을 조망하기 위해 그보다 몇십 미터 낮은 태실산을 목표로 한다.

정문에서 소림사 탑림을 지나 곧장 올라가다 왼쪽으로 케이블카 아래 길을 오르는 것이 목표다. 케이블카에 다다르니 청소하는 할아버지는 식사를 하고 가라고 한다. 케이블카 아래로 오르면 벌금을 내야 하니 타고 가든지 빨리 출발하라고 한다. 해병대 출신의 이 선배는 다람쥐처럼 한 번도 쉬지 않고 곧장 위로 오른다. 케이블카가 가동되기 전까지 산 중턱에 오르는 것이 목표다.

후덥지근한 9월의 공기가 이른 새벽에도 이미 산을 감싸고, 한 발 한 발 오르는 발걸음이 더디어진다. 그러나 케이블카 정거장에 올랐을 때

숭산.

도 아직 케이블카는 운행하지 않았다. 일단 안전하게 산에 발을 들여
놓았다.

숭산의 식생은 놀랄 만치 한반도의 산들과 비슷하다. 상수리나무가
위를 덮고, 햇볕이 드는 곳에는 어김없이 쑥부쟁이가 깔려 있다. 흙과
바위가 적절히 섞여 있는데 바위는 우리가 흔히 차돌이라고 부르는 흰
색 운모와 퇴적암이 주류다. 이 돌들은 색깔은 곱지만 만져보면 푸석
푸석하다. 9월 산길에는 미끄러울 정도로 도토리가 널려 있다. 중국 산
에는 어김없이 등장하는 원숭이들조차 보이지 않는다. 이 많은 도토리
를 누가 다 먹을까?

우리 속담에 흉년에는 도토리가 많이 열린다고 한다. 먹을 것이 없는 사람들은 산에서 나는 것에 의지해서 살아간다. 산에는 목재가 있고, 또 열매도 있다. 곡식이 없을 때는 도토리가 생명을 이어주는 끈이다. 산속에 널려 있는 도토리를 보면서 문득 그런 생각이 든 것은 현재 숭산으로 상징되는 중원인들이 처한 현실 때문이다. 하남성은 중국에서 최초로 문명이 일어난 곳이며, 숭산 일대에는 중국에서 가장 오래된 성곽들이 발견된다. 이곳은 분명 중원문명을 일으킨 사람들이 최초로 터를 잡은 곳이다. 그런데 현재 하남성은 1억의 인구를 부양하기도 벅찰 정도로 중국에서 가장 가난한 동네다. 하남성의 인구는 계속 밖으로 향해서 전국 농민공들의 주력을 이루고 있다. 이들 하남성의 '중원인'들은 전국 어디에서도 대접받지 못하는 2등 국민이다. 숭산의 지기가 쇠한 것일까? 옛날 하나라가 흥했을 때에는 숭산에 신이 강림했다고 하는데.

숭산은 평지에서 솟아오른 산이라 멀리서 보면 웅장하다. 그러나 막상 올라보면 애잔한 산이다. 숭산에는 송백松柏이 없다. 명산에는 으레 송백이 울창한데, 그 송백들은 모두 사람의 손을 탄 것이다. 송백은 자연상태에서는 활엽수보다 약하다. 그래서 오래된 숲은 활엽수림으로 바뀐다. 숭산에 송백이 없는 것은 보호를 받지 못하고 모두 잘려 나갔기 때문이다. 그를 대신한 참나무들은 모두 키가 작다. 토심이 깊지 않기 때문이다. 화산은 험하고, 태산은 웅장하고, 아미산은 수려하다고들 하는데 이들 산들은 정수리에 모두 커다란 나무들을 품고 있다. 그런데 오직 숭산에만 거목이 없다. 골짜기에도 거목이 없다. 골짜기에서 천천히 자라던 나무들은 먼저 잘려 나갔을 것이다.

　도토리와 쑥부쟁이는 모두 구황식품이다. 이들과 자잘한 참나무와 물이 적은 계곡은 왠지 현재 중원인들의 고단한 삶을 대변하는 것 같아 씁쓸하다. 중국에서 가장 오래된 문명이 배태된 곳이 숭산의 북쪽이다. 숭산은 춘추시대에도 동주 낙양의 진산이었다. 그러나 숭산은 새로운 산에게 자리를 내어줄 수밖에 없었다. 산의 기운이 쇠한 것이다. 두 번째로 등장하는 산이 바로 태산이다.

2. 태산기

2001년 여름 태산泰山을 오르려다 포기한 적이 있다. 당시에는 열차표를 사는 일이 전쟁처럼 어려웠다. 태안泰安 역에서 줄을 서 있는데 끊임없이 옆에서 끼어드는 사람들 때문에 줄은 줄어들 줄을 몰랐다. 기어이 다가가서 표를 사려 했더니 없다고 한다. 어쩔 수 없이 그날 태산을 오르지 못하고 바로 곡부로 떠났다.

　그러나 이번에는 작심을 하고 태산을 오르기로 했다. 태산에 올라 강태공의 후손들이 일군 땅이 어떻게 생겼는지 확인하리라 다짐을 했다.

　며칠 전 성복의 전장터를 확인하고 황하 부교 중간까지 갔다가 돌아왔다. 한때 북쪽으로 발해만으로 바로 들어가던 황하는 계속 남하하여 성복의 전투장까지 내려왔다. 갈대뿌리 아래로 드러난 토사만이 한때 황하가 범람을 일삼던 흉폭한 강이었다는 것을 말해준다. 이제 황하는

범람할 힘도 없는 초라한 물줄기가 되었다. 지금 황하는 하류로 갈수록 물이 줄어드는 이상한 강이다.

태산에 오르기 하루 전 맹자와 공자의 사당을 차례로 들르기로 한다. 아침에 맹묘 앞에서 만두로 식사를 하고, 추성鄒城 맹묘에 들어가니 나 말고는 한 사람도 없다. 곡부의 공묘에는 사시사철 사람이 넘친다. 우두머리만 기억하는 일은 여기나 중국이나 매한가지다.

살아생전 떠들썩하던 맹자의 입심과는 대조적으로 맹묘의 풍경은 고즈넉하다. 측백나무 사이로 조용히 바람이 부는 정원은 공묘나 곡부의 지나친 화려함보다 훨씬 아늑하고 정겹다.

맹묘 아성전.

맹묘를 나와 바로 곡부까지 버스를 타고 달렸다. 공자의 사당은 이
제 몇 번째 오는지 기억이 나지 않는다. 공묘 입구에 관원은 말에서 내
리라는 비석이 있다. 애초에 탈 말이 없는 나는 냉수를 먹으며 들어간
다. 말을 타고 있으면 도의 문으로 들어갈 때 한 번 내리는 절차를 거쳐
야 한다. 그러나 걸어 다니는 사람은 그럴 필요가 없다. 도와 신분은 상
극의 관계인가?

공묘의 문을 들어서면 역대 황제들이 공자를 찬양하기 위해 세워놓
은 비석들이 무수히 놓여 있다. 생각해보면 얼마나 역설적인가? 공맹
의 도를 뒤집어서 왕조를 세우고, 일단 세우면 너나 할 것 없이 공맹을

공묘 만인궁장.

공묘 비림.

공묘 대성전.

외친다. 공자와 왕권의 기이하고도 끈끈한 공존은 중구난방으로 공간을 채우고 있는 비석들이 웅변하고 있는 듯하다.

태안으로 가서 하룻밤을 자고 아침에 태산을 오른다. 태산은 높은 산은 아니다. 그저 최고봉이 1500미터 남짓한 산이다. 그러나 이 산은 거의 완전한 평지 위에 우뚝 솟아 있기에 실제보다 훨씬 높아 보인다. 측량법이 발달하기 전 옛 사람들이 태산이 다른 산들보다 훨씬 높다고 생각한 것이 충분히 이해가 된다. 그래서 태산은 오악 중에 으뜸[五嶽獨尊]이라는 영예로운 칭호를 얻었다.

태산을 오르는 방법은 단순하다. 약간의 인내심만 있으면 누구나 오

공자가 등산을 시작한 곳.

를 수 있다. 태산을 오르는 단계는 이렇다.

먼저 태산 매표소에 들어간다. 태안 시내에서 매표소로 가는 길은 단순하기 때문에 길을 잃을 염려도 없다. 그런 후 매표소에서 표를 산다. 아마도 120원(한화 2만 원)을 요구할 것이다. 이때 인내심을 조금만 발휘해서 참아야 한다. '내 발로 산을 오르는데 2만 원이나 내란 말이야' 하고 발끈해서 돌아서면 태산을 오르지 못한다.

그다음으로는 매표소 옆으로 난 계단 길에 발을 올린다. 조금 가면 '높은 곳을 오르려면 반드시 여기부터[登高必自]'라고 쓰인 비가 보인

태산 정상의 저자.

다. 이곳이 일천문이다. 그리고 계단을 오른다. 그다음은 계단의 연속이다. 계단의 숫자에 대해서는 잘 모르고 시작하는 것이 좋다. 7000개가 좀 넘는다고 한다. 호기심이 많은 사람들은 세어봐도 좋다. 이제부터는 오른발을 올리고 왼발로 밀고, 왼발을 올리고 오른발로 미는 동작을 반복하면 된다. 이 동작은 그냥 약간의 인내심만 필요하다. 지나치게 일찍 싫증을 내서 두 계단씩 오르는 일은 삼가는 것이 좋다. 그러면 정상 부근에서 좀 허기가 진다.

과연 태산이 높다 하되 하늘 아래 뫼일 뿐이다. 일단 정상에 서면 지나치게 정방형으로 깎아놓은 계단에 대한 불만, 조상이 남긴 문화재로 돈벌이하는 후손들의 얄팍함, 자연을 있는 그대로 두고 보지를 못하는 태생이 건축가들인 중국인들에 대한 불만도 다 사라질 것이다. 정상의 풍광은 과연 볼 만하다.

먼저 북으로는 제나라의 땅이 펼쳐진다. 송백이 꽉 들어찬 정상 부근의 수림은 산동 제나라 땅의 풍요를 웅변한다. 태산의 북쪽 멀리 구릉에서 춘추 최초의 패자가 등장했다. 태산의 기세가 숭산을 대신하는 것도 당연한 일이었으리라. 이 산은 신진이다.

그러나 이 태산의 기세로도 당해내지 못할 세력들이 있었던 것이다. 기원전 600년 이후 권력은 점차 동쪽에서 서쪽으로 이동했다. 아무래도 7000개의 계단은 너무 단조로운 것이었나? 큰 학문들이 일어났으나 정치적인 변주가 부족했던 제나라의 체제는 태산과 어쩌면 이렇게 비슷할까?

3. 화산기

우리 일행은 중원에서 출발하여 관중의 관문을 두 개나 넘었다. 삼문 협 효산 고도와 함곡관의 좁은 지세는 과연 이 안에 넓은 평원이 있을까 하는 의문을 절로 일으킨다. 야간에 화산華山에 도착하여 짐을 부리고 섬서성의 술들을 모아서 잔을 돌렸다. 산을 오르기 전에는 항상 그 지방의 술로 몸을 적신다. 내일 아침 산을 오르며 땀을 흘리면 술은 모

화산. 멀리서 보면 커다란 바위 덩어리로 보인다.

운무에 싸인 화산.

화산 정상의 수림.

두 공기 속으로 돌아가리라.

화산이 역사의 산으로 들어온 것은 태산 다음이다.《중용》에 "땅이
란 흙 덩어리들이 모인 것에 불과하지만, 그 넓고 두터움은 화악華嶽을
싣고도 무거워하지 않고"라는 구절이 나온다. 그러니 진秦나라가 관중
동부의 융인戎人들을 몰아낸 춘추 말기부터는 화산은 진나라의 상징으
로 자리 잡은 듯하다.

화산을 오르려면 매표소에서 버스를 타고 한참 들어가야 한다. 오늘
의 목표는 화산에 올라 관중의 전모를 조망하는 것이다. 그러나 우중
충하고 가끔 빗방울도 떨어지는 하늘이 그다지 우호적으로 보이지는

않는다.

　화산은 높은 산이다. 최고봉은 2160미터에 달한다. 밖에서 보면 그저 커다란 바위 덩어리로 보인다. 저 바위 덩어리에는 초목도 붙어살기 어렵다. 관목들만 어렵사리 바위틈을 파고들어 뿌리를 내렸다.

　큰 산에는 어김없이 케이블카가 설치되어 있다. 처음부터 계단을 오르고 싶지만 시간을 감안하여 산허리까지는 타고 가기로 한다. 바위의 웅장함으로는 오악 중의 어떤 산도 화산을 따라올 수 없다. 황산의 아기자기함은 없어도 백색 화강암과 운무의 전체적인 조화는 오히려 황산보다 낫다. 화산은 과연 서부의 명산이다.

　그러나 화산의 약점도 보인다. 산허리까지 수림이 부실하다. 발 디딜 틈도 없는 깎아지른 절벽 위에 나무들이 뿌리를 내리고 살기란 쉽지 않았을 것이다. 끊임없이 이어지는 돌계단의 지루함을 견디지 못하고 일행 한 명이 뒤처졌다. '이것이 화산의 전부일까? 관중의 동쪽을 지키는 명산 치고는 뭔가 생명력이 약해 보인다. 보통 유려함이 부족한 악산에는 도교가 번창하지 않는데.'

　그러나 한 시간 정도가 지나면 이 우려는 말끔히 사라진다. 화산은 정수리에 유려함을 숨기고 있는 산이다. 화산의 바깥쪽은 완강한 근육질의 남성이다. 그러나 그 정수리는 수백 년 풍상을 견뎌온 송백이 빽빽이 들어서 있다. 송백들이 이슬과 비를 머금고 있다가 수시로 내려보내니 산 정수리에 물이 끊이지 않는다. 바위산 정상에는 숲이 우거진 분지가 있다. 험봉준령 속에 관중이 감추어져 있듯이, 바위 병풍 속에 아늑한 수도처가 자리 잡고 있다. 화산의 정상은 작은 관중이라 할 만하다. 오악 중에는 화산이 으뜸이다.

지리산은 장엄하고, 금강산은 화려하나, 묘향산은 장엄하면서도 화려하다고 했던가? 화산이 바로 그런 산이다. 숭산은 큰 터를 차지하고 있지만 힘이 없어 보이고, 태산은 우뚝하지만 단조롭다. 숭산과 태산에 서부의 강건함을 더한 것이 바로 화산이다. 어떤 큰 강도 화산을 만나면 방향을 틀 수밖에 없었을 것이다. 화산을 만나자 황하는 동쪽으로 방향을 튼다.

숭산, 태산, 화산을 한 번에 다 돌아보며 산의 아름다움과 역사의 과정을 겹쳐본다. 신진의 강건함은 분명 역사의 한 축이다. 그러나 신진이 계속 신진일 수 있을까? 숭산에서 태산으로, 또 화산으로. 지금은 또 어떤 곳이 신진일까? 누구나 한때는 신진이다. 정말 어떤 노래처럼 시절이란 끊임없이 바뀌는 것이니까('The times they are a-changin'').

부록

춘추시대 주요국 제후 재위 연표

연도 (기원전)	동주 東周	노 魯	제 齊	진 晉	진 秦	초 楚	정 鄭	연 燕	오 吳	월 越
770		효공孝公								
769								경후頃侯		
768					양공襄公					
767						약오若敖				
766										
765								애후哀侯		
764										
763										
762										
761						소오霄敖				
760										
759										
758				문후文侯						
757							무공武公			
756										
755										
754										
753										
752										
751										
750			장공莊公							
749										
748						분모蚡冒				
747	평왕平王									
746		혜공惠公						정후鄭侯		
745					문공文公					
744										
743				소후昭侯						
742										
741										
740										
739										
738										
737										
736										
735										
734							장공莊公			
733										
732				효후孝侯		무왕武王				
731										
730										
729										
728										
727		리공釐公								
726								목후穆侯		
725										
724										

연도 (기원전)	동주 東周	노 魯	제 齊	진 晉	진 秦	초 楚	정 鄭	연 燕	오 吳	월 越
723		혜공惠公								
722	평왕平王									
721										
720				악후鄂侯						
719					문공文公					
718										
717		은공隱公						목후穆侯		
716										
715										
714				애후哀侯						
713										
712							장공莊公			
711			리공釐公							
710					영공寧公					
709										
708	환왕桓王			소자小子						
707										
706						무왕武王				
705										
704								선후宣侯		
703										
702		환공桓公								
701										
700					출공出公					
699										
698							여공厲公			
697										
696										
695							소공昭公			
694							자민子亹	환공桓公		
693										
692				진후晉侯						
691			양공襄公							
690										
689	장왕莊王									
688					무공武公					
687							자영子嬰			
686										
685										
684		장공莊公								
683						문왕文王		장공莊公		
682										
681			환공桓公							
680										
679	리왕釐王									
678							여공 복위			
677				무공武公						
676	혜왕惠王			헌공獻公	덕공德公	도오堵敖				

연도 (기원전)	동주 東周	노 魯	제 齊	진 晉	진 秦	초 楚	정 鄭	연 燕	오 吳	월 越
675										
674							여공 복위			
673						도오堵敖				
672										
671										
670					선공宣公					
669										
668		장공莊公								
667								장공莊公		
666										
665										
664										
663	혜왕惠王			헌공獻公						
662										
661		희공禧公			성공成公					
660										
659			환공桓公							
658										
657										
656										
655										
654										
653										
652										
651										
650						성왕成王	문공文公			
649										
648										
647										
646										
645										
644		리공釐公		혜공惠公	목공穆公					
643								양공襄公		
642										
641										
640										
639	양왕襄王									
638			효공孝公							
637										
636										
635				문공文公						
634										
633										
632										
631			소공昭公							
630										
629										
628										

연도 (기원전)	동주 東周	노 魯	제 齊	진 晉	진 秦	초 楚	정 鄭	연 燕	오 吳	월 越
627		리공釐公				성왕成王				
626										
625										
624	양왕襄王			양공襄公	목공穆公					
623								양공襄公		
622										
621										
620			소공昭公			목왕穆王				
619										
618		문공文公								
617							목공穆公			
616	경왕頃王				강공康公					
615										
614				영공靈公						
613										
612										
611			의공懿公							
610	광왕匡王							환공桓公		
609										
608										
607										
606					공공共公					
605							영공靈公			
604			혜공惠公							
603				성공成公						
602						장왕莊王				
601										
600		선공宣公								
599										
598										
597										
596	정왕定王						양공襄公			
595										
594								선공宣公		
593										
592					환공桓公					
591										
590			경공頃公	경공景公						
589										
588										
587							도공悼公			
586										
585		성공成公				공왕共王			소공昭公	
584										
583	간왕簡王								수몽壽夢	
582							성공成公			
581										
580			영공靈公	여공厲公						

연도(기원전)	동주 東周	노 魯	제 齊	진 晉	진 秦	초 楚	정 鄭	연 燕	오 吳	월 越
579										
578					환공桓公					
577										
576	간왕簡王	성공成公	여공厲公					소공昭公		
575							성공成公			
574										
573										
572										
571										
570						공왕共王			수몽壽夢	
569										
568							리공釐公			
567										
566			영공靈公							
565				도공悼公						
564								무공武公		
563										
562										
561										
560										
559										
558	영왕靈王									
557		양공襄公			경공景公					
556										
555										
554									제번諸樊	
553										
552						강왕康王				
551								문공文公		
550			장공庄公							
549										
548							간공簡公			
547										
546								의공懿公		
545										
544				평공平公						
543										
542						겹오郟敖				
541										
540			경공景公					혜공惠公	여제餘祭	
539										
538	경왕景王									
537		소공昭公								
536						영왕靈王				
535										
534					애공哀公					
533								도공悼公		
532										

연도(기원전)	동주東周	노魯	제齊	진晉	진秦	초楚	정鄭	연燕	오吳	월越
531									여제餘祭	
530						영왕靈王	간공簡公	도공悼公		
529										
528			소공昭公						여매餘昧	
527										
526	경왕景王							공공共公		
525										
524										
523										
522						평왕平王				
521							정공定公			
520		소공昭公							요僚	
519										
518			경공頃公							
517										
516				애공哀公						
515										
514								평공平公		
513										
512										
511										
510			경공景公							
509										
508										
507							헌공獻公			
506										
505									합려闔閭	
504										
503										윤상允常
502		정공定公								
501	경왕敬王					소왕昭王				
500										
499								간공簡公		
498										
497			정공定公							
496										
495				혜공惠公						
494										
493										
492							성공聲公			
491										
490										
489		애공哀公	안유자晏孺子					헌공獻公	부차夫差	구천句踐
488										
487				도공悼公						
486			도공悼公			혜왕惠王				
485										
484			간공簡公							

연도 (기원전)	동주 東周	노 魯	제 齊	진 晉	진 秦	초 楚	정 鄭	연 燕	오 吳	월 越
483										
482			간공簡公							
481										
480	경왕敬王				도공悼公					
479				정공定公						
478									부차夫差	
477		애공哀公								
476										
475								헌공獻公		
474										구천句踐
473	원왕元王						성공聲公			
472										
471										
470										
469										
468			평공平公							
467						혜왕惠王				
466		도공悼公								
465										
464				출공出公	여공공 厲共公					
463										
462										
461										
460	정정왕 貞定王									녹영鹿郢
459			도공悼公							
458							애공哀公			
457								효공孝公		
456										
455										
454										불수不壽
453			선공宣公							
452							공공共公			
451				경공敬公						

춘추시대 주요 사건

연도(기원전)	주요 사건
770	주 평왕 낙읍 천도-동주시대 개막.
707	주나라 천자가 정 장공에게 패함.
706	초가 수隨를 공격함.
685	관중이 등용됨.
679	제 환공이 패자를 칭함.
678	곡옥 무공이 정식으로 진晉나라를 차지함.
661	진晉이 2군을 창설함.
658	제 환공이 초구에 성을 쌓아 위나라를 부활시킴.
656	제 환공이 소릉에서 초나라를 위협함.
651	제 환공이 규구의 회맹을 주관함.
645	관중 사망. 한원의 대결에서 진秦 목공이 진晉 혜공을 잡음.
643	제 환공 사망.

주석

1. Ian Morris, *The Dynamics of Ancient Empires: State Power from Assyria to Byzantium*(Oxford University Press, 2009).

2. 마이클 우드, 남경태 옮김,《알렉산드로스, 침략자 혹은 제왕》(중앙M&B, 2002).

3. Walter Scheidel, *Rome And China: Comparative Perspectives On Ancient World Empires*(Series-Oxford Studies In Early Empires)(2009).

4. 에드워드 기번, 윤수인 외 옮김,《로마제국 쇠망사》(민음사, 2008).

5. Rudi Paul Lindner, "Nomadism, Horses, and Huns", *Past and Present 92* (1981).

6. 郭沫若,《中國古代社會》(북경, 2008년판).

7. 왕명가, 이경룡 옮김,《중국 화하 변경과 중화민족》(동북아역사재단, 2008), 2~3부.

8. 위의 책, 298쪽.

9. 胡厚富,〈中國奴隸社會的人殉和人祭〉,《文物》(1974).

10. 양동숙,《갑골문해독》(서예문인화, 2005).

11. 진위담, 이규갑 외 옮김,《갑골문도론》(학고방, 2002).

12.《갑골문도론》과《갑골문해독》의 해석을 절충함.

13. 王學理, 梁云,《秦文化》(문물출판사, 2003), 4장 참조.

14. 陳慶照 외,〈管仲生年考〉,《齊文化新論》(중국문사출판사, 2007).

15. 이븐 할둔, 김호동 옮김,《역사서설》의 2장 참조.

16. 케네스 월츠, 박건영 옮김,《국제정치이론》(사회평론, 2000).

17. John J. Mearsheimer, *The Tragedy of Great Power Politics*(W. W. Norton, 2001).

18. 趙叢蒼 외,《兩周考古》(북경, 2006); 趙岡 외,《中國經濟制度史論》(북경, 2006), p. 310; 문물국 엮음, 오강원 옮김,《中國考古》〈하상주〉 편(백산자료원, 1998) 등으로 구성. 자료마다 수치가 조금씩 다르므로 대강의 크기만 파악했다.

19. 鄔國義,《國語譯註》(1997).

20. 趙叢蒼 외,《西周考古》(2006), 241쪽 참조.

21. 개괄적인 내용은《오랑캐의 탄생》(니콜라 디코스모, 이재정 옮김, 황금가지, 2005) 참조.

22. B. 스피노자,《에티카》3부 정리 7, 4부 부록 1항 등 참조.

찾아보기

시리즈 각 권의
주요 내용

춘추전국이야기 1

—

춘추의 설계자, 관중

춘추오패 중 첫 번째 패자인 제齊나라 환공桓公을 세운 인물인 관중의 정책들, 춘추전국시대에 등장하는 수많은 사상들의 실마리를 제공한 관중管仲의 사상을 통해, 관중이 명실공히 춘추시대 질서의 설계자로 자리매김하는 과정을 흥미진진하게 펼쳐냈다. 사농공상의 분업, 시장의 활성화, 국제무역, 농지개간, 세제개혁, 중앙과 지방 행정체제 확립, 삼군제도의 정비, 법령의 집행 방식 확립, 존왕양이와 회맹질서의 수립 등 이 모든 것들이 관중의 손에서 나왔으며, 그 질서는 후대로 계속 이어졌다. 제나라가 주변의 수많은 나라들과 대립, 공존하면서 성장하는 과정에서 관중이 제시한 패러다임은 이후 2500년 동안 이어져 오늘날의 중국을 만들어냈다.

춘추전국이야기 2
—

1부 영웅의 탄생
서방의 진秦과 남방의 초楚가 중원을 향해 무섭게 몰아쳐오는 상황에
서 패자의 나라로 군림한 진晉의 흥기를 통해 산악국가와 평원국가의
차이, 물질적인 조건과 정신력의 상관관계, 중앙집권화, 초보적인 영
토국가의 탄생, 제왕학의 탄생, 귀족제의 발전과정 들을 살펴본다. 진晉
나라의 후계자 계승 과정에서 여희의 참소로 망명한 중이重耳는 19년
이라는 오랜 망명 생활을 거쳐 천신만고 끝에 환국하여 진晉나라 군주
(진 문공晉文公)가 된다. 문공은 타고난 자질이 뛰어나지는 않았지만 항
상 반성하는 군주로서 호언狐偃 · 조최趙衰 · 가타賈佗 · 선진先軫 · 서신胥臣
등 지혜로운 신하들의 조언을 깊이 새겨 진晉-초楚 성복대전을 승리로
마무리하고 춘추시대 두 번째 패자가 된다.

2부 중원을 장악한 남방의 군주
전략적인 사고 면에서는 진 문공을, 호방한 기질은 제 환공을 닮은 초楚
나라 장왕莊王이 중원의 패자가 되기 위해 대의를 만들고 스스로 실천
하는 과정을 통해 통 큰 지도자의 원형을 살펴본다. 또한 예교에 물들

지 않은 거칠고도 활달한 남방의 풍격을 간직한 초나라의 문화가 장왕의 성공을 가능케 했음을 확인한다. 중원의 패권을 놓고 북방의 맹주 진晉과 다툰 장왕은 필의 전투에서 몸소 선두에 나서 북채를 잡고 진나라 군을 사정없이 몰아쳐 대승을 거두고 춘추시대 세 번째 패자가 된다. 다혈질에 호색한이자 열혈남이었던 장왕은 대범한 군주로 등극해 23년간 통치하며 황하 이남의 나라들을 초나라 편으로 끌어들였으며, 동쪽으로는 회하에서 장강 사이의 거대한 땅을 초나라의 판도 안에 넣어 초의 전성기를 이끈다.

춘추전국이야기 3

—

1부 약소국의 생존 전략

진晉-초楚 2강 체제의 약화로 인한 춘추시대 각국의 변화와 이에 대처하는 정치가들(정鄭나라 자산子産, 제齊나라 안영晏嬰, 진晉나라 숙향叔向, 송宋나라 상술向戌 등)의 활약을 통해 작지만 강한 나라의 생존 비결을 확인한다. 춘추시기에는 중원을 중심에 두고 동서의 축과 남북의 축이 서로 교차하면서 패권을 향한 경쟁이 치열하게 전개되었다. 진晉, 초楚 등의 강대국들이 중원을 놓고 경합할 때 그 중간에 끼인 많은 작은 나라들은 '장기판의 말'로 전락했다. 규모가 아주 작은 나라는 말할 것도 없고 비교적 큰 나라인 노魯, 진陳, 채蔡, 송宋, 위衛 등도 이런 상황에서 자유롭지 못했다. 그러나 서서히 남북의 2강 체제에 균열이 생기기 시작하면서, 변화의 소용돌이를 견뎌내는 나라와 쓰러지는 나라가 생긴다.

2부 오월쟁패, 춘추 질서의 해체

'와신상담臥薪嘗膽'의 치열한 각축을 다룬 오吳-월越 쟁패의 이야기를
다룬다. 거대한 대하 역사 드라마인 '오월춘추'는 합려闔閭·부차夫差·
구천句踐·범려范蠡·오자서伍子胥·문종文種·백비伯嚭 등 한 번쯤 들어봤
음직한 인물들이 대거 출연한다. 철천지원수가 함께한다는 '오월동주
吳越同舟', 쓸개를 핥으며 절치부심 복수의 칼을 간다는 '와신상담' 등의
말들은 모두 오나라와 월나라의 싸움에서 생겨났다. 오나라와 월나라
의 복수극 속에는 당사자들도 인지하지 못한 또 다른 복수극이 숨어
있다. 수많은 중국 소설들이 오왕 부차와 월왕 구천의 복수극을 원형
으로 했다. 물고 물리는 처절한 복수의 현장에서는 결국 승자와 패자
의 구분마저 흐릿해진다. 강대했던 오나라와 월나라는 모두 장수하지
못했다.

춘추전국이야기 4

—

1부 전국시대의 시작

실리를 추구하며 전국칠웅(한韓·위魏·조趙·제齊·연燕·초楚·진秦)의 치열
하고도 냉혹한 각축전이 펼쳐진 전국시대 초기를 배경으로, 위魏나라

전략가 오기吳起의 활약과 전략, 개혁 의지, 후계자들을 살펴본다. 위 문후魏文侯는 한·위·조(삼진三晉)의 동맹을 유지하고, 강국으로 급부상한 진秦을 견제하기 위한 방책을 도모했다. 법가와 유가를 기본으로 병법을 잘 활용했던 오기는 문후의 전폭적인 지원을 받아 위의 요새인 서하를 지키면서, 법가적 개혁을 실천해 천하통일을 꿈꾼다. 하지만 위 문후가 죽은 뒤, 오기는 개혁을 이루지 못한 채 떠돌게 되고 초楚나라에서 비극적인 운명을 맞는다. 이후 삼진은 동맹 대신 각자의 길을 가게 되었으며, 상앙商鞅의 변법 개혁에 힘입어 강국이 된 진秦은 6국과의 전쟁에서 승리해 천하를 통일한다.

2부 합종연횡

6국 대 진秦의 대결 구도가 본격적으로 펼쳐진 전국시대 중후반, 뛰어난 정보력과 전략으로 군주들에게 유세하며 이름을 떨친 유세가들의 활약을 살펴본다. 주周나라 출신 소진蘇秦은 진秦의 공격에 6국이 함께 대응해야 한다는 '합종合從'을 내세웠다. 그는 여섯 나라가 종縱으로 서로 화친하여 진에게 대응하면, 위기에 처한 나라의 지형을 이용해 구원군을 효율적으로 활용할 수 있으며 패업을 이룰 수 있다고 보았다. 한편 위魏나라 출신 장의張儀는 진秦으로 넘어가 6국을 끝장낼 전략을 제시했다. 그는 진의 든든한 지원을 바탕으로 직접 6국을 돌며 협잡과 속임수를 적절히 사용해 합종을 끊고 진과 협력할 것을 내세웠는데, 결국 합종을 격파하고 진이 더 강해질 수 있는 발판을 마련했다.

춘추전국이야기 5

—

1부 원교근공, 대학살의 시대

진秦나라를 대세로 이끈 원교근공遠交近攻과 전국시대 최대의 혈투를 벌인 장평대전 등 열국이 공격과 반격을 주고받았던 대학살의 시대를 생생하게 묘사한다. 진 소왕秦昭王은 불세출의 전략가 범저范雎를 등용해 원교근공책을 수용했고, 전장에서는 백전백승의 장군 백기白起를 활용해 전쟁에서 승리를 거두며 영토를 점차 동쪽으로 확장해나갔다. 이에 맞서 조趙나라의 인상여藺相如와 조사趙奢, 위魏나라의 위무기魏無忌 등 6국의 걸출한 인물들도 등장해 승승장구하는 진秦나라와 혈전을 벌였다. 연합군 15만 명이 몰살당한 화양의 전투, 40만 명 이상의 젊은이들이 목숨을 잃은 장평대전, 마지막 합종과 반격의 기회였던 한단 포위전 등 장대한 전쟁의 포화 속에서 오로지 자국의 생존을 위해 희생을 마다하지 않았던 각 인물들의 활약상을 생생하게 살펴볼 수 있다.

2부 진나라의 천하통일

진시황秦始皇의 등장과 진秦나라의 통일전쟁 과정을 생생하게 복원한다. 수많은 사람이 전장에서 죽는 엄청난 대가를 치르고 통일을 이룬 진나라는 황제 중심의 관료제 국가로 변화를 꾀하고 제국의 영토를 넓혔으나, 백성의 자유를 억압하는 통치로 인해 곧 몰락하고 말았다. 어린 나이에 왕위에 올라 철두철미하고 냉혹한 성격의 소유자였지만, 공신들에게는 끝없는 신뢰와 아낌없는 후원을 마다하지 않았고, 엄격한 군법으로 군사들을 혹독하게 훈련시켜 최강의 군대를 만들어냈다. 하지만 진시황은 통일 후 각국의 제도를 하나로 통합하고 군법과 다름없는 강력한 법으로 백성들의 자유를 억압했다. 노역자들을 시켜 만리장성·아방궁·황릉 등을 쌓게 했으며, 사상을 없애기 위해 책을 불태웠고, 유학자들을 파묻었다. 진나라는 결국 반진反秦의 횃불을 든 반란군이 등장하면서 통치의 막을 내린다.

춘추전국이야기 6

—

1부 초한쟁패, 엇갈린 영웅의 꿈

진秦나라의 멸망과 한漢나라의 건국 과정을 살펴보고, '초한쟁패'로 알려진 유방劉邦과 항우項羽의 대결을 상세하게 서술한다. 진나라 이세황제의 실정이 계속되면서, 진나라의 가혹한 정치체제에 지친 인민들은 혁명의 불씨를 하나씩 품게 되었다. 초楚나라 출신 진승陳勝이 먼저 진에 대항에 봉기해 실패했지만, 이후 각지에 퍼져 있던 6국의 후손들이 들불처럼 일어나 반격을 준비했다. 이중 유방과 항우는 농민반란의 대의를 조종할 능력과 군사적 재능을 갖춘 인재들이었다. 병법을 잘 다뤘던 항우는 진을 멸망하게 한 결정적 역할을 할 정도로 승승장구했지만, 세 번에 걸친 유방과의 전투(초한쟁패)에서 끝내 패했다. 유방이 '초한쟁패'에서 승리하고 한나라를 세울 수 있었던 것은 의리와 협의 정신으로 사람들을 대하면서도, 당장의 이익을 취하려 하지 않고 신중하게 기회를 노렸던 '평범한 비범성' 때문이었다. 이렇게 한나라를 건국한 유방은 유연하고 느슨한 법 집행과 감세 및 감역 정책으로 나라의 기반을 세우고 통일시대의 서막을 열었다.

2부 제자백가의 위대한 논쟁

각 사상의 대표들이 스스로를 어떻게 생각했는지, 그리고 어떻게 난세의 혼란을 해결할 것인지, 그들이 생각하는 국가 관념 등에 대한 의견을 살펴본다. 먼저 맹자孟子와 한비자韓非子가 토론의 장으로 나와서 인간의 본성, 법의 본질, 국가의 존재 의미, 군주의 역할 등을 서로 주고받으며 치열하게 논쟁한다. 그다음에는 순자荀子와 묵자墨子가 나와서 예禮의 본질(계급의 본질), 의義의 본질에 대해 격론을 벌인다. 마지막으로 '국가 자체를 넘어서는 국가이론'을 주장하는 장자莊子와 저자가 나와서 세상사 전반을 두고 담론을 나눈다. 저자는 장자를 '전국시대 전체와 맞선 휴머니스트이자 중국사의 모든 전체주의와 맞선 생명주의자'이며 장자의 사상을 '중국을 넘어 세계적인 보편성을 얻은 학문'이라고 평한다.

춘추전국이야기 1

개정2판 1쇄 인쇄 2023년 11월 30일
개정2판 1쇄 발행 2023년 12월 28일

초판 1쇄 발행 2010년 8월 20일
개정판 1쇄 발행 2017년 10월 20일

지은이 공원국
펴낸이 이승현
기획 H2 기획연대, 박찬철

출판2 본부장 박태근
지적인 독자 팀장 송두나
교정교열 문용우
디자인 김태수

펴낸곳 ㈜위즈덤하우스   **출판등록** 2000년 5월 23일 제13-1071호
주소 서울특별시 마포구 양화로 19 합정오피스빌딩 17층
전화 02) 2179-5600   **홈페이지** www.wisdomhouse.co.kr

ⓒ 공원국, 2023

ISBN 979-11-7171-069-0 04900
      979-11-7171-075-1 (세트)